DIGITAL

企业数字化转型的治理效应研究

Research on the Governance Effect of Enterprise Digital Transformation

徐国铨 著

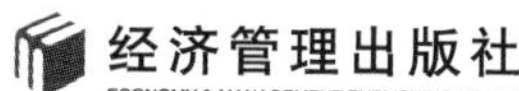

图书在版编目（CIP）数据

企业数字化转型的治理效应研究/徐国铨著．—北京：经济管理出版社，2024.4
ISBN 978-7-5096-9664-4

Ⅰ．①企…　Ⅱ．①徐…　Ⅲ．①企业管理—数字化—研究　Ⅳ．①F272.7

中国国家版本馆 CIP 数据核字（2024）第 080015 号

组稿编辑：范美琴
责任编辑：范美琴
责任印制：黄章平
责任校对：张晓燕

出版发行：经济管理出版社
（北京市海淀区北蜂窝 8 号中雅大厦 A 座 11 层　100038）
网　　址：www. E-mp. com. cn
电　　话：（010）51915602
印　　刷：唐山昊达印刷有限公司
经　　销：新华书店
开　　本：720mm×1000mm/16
印　　张：17. 25
字　　数：348 千字
版　　次：2024 年 5 月第 1 版　　2024 年 5 月第 1 次印刷
书　　号：ISBN 978-7-5096-9664-4
定　　价：88. 00 元

前　言

党的十八大以来，以习近平同志为核心的党中央高度重视发展数字经济，并将其上升为国家战略。相关数据显示，2022 年我国数字产业化规模达 9.2 万亿元，产业数字化规模为 41 万亿元，占数字经济比重分别达到 18.3%和 81.7%。然而，数字经济发展任重而道远，在日益复杂的全球经济、社会环境背景下和可持续发展理念指导下，企业仍需把握时代趋势、掌握先进技术，驱动自身的数字化转型，实现高质量发展，为我国持续优化资源配置、加快构建“双循环”新发展格局提供支撑。

党的十九届五中全会提出“要坚定不移贯彻创新、协调、绿色、开放、共享的新发展理念”“在质量效益明显提升的基础上实现经济持续健康发展”。“数字化”和“绿色化”已成为全球经济复苏的主旋律，数字技术与企业业务融合的同时能否兼顾可持续发展理念？能否抑制企业环境信息漂绿？能否促进企业碳信息披露助力实现“双碳”目标？当今企业之间的竞争，更多的是价值链的竞争。“十四五”规划指出，要“提升产业链供应链现代化水平”。企业能否借助数字化转型重构供应链上下游边界，改善供应链治理，弱化牛鞭效应？完善和健全资本市场离不开外部审计师的参与。《国务院办公厅关于进一步规范财务审计秩序促进注册会计师行业健康发展的意见》指出“从源头有效遏制恶性竞争”；财政部和原银保监会联合发布《关于加快推进银行函证规范化、集约化、数字化建设的通知》，要求“进一步推进银行函证规范化、集约化、数字化，提升审计质量和效率”。数字经济时代，企业数字化转型能否发挥治理效应，成为改善审计服务市场的重要抓手？鉴于上述问题对实现高质量发展的重要性，本书采用规范研究和实证研究相结合的方法，研究企业数字化转型在 ESG 及其重要议题、供应链治理和资本市场治理中发挥的治理效应。

本书内容包括 9 章：第 1 章为导论，介绍我国数字化转型、ESG、供应链和资本市场发展的宏观制度背景，提出本书研究的视角和核心议题，并对核心概念进行界定，对研究方法进行说明。第 2 章为制度背景与理论基础，回顾我国数字经济发展的相关政策和实践情况，介绍本书后续研究涉及的相关理论。第 3 章为文献综述，梳理研究主题相关文献。第 4 章至第 8 章为核心部分，通过实证研究考察数字化转型在 ESG 及其重要议题、供应链治理和资本市场治理中的效果及作用机理。第 9 章为本书的总结与展望。

本书丰富了企业数字化转型的非经济后果，特别是 ESG 及其重要议题治理的研究框架，并将数字化转型的效果拓展到供应链治理和资本市场治理。同时，也为政府部门优化相关政策顶层设计、为企业通过数字化转型实现可持续的价值创造提供了借鉴。

目　录

1 导论

1.1 研究背景

数字经济是继农业经济、工业经济之后的主要经济形态，是以数字化的知识和信息作为关键生产要素，以数字技术为核心驱动力量，以现代信息网络为重要载体，通过数字技术与实体经济深度融合，不断提高经济社会的数字化、网络化、智能化水平，加速重构经济发展与治理模式，促进公平与效率更加统一的新型经济形态。根据中国信息通信研究院的数字经济“四化”框架，数字经济包括数字产业化、产业数字化、数字化治理和数据价值化。党的十八大以来，以习近平同志为核心的党中央高度重视发展数字经济，并将其上升为国家战略。2017年10月，党的十九大报告提出“推动互联网、大数据、人工智能和实体经济深度融合”，建设“数字中国、智慧社会”。2021年3月，《中华人民共和国国民经济和社会发展第十四个五年规划和2035年远景目标纲要》（以下简称“十四五”规划）单列篇章“加快数字化发展 建设数字中国”，重点规划数字化发展。2021年12月，国务院印发《“十四五”数字经济发展规划》，明确了未来我国发展数字经济的指导思想、基本原则和发展目标，部署了八个方面重点任务。2022年10月，党的二十大报告进一步指出要“加快发展数字经济，促进数字经济和实体经济深度融合，打造具有国际竞争力的数字产业集群”。2023年2月，中共中央、国务院印发《数字中国建设整体布局规划》，明确数字中国建设按照“2522”的整体框架进行布局。相关政策的发布在释放出大力发展数字经济的积极政策信号的同时，也极大促进了数字经济的发展。根据《中国数字经济发展研究报告（2023）》，2012~2022年，我国数字经济规模从11万亿元增长到50.2万亿元，多年稳居世界第二，数字经济占国内生产总值的比重由21.6%提升至

41.5%。2016~2022 年，数字经济复合增长率为 15.9%，显著高于 GDP 增速。同时，数字经济与实体经济加速融合，提升了产业全要素生产率，部分企业通过数字技术融合创新，形成持续竞争优势。

随着我国对环境保护的重视程度加深和可持续发展理念贯彻的不断深入，环境、社会和治理（ESG）在政策制定中逐渐受到重视。2020 年 3 月，国务院发布《关于构建现代环境治理体系的指导意见》，明确要建立健全企业责任体系，要求企业披露环境信息。Wind 数据显示，从 2017 年末到 2022 年末，A 股上市公司发布独立 ESG 报告的数量与披露率均呈现持续上升态势，但由于我国 ESG 报告采取自愿披露原则，大部分公司仍不重视 ESG 表现，不愿意主动披露相关信息或披露质量较差。底层数据的不完备在一定程度上制约了 ESG 评级的治理效果，缺乏统一的 ESG 披露框架，也为企业从事漂绿提供了空间。继 2009~2016 年连续发布“中国漂绿榜”榜单后，《南方周末》在 2022 年重启漂绿榜，其中不乏特斯拉、三元食品等知名企业。2020 年 9 月，习近平主席在第七十五届联合国大会一般性辩论上郑重承诺“中国将提高国家自主贡献力度，采取更加有力的政策和措施，二氧化碳排放力争于 2030 年前达到峰值，努力争取 2060 年前实现碳中和”①。作为世界最大的碳排放国，推动企业碳信息披露，确保如期实现碳达峰、碳中和，不仅是中国实现生态优先、绿色低碳的高质量发展的必由之路，对于构建公平合理、合作共赢的全球气候治理体系也具有重大意义。虽然碳减排是 ESG 中的重要议题，但现阶段披露碳信息的上市公司只有约 1/5，且整体披露质量较低。虽然企业数字化转型的经济后果已经引起学者们的广泛关注，但对其非经济后果的研究相对较少。因此，以上问题还有待进一步检验。

“十四五”规划指出要“深入实施制造强国战略”，要“提升产业链供应链现代化水平”，要“坚持经济性和安全性结合”，要“分行业做好供应链战略设计和精准施策，形成具有更强创新力、更高附加值、更安全可靠的产业链供应链”。然而，在经济全球化背景下，企业面临的市场竞争日趋激烈，政治经济不确定性加大了对市场需求及其变动的预测难度，对基于供应链的竞争提出新挑战。全球新冠疫情的暴发暴露了供应链的脆弱性，逆全球化趋势抬头、地缘政治风险都进一步加剧了全球经济的波动，增加了供应链风险。为了实现企业的长远健康发展，为了保持供应链平稳、可持续运行，牛鞭效应问题需要得到所有企业的重视。供应链牛鞭效应问题长期以来一直被学者们关注和研究，学者们就其成因进行了探讨，并提出了一系列缓解牛鞭效应的手段。随着数字化水平的提升，

① 习近平在第七十五届联合国大会一般性辩论上的讲话（全文）[EB/OL]. 中共中央党校（国家行政学院）官网，2020-09-22. https：//www.ccps.gov.cn/xxsxk/zyls/202009/t20200922_143558.shtml.

企业不仅能够更好地利用数字技术改善企业内部运营、提升公司治理水平，还可以借助数字化平台打破企业与上下游交易对手之间的边界限制，加强与上下游企业的信息沟通等。那么企业是否能够通过数字化转型改善供应链治理、弱化牛鞭效应？其背后的传导机制如何？这种关系是否会受到内外部环境异质性的影响？这些问题还有待进一步探讨。

作为资本市场重要的参与者，外部审计通过出具审计意见，确保财务报告的准确性和可靠性，为投资者提供决策支持。站在企业自身的视角，外部审计可以增加企业财务报告的可信度，使企业获取财务报告使用者的信任，进而吸引投资、获得贷款并与各种利益相关者保持积极关系。此外，外部审计可以识别企业内部控制存在的问题，发现财务报告背后潜藏的错误和违规行为，并可以对企业经营过程中存在的风险进行评估，对企业经营中是否遵循了相关法律法规进行判断，对企业风险管理发挥着重要作用。然而，近年来我国财务舞弊现象呈现增长趋势，康美药业、瑞幸咖啡等企业的财务舞弊问题在国内和国际资本市场都造成恶劣影响，各种舞弊和粉饰财务报表的手段层出不穷，对第三方审计工作提出了更高的要求。外部审计涉及费用收取问题，但面对客户复杂的业务经营，理应收取更多费用的会计师事务所总体收费水平显著低于国际水平，这主要是由于审计供给方市场利用低价手段恶性竞争所致。审计服务市场竞争乱象频发、审计收费偏低，很难保证外部审计质量，也无法发挥第三方审计作为资本市场稳定器的作用。2021 年 8 月，《国务院办公厅关于进一步规范财务审计秩序促进注册会计师行业健康发展的意见》颁布，其中指出要“从源头有效遏制恶性竞争”。除了需要“看得见的手”帮助整治行业外，研究审计收费的影响因素、挖掘可行的解决方案也至关重要。数字化转型的实施能够提升企业治理，同时也可能提升审计师获取信息的效率和质量等。2022 年 12 月，财政部和原银保监会联合发布《关于加快推进银行函证规范化、集约化、数字化建设的通知》，要求“进一步推进银行函证规范化、集约化、数字化，提升审计质量和效率”。数字化经济时代，企业数字化转型能否通过改善利益相关者对企业的感知来发挥治理效应？具体地，企业数字化转型能否降低审计收费？作用机理是什么？在内外部异质性的因素影响下，这一关系又会有哪些差异化表现？这些问题都需要通过实证分析才能回答。

综上所述，已有文献较少关注企业数字化转型在 ESG 评级、碳信息披露和环境漂绿等 ESG 重要议题、供应链治理和审计收费等方面的影响，这也为本书的研究提供了契机和探索空间。

1.2 研究目标

基于上述理论和实践背景，本书利用文本分析和手工收集的独特数据，并结合从国泰安数据库（CSMAR）、万德数据库（WIND）、中国研究数据服务平台（CNRDS）、迪博数据库、Bloomberg 数据终端、和讯网等数据库获取的数据，采用规范研究和实证研究相结合的方法，研究企业数字化转型在不同维度和领域的治理效应。具体研究目标如下：

（1）考察企业数字化转型是否对 ESG 评级产生影响。ESG 从长远角度反映企业价值，兼顾利益相关方的多重利益，为投资者提供了重要参考，与国家可持续发展战略不谋而合。本书首先研究企业数字化转型对其 ESG 评级的影响，然后探究企业数字化转型对 ESG 各维度评级的作用，随后分析企业数字化转型影响 ESG 评级的作用机理，最后探讨企业数字化转型对 ESG 评级的影响在不同的产权性质、不同行业和不同地区发展水平下的异质性。

（2）考察企业数字化转型是否对碳信息披露产生影响。实现碳达峰、碳中和，是中国着力解决资源环境约束突出问题、推动经济社会发展全面绿色转型的必然选择。确保如期实现碳达峰、碳中和，不仅是中国实现生态优先、绿色低碳的高质量发展的必由之路，对于构建公平合理、合作共赢的全球气候治理体系也具有重大意义。本书将研究企业数字化转型对其碳信息披露的影响以及对碳信息披露各个维度的差异化影响，随后分析企业数字化转型对于碳信息披露发挥作用的渠道，最后探索数字化转型对企业碳信息披露的影响在不同产权性质、不同行业特征和不同制度环境下的异质性。

（3）考察企业数字化转型是否对企业环境漂绿产生影响。习近平同志提出“绿水青山就是金山银山”“建设生态文明、推动绿色低碳循环发展”，关乎高质量发展目标的实现。然而企业环境漂绿问题长期存在，导致出现误导消费者、破坏市场竞争秩序、扰乱资本市场、破坏自然环境等一系列负面问题。本书将研究企业数字化转型对企业漂绿行为的影响，并深入分析数字化转型不同维度在抑制企业漂绿行为方面的不同作用。随后，进一步研究企业数字化转型抑制企业漂绿行为的作用机理。最后，探索企业数字化转型对企业漂绿行为的影响在不同产权性质、不同技术实力和不同地区发展水平下的异质性。

（4）考察企业数字化转型是否对供应链牛鞭效应产生影响。企业之间的竞争，更多是价值链的竞争。“十四五”规划中明确提出要“提升产业链供应链现代化水平”。牛鞭效应导致企业生产计划紊乱和利润损失，也会影响整个供应链效率。本书将研究企业数字化转型对牛鞭效应的影响，并深入分析不同数字技术在缓解牛鞭效应方面的作用。随后，进一步研究企业数字化转型缓解牛鞭效应的作用机理。最后，探索企业数字化转型对牛鞭效应的影响在不同数字化转型基础和供应链协调成本下的差异化效果。

（5）考察企业数字化转型是否对外部审计收费产生影响。作为资本市场的重要参与者，外部审计通过出具审计意见，帮助企业开展风险管理，为投资者提供决策支持。为避免审计行业的恶性竞争，研究审计收费的影响因素、挖掘可行的解决方案至关重要。本书将研究企业数字化转型对于外部审计收费的影响，然后探究企业数字化转型对于审计收费的作用机理，最后探索企业数字化转型对外部审计收费的影响在不同产权性质、不同的管理层特质与管理层稳定性条件下，以及雇佣能力不同的审计师事务所时的异质性。

在考察和研究上述问题的过程中，充分结合信息不对称理论、委托代理理论、信号传递理论、利益相关者理论、合法性理论、资源依赖理论和审计定价理论的主要内容。在注重理论分析过程的合理性的同时，兼顾研究内容的深度和全面性。在实证研究方法方面，注重方法的合理性和严谨性。期望本书能够帮助政府部门、企业和其他利益相关者充分且深入地了解企业数字化转型在企业各项业务活动中及涉及外部利益相关者的重要事项中发挥的治理效应，以期能够对国家宏观政策和战略制定及微观企业战略实施等提供决策参考。

1.3 核心概念界定

“数字化转型”是本书的核心概念。然而，已有文献尚未对数字化转型形成统一定义。曾德麟等（2021）结合国内外相关文献，认为界定数字化转型时，应当在强调数字技术支撑的基础地位前提下，探讨企业如何实现转型。韦影和宗小云（2021）认为，数字化转型包含三个核心要素：数字技术在企业转型过程中的定位、企业利用数字化技术进行创新和流程再造的过程以及企业数字化转型应当达到的预期目标。[①] 姚小涛等（2022）重点强调数字技术与企业活动的融合，以促进组织变革的动态性。杨金玉等（2022）认为，数字化转型是指由信息、计算、通信和连接技术的结合，触发组织属性的重大变化，从而改善组织的过程。

① 曾德麟等（2021）给出的定义与之相似，强调了数字技术的基础作用和数字化转型的过程。

基于以上国内文献和国际文献（Chen et al.，2022；Hanelt et al.，2021），本书将数字化转型的内涵定义如下：企业数字化转型不仅是数字技术与实体经济深度融合的微观转变，也是企业从传统生产体系走向数字化体系的关键标志。作为一项重要的战略变革，数字化转型是指人工智能、区块链、云计算、大数据等高新技术与企业核心业务的深度融合，促使企业在组织结构、业务流程和活动等方面产生数字化的系统性演变。

1.4 研究方法

本书主要采用规范研究方法与实证研究方法。一方面，关注中国数字化转型的制度背景和企业实践，争取做到理论联系实际；另一方面，归纳总结现有的理论与方法，通过规范和完善的方法获取可靠的实证结果，在对实证结果进行统计显著性解读的同时，也着力于实证结果经济含义的解释。以下就两种研究方法进行简单说明：

（1）规范研究方法。本书基于研究对象和研究目标，对相关的制度背景、文献综述和理论基础的阐述采用规范研究方法，通过逻辑分析推断出具体结论。采用规范研究方法的章节如下：第2章首先介绍我国数字化转型的制度背景、相关政策，从宏观、产业和微观层面介绍国内数字化转型的情况；随后对信息不对称理论、委托代理理论、信号传递理论、利益相关者理论、合法性理论、资源依赖理论和审计定价理论的核心内容进行全面回顾。第3章采用归纳法，在广泛阅读国内外相关文献的基础上，对数字化转型、ESG评级、碳信息披露、企业环境漂绿、牛鞭效应和审计收费的研究进行综述，总结现有文献可能存在的不足之处，并以此为基础提出本书的研究问题。第4章至第8章的假设推导部分基于第2章和第3章的理论与文献，采用演绎法和归纳法提出数字化转型在治理方面的影响及作用机理等方面的具体研究假设，以及根据文献等梳理实证研究中需要使用的控制变量，为后续研究打好基础。

（2）实证研究方法。本书的实证检验部分，主要运用统计分析和计量经济学研究方法。部分数据来自国泰安数据库（CSMAR）、万德数据库（WIND）、中国研究数据服务平台（CNRDS）、迪博数据库、Bloomberg数据终端、和讯网等数据库和数据终端。有关数字化转型、碳信息披露和环境漂绿的数据通过数据挖掘和人工核对等方式获得。在具体的实证分析方面，通过采用描述性统计等方法了解中国上市公司的数字化转型的情况和趋势，通过相关性分析得到初步的检验结果，再运用多元线性回归等方法检验数字化转型在治理效应方面发挥的作用，并通过一系列稳健性检验，如工具变量法、倾向得分匹配、替换关键变量测度等，保证结果的可靠性。随后进行相应的机理分析和一致性分析，深入剖析数字化转型的作用渠道和在异质性内外部环境下的差异化影响。数据主要通过 STATA 16.0 统计软件进行分析处理。

1.5 研究意义

本书的理论意义主要体现在以下六个方面：

第一，丰富企业数字化转型的治理效应的文献研究。应对全球气候变化和数字化转型是近年来全球经济发展的重要趋势，也是我国实现高质量发展的必然之路。已有研究关注到数字化转型在降低市场交易成本（Loebbecke & Picot，2015；Goldfarb & Tucker，2019）、提高生产效率和企业绩效（Jeffers et al.，2008；Frynas et al.，2018；Vial，2019；刘淑春等，2021；杨震宁等，2021）、改善公司治理（Manita et al.，2020）、抑制股价崩盘风险（吴非等，2021）、改善企业社会责任表现（Cardinali & De Giovanni，2022；王守海等，2022）等方面的作用，在一定程度上丰富了学术界对于数字化转型的后果的研究。但是，已有研究尚存在有待改进之处：①大多数文献主要采用年报中的数字化转型的词频来度量企业数字化转型水平。然而，该度量指标可能因企业数字化转型进程不同导致披露的差异，也可能因为年报文本长度不同对测度的准确性产生影响。②已有文献主要聚焦于对企业数字化转型的经济后果的研究；在非经济后果方面，主要聚焦于对企业社会责任履行情况的影响。相关研究虽然开始关注企业数字化转型对于 ESG 的影响，但尚需要进一步厘清作用机理。更为重要的是，已有文献较少关注数字化转型对于 ESG 重要议题如碳信息披露和环境漂绿行为的影响的作用机理。③此外，现阶段就数字化转型对供应链活动和外部审计相关决策影响的研究也较少。本书用多种方式测度企业数字化转型并探讨其治理效应，包括对 ESG 评级、碳信息披露、环境漂绿行为、供应链牛鞭效应和外部审计收费的影响，同时考虑不同的数字化转型维度以及数字化转型对相关议题不同维度等的影响，有助于加深对企业数字化转型的治理效应的研究领域的了解，弥补现有文献的不足。

第二，从数字化转型的视角丰富了企业 ESG 评级的影响因素领域的研究。随着可持续发展理念深入人心，近年来 ESG 投资理念引起业界和学术界的广泛关注。已有文献关注到宏观市场环境（DasGupta，2022）、环境规制（Wang et al.，2022）、公司治理（Birindelli et al.，2018；何青和庄朋涛，2023；柳学信等，2022）、企业财务特征（Drempetic et al.，2020；Luo et al.，2012；Mohammad & Wasiuzzaman，2021；孙冬等，2019）等对企业 ESG 评级的影响。Fang 等（2023）也探究了数字化转型对 ESG 表现的影响。本书基于前人文献，深入研究数字化转型对 ESG 评级的影响机理，进一步阐明数字化转型对 ESG 各维度评级的影响，以及剖析内外部环境异质性对数字化转型与 ESG 评级关系的差异化影响。因此，本书能进一步补充有关数字化转型的非经济后果的研究文献。

第三，从企业数字化转型视角深化了企业碳信息披露的影响因素方面的研究。正确引导企业披露碳信息、督促企业践行减碳责任，成为目前业界和学术界关注的焦点。已有文献主要从正式制度压力（Freedman & Jaggi，2005；Kim & Lyon，2011；Luo et al.，2012）、利益相关者压力（Reid & Toffel，2009；Dawkins & Fraas，2011；Cotter & Najah，2012；Liesen et al.，2015；Guenther et al.，2016）、企业经营状况（Reid & Toffel，2009；Dawkins & Fraas，2011；Cotter & Najah，2012；Liesen et al.，2015；Guenther et al.，2016）和公司内部治理（Lewis et al.，2014；He et al.，2019；Moussa et al.，2020）等方面对影响企业碳信息披露的因素进行挖掘，但尚未有文献基于数字化转型视角探究其对企业碳信息披露行为的影响，本书从该角度拓展了数字化转型对企业碳信息披露行为的影响和作用机理研究。本书还进一步探究了数字化转型对于企业碳信息披露不同维度的影响，同时探究了内外部差异化环境对这一关系的影响，丰富了数字化转型的非经济后果，特别是其对 ESG 重要议题的影响后果的研究。

第四，从企业数字化转型视角拓展了企业环境漂绿行为的影响因素的研究。企业 ESG 信息、环境信息等属于企业自愿披露的信息，导致企业在披露与否、披露维度和内容方面具有较大的自主权。我国企业漂绿行为长期存在（Du，2015），与我国绿色化的发展思路相悖。虽然已有研究识别了一系列影响企业漂绿行为的外部因素和内部因素（Arouri et al.，2021；Butt et al.，2021；Delmas & Burbano，2011；Kim & Lyon，2015；Parguel et al.，2011），但数智时代背景下企业数字化转型对其影响如何尚未可知。本书受到已有数字化转型的非经济后果的研究（Kong & Liu，2023；Shang et al.，2023）的启发，较为系统和全面地考察了企业数字化转型对其自身漂绿行为的影响，探讨其作用机理，分析不同维度的数字化转型的差异化影响，以及内外部环境异质性带来的差异化影响，拓展了企业漂绿行为的影响因素的文献，也丰富了数字化转型对 ESG 重要议题影响方面的研究。

第五，从企业数字化转型视角拓展了供应链牛鞭效应的影响因素的研究。牛鞭效应指的是需求信息从终端顾客向原始供应商传递时，因无法实现信息共享而造成信息扭曲并逐级放大，导致供应链上的采购波动大幅高于销售波动，造成企业生产计划紊乱和利润损失，同时也会影响整个供应链效率。已有文献发现预测技术（Chen et al.，2000；马云高等，2012）、库存策略（Chen et al.，2000）、加强供应链合作（Barlas & Gunduz，2011）、构建供应链信息系统（肖静华等，2014）以及运用资产组合管理方法（陈长彬等，2016）可以缓解牛鞭效应，但鲜有文献研究企业数字化转型对牛鞭效应的影响。基于孙兰兰等（2022）的研究，本书不仅探讨了数字化转型对牛鞭效应的影响，还深入探究其作用机理，以及分析不同维度数字技术的差异化影响和内外部环境异质性的差异化影响，拓展了缓解牛鞭效应的文献，并将企业数字化转型的后果拓展到供应链治理领域。

第六，从企业数字化转型视角完善了外部审计收费的影响因素的研究。作为资本市场的重要参与者，外部审计对于资本市场健康发展、企业开展风险管理等发挥着积极作用。作为审计研究领域的重要话题，大量学者从审计市场宏观环境（Raak et al.，2020；王鹏程和姚立杰，2023；郑建明和孙诗璐，2021）、审计事务所特征（Bhattacharya & Banerjee，2019；Van Caneghem，2010；Carson & Fargher，2007；刘成立，2005；苏文兵等，2010；张晨宇等，2007）和被审计企业自身财务和公司治理特征（Adnyani et al.，2020；Anderson & Zeghal，1994；Taylor & Baker，1981；Nugroho & Fuad，2017；韩晓宇和张兆国，2021；王珣等，2018；权小锋等，2018）方面进行了较为深入的探讨。在数字经济时代我国对审计工作提出新要求的背景下，本书探讨企业数字化转型对外部利益相关者的影响，聚焦于其对审计收费的影响和作用机理，分析数字化转型发挥的治理效应，也完善了有关审计收费的影响因素的研究。

本书还具有重要的实践意义，主要体现在以下五个方面：

第一，有助于进一步推进我国企业数字化转型，实现中国经济高质量发展。当前，“数字化”成为全球经济复苏的主旋律，也是我国经济的稳定器和推进器。自 2016 年以来，中国数字经济保持高位增长。2022 年 3 月，我国《政府工作报告》中提出未来要“促进数字经济发展。加强数字中国建设整体布局，建设数字信息基础设施，逐步构建全国一体化大数据中心体系，推进 5G 规模化应用，促进产业数字化转型”。本书通过实证研究证明数字化转型在企业非财务信息披露与相关活动、供应链治理和审计收费方面发挥了重要作用，剖析了可能的作用机理。特别地，还分析了内外部的环境异质性带来的影响。研究成果对于政策制定者完善有关数字化转型政策的顶层设计、通过数字基础设施新基建完善信息技术基础设施、有效制定数字化转型的激励和支持政策方面都具有重要的参考和借鉴意义。从微观企业层面来看，研究成果能够加深企业对于数字化转型效果的认知。企业除了关注数字化转型对经营业绩的影响以及资本市场的反应，还应当深刻了解数字化转型在非财务业绩和活动方面的积极作用。在此基础上，企业应当在做出数字化转型决策时将对非经济后果的考量纳入战略制定和具体执行层面，以最大化发挥数字化转型的效果。

第二，有助于以数字化转型为抓手，推进我国企业 ESG 治理。近年来，ESG 作为非财务指标为投资者提供了重要参考，与国家可持续发展战略不谋而合。ESG 能从长远角度反映企业价值、兼顾利益相关方的多重利益、综合评估企业治理体系（Baker et al.，2021）。2018 年 9 月，中国证监会修订了《上市公司治理准则》，确立了我国 ESG 信息披露的基本框架。2020 年 3 月，中共中央办公厅、国务院办公厅发布《关于构建现代环境治理体系的指导意见》，明确要建立健全企业责任体系，要求企业披露环境信息。本书通过实证研究证明企业数字化转型不但能改善企业 ESG 评级，对于 ESG 的重要议题如碳信息披露、环境信息披露等也具有积极的治理效应。进一步地，本书还从企业、行业和地区三个层面探讨了数字化转型在 ESG 治理效应方面的异质性。这有利于政府部门统筹政策设计，将数字化转型政策、ESG 政策、双碳目标等综合考量，并结合地区、行业、企业特点更有针对性地实施各项举措。

第三，为有效开展供应链治理提供了新路径。技术创新、全球经济一体化等导致企业面临的市场竞争愈加激烈，经济政策不确定性加大了市场需求的变动和预测的难度。企业竞争优势不仅源于企业内部价值链，更依托于供应链的竞争。本书通过实证研究表明企业数字化转型能够显著弱化供应链牛鞭效应，同时还发现数字化转型可以通过降低企业面临的市场不确定性和改善企业创新来弱化牛鞭效应。考虑到企业数字化转型对牛鞭效应可能产生非对称效果，本书从“数字技术结构异质性”“数字化转型基础”“供应链协调成本”等角度探究了数字化转型影响牛鞭效应的结构差异，同时还将研究链条拓展至企业生产效率，对企业根据自身实际情况选择数字化转型的发力点以及相关部门进行差异化的政策引导提供了重要参考和经验借鉴。

第四，为推进审计数字化以及提高审计质量和效率提供参考。本书通过实证研究证明企业数字化转型可以降低外部审计收费，并且探索了数字化转型降低审计收费的作用机理。一方面，这为被审计企业通过数字化转型改善公司治理、增强审计师参与来降低成本提供了重要启示；另一方面，也鼓励会计师事务所要善用企业数字化转型在降低信息收集成本和与企业沟通方面提供的便利。更重要的是，会计师事务所自身也应当进行数字化转型，通过建立统一的函证中心，提高审计效率；通过大数据穿透测试等其他手段，提高审计质量，为中国特色社会主义资本市场的有序、健康发展保驾护航。

第五，为未来复合型人才培养指明了方向。本书研究证明了数字化转型在诸多领域的积极治理效果，而推进数字化转型离不开具备商业逻辑和专业技术的复合型人才。这为相关部门结合国家战略和经济发展需求，引导教育科研机构开展复合型人才培养提供了启示，也为企业自身培养储备人才提供了参考。

1.6 章节安排

本书的主要内容包含九章，具体安排如下：

第 1 章为导论。本章首先介绍我国数字经济和数字化转型、ESG 治理、供应链治理和审计收费的宏观制度背景，并根据研究背景提出本书的研究视角和核心议题；其次，对核心概念进行界定，对研究方法进行说明；再次，阐述本书的理论意义和实践意义；最后，阐述本书的研究思路，对章节安排进行介绍。

第 2 章为制度背景与理论基础。首先，阐述我国数字经济战略的现实背景，从宏观、产业和微观层面回顾我国数字化转型与数字经济的实践与发展情况；其次，介绍本书的理论基础，包括信息不对称理论、委托代理理论、信号传递理论、利益相关者理论、合法性理论、资源依赖理论和审计定价理论。

第 3 章为文献综述。结合本书的研究主题，本章首先对数字化转型的影响因素和后果领域的文献进行了回顾；其次，分别从企业 ESG 评级、企业碳信息披露、企业环境漂绿行为、牛鞭效应和审计收费五个方面对已有文献梳理归纳；最后，在文献回顾的基础上，对现有文献进行评述，并指出现有研究中可能存在的不足之处与未来的研究方向。

第 4 章至第 8 章为本书的核心部分，重点研究企业数字化转型通过发挥治理效应对企业的 ESG 评级和 ESG 主要议题、供应链牛鞭效应和外部审计收费的影响以及作用机理。具体而言，第 4 章研究企业数字化转型对其 ESG 评级的影响和作用机理，并深入剖析数字化转型对于 ESG 每个维度的影响，以及内外部异质性因素带来的差异化影响。第 5 章研究企业数字化转型对其碳信息披露的影响和作用机理，并深入剖析数字化转型对碳信息披露的不同维度的差异化影响，以及内外部环境异质性对这一治理效应的差异化影响。第 6 章研究企业数字化转型对其环境漂绿行为的影响和作用机理，并深入剖析不同维度数字化转型的差异化影响，以及内外部环境异质性对二者关系的差异化影响。第 7 章研究企业数字化转型对牛鞭效应的影响和作用机理，并探究内外部环境异质性对这一治理效应的差异化影响。第 8 章研究企业数字化转型对审计收费的影响和作用机理以及内外部环境异质性对这一治理效应的差异化影响。

第 9 章为本书研究的总结与展望部分。首先，本章总结全书的主要结论，阐述本书研究的特色与创新之处；其次，结合研究结论提出对策建议；最后，提出对未来研究的展望和建议。

本书的框架结构如图 1-1 所示。

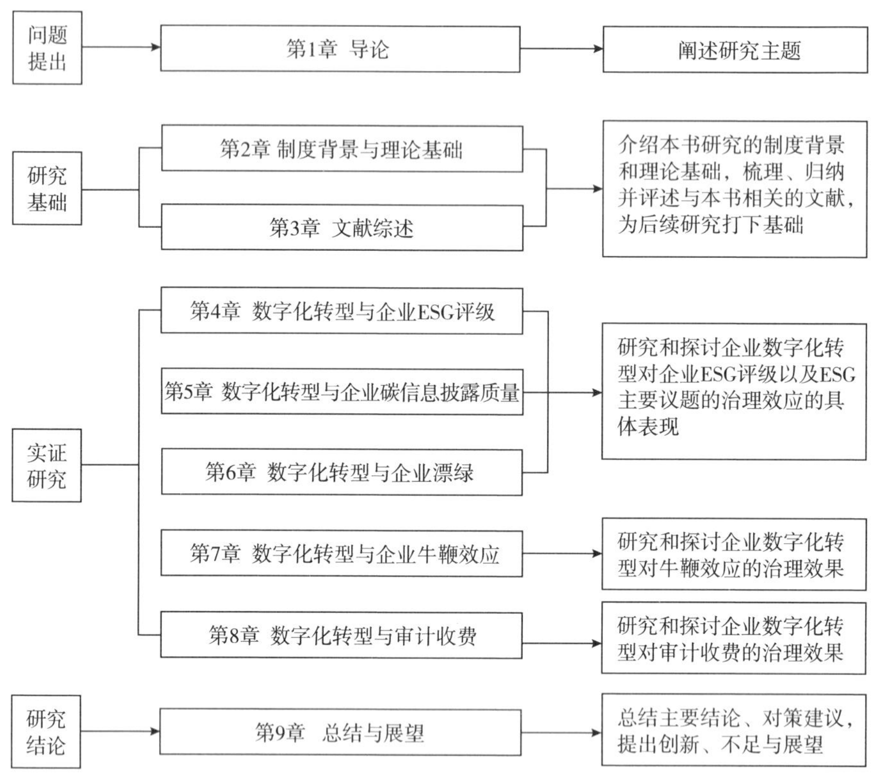

图 1-1 本书的框架结构

2 制度背景与理论基础

2.1 制度背景

2.1.1 数字经济发展相关政策

数字经济作为新一轮科技革命的产物，以数据资产为关键生产要素，以现代信息网络为重要载体，通过云计算、大数据、人工智能等为代表的数字技术的有效利用和与实体经济大范围、宽领域、深层次的融合，催生出新生产方式、新产业形态、新商业模式和新经济增长点，持续提升效率和优化经济结构。在实践中，数字经济具体包括数字产业化、产业数字化、数字化治理、数据价值化四种形式。党的十八大以来，以习近平同志为核心的党中央高度重视发展数字经济，并将其上升为国家战略。党的十九届五中全会提出“发展数字经济，推进数字产业化和产业数字化”。2022 年 12 月，习近平总书记在中央经济工作会议上再次强调要“发展数字经济”。党的二十大报告指出要“加快发展数字经济，促进数字经济和实体经济深度融合，打造具有国际竞争力的数字产业集群”。

在此背景下，我国数字经济顶层战略规划体系渐趋完备。2021 年 3 月，《中华人民共和国国民经济和社会发展第十四个五年规划和 2035 年远景目标纲要》（简称“十四五”规划）出台，并单列篇章“加快数字化发展 建设数字中国”，具体包括“打造数字经济新优势”“加快数字社会建设步伐”“提高数字政府建设水平”“营造良好数字生态”四部分内容。国务院于 2022 年 1 月印发《“十四五”数字经济发展规划》（以下简称《发展规划》）。作为我国数字经济领域首部国家级专项规划，《发展规划》在分析我国数字经济的发展现状和形势的基础上，明确了未来我国发展数字经济的指导思想、基本原则和发展目标，并从“优化升级数字基础设施”“充分发挥数据要素作用”“大力推进产业数字化转型”“加快推动数字产业化”“持续提升公共服务数字化水平”“健全完善数字经济治理体系”“着力强化数字经济安全体系”“有效拓展数字经济国际合作”八个方面重点进行任务总署，有利于促进我国数字经济规范健康可持续发展，推动我国数字经济做强做优做大。2023 年 2 月，中共中央、国务院印发《数字中国建设整体布局规划》，提出“到 2025 年，基本形成横向打通、纵向贯通、协调有力的一体化推进格局，数字中国建设取得重要进展”，明确数字中国建设按照“2522”的整体框架进行布局，即夯实数字基础设施和数据资源体系“两大基础”，推进数字技术与经济、政治、文化、社会、生态文明建设“五位一体”深度融合，强化数字技术创新体系和数字安全屏障“两大能力”，优化数字化发展国内国际“两个环境”。与此同时，数字经济在《政府工作报告》中的地位也在不断提升，从 2017 年首次提出要“促进数字经济加快发展”，到 2022 年将“促进数字经济发展”单独成段，再到 2023 年提出要“大力发展数字经济，提升常态化监管水平，支持平台经济发展”，《政府工作报告》对“数字经济”的表述不断强化，释放出国家大力发展数字经济的积极政策信号。中共中央、国务院和各部委涉及数字经济发展的相关政策文件如表 2-1 所示。

表 2-1 中共中央、国务院和各部委发布涉及数字经济发展的政策文件

部门	年份	政策文件名称	相关内容
中共中央	2012	党的十八大报告	“推动信息化和工业化深度融合”“建设下一代信息基础设施，发展现代信息技术产业体系，健全信息安全保障体系，推进信息网络技术广泛运用”
	2017	党的十九大报告	“推动互联网、大数据、人工智能和实体经济深度融合”，建设“数字中国、智慧社会”
	2022	党的二十大报告	“加快发展数字经济，促进数字经济和实体经济深度融合，打造具有国际竞争力的数字产业集群”
中共中央网信办	2022	《数字乡村发展行动计划(2022-2025 年)》	“推进乡村信息基础设施优化升级”“推动乡村传统基础设施数字化改造升级”“加快推进农业农村大数据建设应用”“建设天空地一体化农业观测网络”“加快农业生产数字化改造”“加快智慧农业技术创新”“加强农业科技信息服务”“深化农产品电商发展”“完善农村智慧党建体系”“推动‘互联网+政务服务’向乡村延伸”“提升村级事务管理智慧化水平”“加强农村智慧应急管理体系建设”“推进乡村文化资源数字化”“加强农村人居环境数字化监管”“深化乡村‘互联网+教育’”“推进‘互联网+医疗健康’”“深化农村普惠金融服务”

续表

部门	年份	政策文件名称	相关内容
中共中央 国务院	2020	《中共中央 国务院关于构建更加完善的要素市场化配置体制机制的意见》	明确将数据列为五大生产要素之一，“着力加快培育数据要素市场。通过制定出台新一批数据共享责任清单、探索建立统一的数据标准规范、支持构建多领域数据开发利用场景，全面提升数据要素价值”
	2022	《中共中央 国务院关于构建数据基础制度更好发挥数据要素作用的意见》	“建立保障权益、合规使用的数据产权制度”“建立合规高效、场内外结合的数据要素流通和交易制度”“建立体现效率、促进公平的数据要素收益分配制度”“建立安全可控、弹性包容的数据要素治理制度”
	2023	《数字中国建设整体布局规划》	“全面提升数字中国建设的整体性、系统性、协同性，促进数字经济和实体经济深度融合，以数字化驱动生产生活和治理方式变革”“要夯实数字中国建设基础”“要全面赋能经济社会发展”“要强化数字中国关键能力”“要优化数字化发展环境”
国务院	2011	《中华人民共和国国民经济和社会发展第十二个五年规划纲要》	“着力用先进建造、材料、信息技术优化结构和服务模式”“构建下一代信息基础设施”“加快经济社会信息化”
	2016	《中华人民共和国国民经济和社会发展第十三个五年规划纲要》	“牢牢把握信息技术变革趋势，实施网络强国战略，加快建设数字中国，推动信息技术与经济社会发展深度融合，加快推动信息经济发展壮大”“重点突破大数据和云计算关键技术、自主可控操作系统、高端工业和大型管理软件、新兴领域人工智能技术”
	2020	《关于加快推进国有企业数字化转型工作的通知》	“加强对标，着力夯实数字化转型基础”“把握方向，加快推进产业数字化创新”“技术赋能，全面推进数字产业化发展”“突出重点，打造行业数字化转型示范样板”“统筹部署，多措并举确保转型工作顺利实施”
	2021	《中华人民共和国国民经济和社会发展第十四个五年规划和2035年远景目标纲要》	“打造数字经济新优势”“加快数字社会建设步伐”“提高数字政府建设水平”“营造良好数字生态”“围绕强化数字转型、智能升级、融合创新支撑，布局建设信息基础设施、融合基础设施、创新基础设施等新型基础设施”
	2021	《“十四五”数字经济发展规划》	“优化升级数字基础设施”“充分发挥数据要素作用”“大力推进产业数字化转型”“加快推动数字产业化”“持续提升公共服务数字化水平”“健全完善数字经济治理体系”“着力强化数字经济安全体系”“有效拓展数字经济国际合作”

续表

部门	年份	政策文件名称	相关内容
国务院	2021	《计量发展规划（2021—2035年）》	“加强量子计量、量值传递扁平化和计量数字化转型技术研究，建立国际一流的新一代国家计量基准”“研究人工智能、生物技术、新材料、新能源、先进制造和新一代信息技术等领域精密测量技术”
	2022	《国务院关于加强数字政府建设的指导意见》	“强化经济运行大数据监测分析，提升经济调节能力”“大力推行智慧监管，提升市场监管能力”“积极推动数字化治理模式创新，提升社会管理能力”“持续优化利企便民数字化服务，提升公共服务能力”“强化动态感知和立体防控，提升生态环境保护能力”“加快推进数字机关建设，提升政务运行效能”“推进公开平台智能集约发展，提升政务公开水平”
财政部 原银保监会	2022	《关于加快推进银行函证规范化、集约化、数字化建设的通知》	“进一步推进银行函证规范化、集约化、数字化，提升审计质量和效率”
财政部 工业和 信息化部	2023	《关于开展中小企业数字化转型城市试点工作的通知》	“通过开展城市试点，支持地方政府综合施策，探索形成中小企业数字化转型的方法路径、市场机制和典型模式，梳理一批数字化转型细分行业，打造一批数字化转型‘小灯塔’企业，培育一批优质的数字化服务商，开发集成一批‘小快轻准’（小型化、快速化、轻量化、精准化）的数字化解决方案和产品，通过示范带动、看样学样、复制推广，引导和推动广大中小企业加快数字化转型，全面提升中小企业数字化水平，促进数字经济和实体经济深度融合”
原银保监会	2022	《中国银保监会办公厅关于银行业保险业数字化转型的指导意见》	“积极发展产业数字金融”“大力推进个人金融服务数字化转型”“提升金融市场交易业务数字化水平”“建设数字化运营服务体系”“着力加强数字化风控能力建设”，从“数据治理体系”“数据管理能力”“数据质量控制”“数据应用能力”四个方面加强数据能力建设，“强化网络安全防护”“加强数据安全和隐私保护”
工业和 信息化部等 八部门	2021	《“十四五”智能制造发展规划》	“以数据为基础，依托制造单元、车间、工厂、供应链等载体，构建虚实融合、知识驱动、动态优化、安全高效、绿色低碳的智能制造系统，推动制造业实现数字化转型、网络化协同、智能化变革。到2025年，规模以上制造业企业大部分实现数字化网络化，重点行业骨干企业初步应用智能化；到2035年，规模以上制造业企业全面普及数字化网络化，重点行业骨干企业基本实现智能化”

续表

部门	年份	政策文件名称	相关内容
工业和信息化部	2022	《中小企业数字化转型指南》	“开展数字化评估”“推进管理数字化”“开展业务数字化”“融入数字化生态”“优化数字化实践”
住房和城乡建设部	2023	《关于加快住房公积金数字化发展的指导意见》	“健全共享利用的数据资源体系”“健全整体协同的平台支撑体系”“建立数据赋能的数字化管理新机制”“开创协同联动的数字化监管新局面”“筑牢稳定可靠的数字化安全新防线”

资料来源：作者根据相关政府部门网站、新闻报道等归纳整理。

2.1.2 数字经济发展整体情况

党的十八大以来，我国数字经济取得长足发展，数字技术创新不断取得突破，数字经济规模快速增长，数字经济治理水平不断提高。根据中国信息通信研究院数据显示，2012~2022 年，我国数字经济规模从 11 万亿元增长到 50.2 万亿元。2022 年数字经济占国内生产总值比重提升至 41.5%。2017~2022 年，数字经济复合增长率为 10.75%，显著高于 GDP 增速，数字经济对经济社会发展的引领支撑作用日益凸显，成为稳增长、促转型的重要引擎。

从产业层面来看，在中共中央、国务院和各部委的报告、规划、意见和指南等文件引导下，数字经济与实体经济加速融合，数字经济助推产业数字化效果显著。《中国数字经济发展研究报告 2023》数据显示，2022 年我国数字产业化规模达 9.2 万亿元，占 GDP 和数字经济比重分别为 7.6%和 18.3%；产业数字化规模为 41 万亿元，占 GDP 和数字经济比重分别达到 33.9%和 81.7%。三大产业数字经济全要素生产率持续上升，且第三产业中数字经济全要素生产率提升效果最为明显。在《计量发展规划（2021—2035 年）》《关于推动能源电子产业发展的指导意见》《关于促进光伏产业链供应链协同发展的通知》等文件引导下，能源电子产业、锂电产业链等重点领域产业数字化水平进一步提升。此外，根据党的二十大报告精神，数字经济与实体经济的发展突破了基于三大产业推进的发展思路，在逐步形成数字产业集群的方向上取得突破。根据工业和信息化部 2022 年公布的第十批国家新型工业化产业示范基地名单，近百家示范基地均与数字经济有关。

作为重要的微观经济主体，部分企业投身数字化转型浪潮，在融合创新的过程中谋求持续竞争优势，并涌现出一系列典型案例企业。例如，山西路桥模板科技有限公司利用“路桥云模”打造循环经济、智能建造，帮助企业降本增效和节能减排。美团通过“牵牛花”系统赋能美团闪购、美团买菜等即时零售业务，在满足消费者便利化消费需求的同时，赋能中小商户的数字化转型。然而，数字经济发展任重而道远，在日益复杂的全球经济、社会环境和可持续发展理念下，企业仍需把握时代趋势、掌握先进技术，驱动自身的数字化转型，并实现高质量发展，为我国持续优化资源配置、加快构建“双循环”新发展格局提供关键支撑。

2.2 理论基础

2.2.1 信息不对称理论

早期的经济学理论基于对称信息和完全信息的假设，认为市场是出清的，提出了有效市场的假说。Simon（1955）和 Arrow（1964）率先对充分信息假设提出了质疑，指出市场交易中的不完全信息造成了经济行为的不确定性。20 世纪 70 年代，Akerlof 和 George（1970）、Spence（1974a）、Dixit 和 Stiglitz（1977）分别从商品交易、劳动力和金融市场三个不同领域研究了这一问题，为信息不对称理论奠定了基础。他们的基本理论思想可以概括为两点：①交易双方之间关于交易的信息分布不对称，即相关信息占有一方的比重大于另一方；②交易双方清楚地知道自己在信息占有中的相对位置，最终导致在交易完成前后分别出现产品质量上的“逆向选择”和“道德风险”问题。其中“逆向选择”是指“劣币驱逐良币”的现象，在此过程中掌握市场信息更多的卖方选择降低市场价格，而买方却因担心商品质量等原因维持购买量不变甚至减少购买。而“道德风险”是指契约约定双方在信息不对称的市场经济活动中，一方想要实现自身效用最大化而做出不利于他人的市场行为。从总体上看，信息不对称理论超越了传统经济学对市场交易双方都具有完全信息的假设，在论证信息作为资源的重要性的同时，也揭示了主体之间不完全信息博弈的心理和行为逻辑。

大部分企业在非财务信息披露方面，如 ESG 信息披露、碳信息披露和环境信息披露，属于自愿披露行为，这导致其在信息披露与否、披露维度和内容翔实程度方面具有较大自主权。企业可以通过对非财务信息进行漂绿，即故意忽略关键信息披露，掩盖真实情况或对披露的信息夸大其词，误导消费者购买其产品或服务，对有序市场竞争造成负面影响。此外，在信息不对称情况下，企业更倾向于追求自身利益最大化，选择不披露或披露不实信息，谋求社会合法性。从审计

收费来看，企业内外部存在信息不对称，会计师事务所相较于被审计企业掌握更少的信息。此外，企业可能提供不实或粉饰过的财务信息。无论何种情形，都会增加审计师的信息收集成本和审计风险，导致审计费用更高的风险溢价。信息不对称也是导致牛鞭效应的主要原因之一，由于供应链中信息传递不完全，且在传递速度和准确性上存在差异，下游环节的信息在向上游环节传递时会造成信息失真，从而使整个供应链出现波动。提高供应链参与主体的信息披露质量、加强企业内部信息与沟通，是缓解牛鞭效应的有力途径。

2.2.2 委托代理理论

作为契约经济学的重要理论之一，委托代理理论源于公司所有权与经营权相分离。Ross（1973）认为现代委托代理关系的建立是基于当事人双方中的代理人一方代表委托人一方的利益行使特定的决策权。Jensen 和 Meckling（1976）对委托代理理论进行了详细阐述，认为在现代企业中，所有人（委托人）因对公司运营亲自管理的成本过高，选择将企业经营的权利下放给管理层（代理人），管理层拥有企业日常管理的决策权。然而代理人并非理性决策的主体，且管理层与所有者的利益并非完全一致。在缺乏有效监管和激励机制的情况下，管理层出于自利目的进行决策，将自身利益置于股东利益之上，导致利益冲突而产生代理问题（Agrawal & Knoeber，1996）。委托人承担监督费用，代理人承担保证费用，代理人的决策和委托人福利最大化的决策之间会产生剩余损失，以上三者的总和就是代理成本。要解决代理问题，就必须通过激励等内部控制手段、信号传递等外部控制手段，减少双方所掌握信息的不对称程度。

在非财务信息披露方面，委托代理问题的存在，会导致管理层出于自利目的而进行有利于自身利益最大化的非理性决策，如不披露 ESG 报告或碳信息、披露环境信息时捏造和夸大事实等，最终导致企业合法性降低，丧失竞争优势。当企业业绩承压时，经理人更有动机进行盈余操纵，抑或通过其他方式粉饰财务报表甚至进行财务舞弊，审计师开展工作需要更高的风险溢价作为补偿。企业内部代理成本的存在，实际上是内部信息不对称的体现，内部信息沟通不畅，导致牛鞭效应的发生并向上游企业传导，最终影响到企业自身的发展。

2.2.3 信号传递理论

1974 年，信号传递理论由 Spence 在《市场信号：雇佣过程中的信号传递及相关筛选过程》一文中最先提出，他认为市场上买卖双方总是存在信息不对称，处于信息劣势地位的个体往往需要信息来决策，具有信息优势的一方可以通过将信息传递给处于信息劣势地位的个体来传递出企业经营等层面的正向信号，从而吸引资源持有者对企业进行投资。信息传递理论是信息经济学的重要理论，信号传递包括信号、信号传递者和信号接收者三个核心要素。其中，信号是该理论的核心，是信息的载体和工具。信号的有效性取决于信号的可选择性，即信号所包含的信息为非强制披露的信息。此外，信号还需要具有不易模仿性，即企业发出的信号和包含的信息不易被低质量的公司模仿。根据信号传递的内涵，企业可以通过增加信号可见性降低信息不对称。企业为获得投资者的关注会付出一定成本，尽可能向资本市场传递出有利于自身的信息。因此，投资者可以通过对信号进行甄别来发现值得投资的企业。

对企业数字化转型而言，信号传递理论主要起到了三方面作用：第一，由于不同企业的数字化转型目的不同，因而投资者等利益相关者无法很好地理解企业的数字化转型策略的意义。通过主动传递正面信号，企业可以澄清自己数字化转型的意义、方向和决心，帮助利益相关者识别企业价值。第二，数字化转型作为一项长期投入，其成果难以短期显现。但通过传递信号描述转型积极性和初步成果，企业可以让利益相关者对其未来的数字化布局保持信心，这对赢得利益相关者的支持和未来各类资源的获取很重要。第三，数字技术本身就存在较高的不确定性。但企业通过信号表达对科技走势的全面把握能力，表明其在数字化领域的竞争优势，让利益相关者相信企业能成功完成转型。具体地，企业可以通过数字化转型，提高信息收集、处理和传输能力，特别是对企业的 ESG 等非财务信息的披露和披露质量的提升，能帮助企业树立良好形象，形成和保持竞争优势。数字化转型还能改善企业内部控制和信息透明度，缩小内外部信息差距，通过充分的信息披露，减少审计师的信息收集成本，降低企业的审计风险，从而降低审计收费。

2.2.4 利益相关者理论

以 Friedman（1962，1970）为代表的传统的企业理论，秉持股东至上的原则，认为不断提升企业控股人的收益、增加其财富才是组织管理的重心。就这一观点而言，企业的行为和决策往往会牺牲其他方面的利益，如社会最优利益等，以获取经济利益。而利益相关者理论则打破了这种传统观点的羁绊。利益相关者的概念最初是由斯坦福研究所于 1963 年提出，并由 Ansoff 于 1965 年首次在战略管理领域正式使用。利益相关者理论主要是指企业在设定理想目标时，需要权衡管理人员、员工、股东、供应商、债权人以及消费者等诸多利益相关方的情况。随后，该理论中的利益相关者的定义被不断完善。Freeman（1984）将利益相关者定义为“任何对企业目标的实现有一定的影响作用或被企业目标的实现所影响的团体或个人”。随后 Clarkson（1995）以与企业联系的密切性为依据，将利益相关者划分为主要和次要两个层级；Mitchell 等（1997）则提出了“Mitchell 评分法”，从合法性、权力性和紧迫性三个视角，将利益相关者划分为确定型、预期型和潜在型。可以看出学术界对于该理论下利益相关者的定义范围逐渐扩大和抽象化。

企业数字化转型会重塑企业战略思维、业务流程、组织结构和商业模式，颠覆企业价值创造过程，会对企业生产经营管理活动产生深刻影响，这一过程中企业的利益相关者都会因此受到影响。例如，对于企业数字化转型的重要利益相关者企业股东而言，数字化转型通过提高企业运营效率、开拓新业务机会等方式有可能提升企业价值和收益；对于企业客户而言，数字化转型通过将生产经营管理活动数字化和直观化，能为客户提供更优质的产品和服务体验；从整个社会参与者的角度来看，数字化可以推进社会公平性，例如企业利用大数据分析帮助弱势群体获得更多资源，缩小城乡及地区间差距，以及倡导数字包容性，保障不同群体在数字环境下的参与机会等。由此可见，利益相关者理论可为企业数字化转型话题下的相关研究提供重要依据。具体地，企业 ESG、碳信息和环境信息等非财务信息披露，是社会大众、政府机构等的重要关注点，甚至在“双碳”背景下也成为债权人决策的重要信息源。数字化转型的实施与信息披露也可能成为会计师事务所进行审计收费定价时考量的因素。数字化转型对于企业价值链条的重塑作用，可能会影响到企业内部和外部价值链上的信息沟通、流程再造和价值创造活动，进而对牛鞭效应产生影响。

2.2.5 合法性理论

Parsons（1960）最早提出了“合法性”的说法，此后众多学者聚焦合法性相关研究，建立了较为完整的理论体系。目前，被普遍接受的合法性定义由 Suchman（1995）提出，即合法性是对一个实体的行为在某种社会构建的规范、价值观、信仰和定义体系内被认为是可取、适当或合适的一种普遍看法或假设。合法性是一种综合评价，是否合法很难受到某一个事件的影响，因此即使某一个组织偶尔做出违背社会准则的行为，它的合法性也不会因此丧失（Perrow，1981）。此外，合法性不是由组织主动创造出来的，而是组织的观测者对于组织行为形成的看法，因此合法性是组织客观获得的。如果组织的行为违背了社会准则，但是并没有引起公众的注意，那么它的合法性依然可以保留。最后，合法性的获得依赖于集体的认可而非个人的意志。所以即便某个组织的行为违背了个体的价值观，只要它得到了大多数人的认可，那么它的合法性依然不会受到影响。

Suchman（1995）将合法性分为三种，即实用合法性、道德合法性和认知合法性。实用合法性依赖于组织最直接受众的自身利益考量。实用合法性可以被归结为一种交换合法性，即是否支持组织的政策取决于利益相关者对于该政策的期望价值。在这种情况下，利益相关者支持组织的原因不一定是因为他们相信组织提供了某些有利交换，而是因为他们认为组织对其更大利益做出了响应。例如，组织将利益相关者纳入其政策制定结构，或采纳利益相关者的绩效标准作为自己的标准。

道德合法性反映了对组织及其活动的积极规范评价（Aldrich & Fiol，1994）。与实用合法性不同，道德合法性是"社会导向的"，它不对某项活动是否使评估者受益做出判断，而是对该活动是否是"正确的事情"做出判断。但这并不表明道德合法性不注重对利益的诉求，只不过它把针对社会价值观的要求置于首位。道德合法性有四种表现形式：结果合法性，依据组织行为结果进行判断；过程合法性，依据组织是否采纳社会认可的技术和程序（Pennings & Goodman，1977）进行判断；结构合法性，依据组织是否建立了符合社会价值观的运行机制进行判断；个人合法性，依据组织领导的个人魅力进行判断。

认知合法性是基于认知而非利益和估值做出判断，它有两种重要的变体，分别是基于可理解性的合法和基于理所当然性的合法。研究前者的学者将现实社会描述为混乱的认知环境，其中的参与者需要努力让自己的经历连贯且便于理解。此时，合法性源自可以为组织行为提供可信解释的文化模式，当这种模式存在时，组织活动被认为是可预测、有意义和吸引人的。Suchman（1995）用一个例子解释了前文较为抽象的描述：早期计算机价格昂贵且体积巨大，大众无法想象能够摆在桌子上的微型芯片计算机和其中的芯片。英特尔创始人之一诺伊斯用订书机和其中的钉子来分别比喻计算机和其中的芯片，来让大众可以理解二者的关系，进而为半导体制造商的微处理器技术赢得合法性。研究后者的学者将合法性与认知的"外部性和客观性"联系在一起，换句话说，将社会结构的一个方面从最初创建它的行为者的预设中移除，是一件完全无法想象的事。如果替代方案变得不可想象，挑战就不复存在，合法实体就变得无懈可击，因此理所当然性是最有力的合法性来源。

一些学者将合法性描述为企业的一种可使用性资源，用以达成企业的目标（Suchman，1988；Gardberg & Fombrun，2006）。这类观点强调了组织自身的能动性，即组织可以通过主动的战略手段，改变外部利益相关者对组织合法性的认知，也称战略视角下的组织合法性。具体手段包括实体管理和表象管理两种（Ashforth & Gibbs，1990）。前者是指组织在构建合法性过程中其组织惯例和价值观有所改变，而后者是指组织通过塑造外在形象和其他象征手段（比如公关、宣传）使组织表面上与社会价值和期望一致。研究战略视角下的组织合法性对于企业的日常经营、危机管理和社会责任表现等具有指导意义。

数字化转型是企业重要的战略决策，能改善对利益相关者的信息需求的满足，平衡利益相关者与企业之间的利益，实现可持续的价值创造。例如，数字化转型能够通过数字平台加强企业与外部利益相关者的互动，通过提升 ESG、碳信息和环境信息披露质量，提升企业的道德合法性。此外，利益相关者如审计师的参与互动，强化了外部治理效果，能够改善企业实用和认知的合法性。总之，数字化转型能够发挥治理作用，提升组织合法性。

2.2.6 资源依赖理论

早期的组织理论很少考虑外部因素对组织运行的影响，主要关注的是组织的内部规则。随着相关理论的不断发展，学者们逐渐关注到组织和环境之间的交互作用，资源依赖理论研究了外部资源如何影响组织的行为。Pfeffer 和 Salancik（1978）提出了资源依赖理论的四个基础假设：第一，所有组织最关心的是自身的生存；第二，组织生存依赖于各种资源（如原材料、技术、信息等），但组织自身不能单独生产所有资源；第三，组织必须与其所处的环境互动，以获得所需要的外部资源；第四，组织的生存建立在其控制自身和其他组织关系的能力之上。由此可知，没有组织是自给自足的，所有组织都会为了生存和其所在环境进行交换（马迎贤，2015），获得外部资源，无论从战略层面，还是从战术层面来说，对组织而言都十分重要。由于外部环境资源具有稀缺性和不确定性，组织会采取签订合约、成立合作企业、并购重组等方式获得稳定的资源供应，减少不确定性。

由于其他组织是外部环境的重要组成部分，资源依赖理论认为组织间的关系是一种资源依赖关系（王琳和陈志军，2020）。Pfeffer 和 Salancik（1978）认为有三个因素会影响一个组织对另一个组织的依赖程度：第一，资源对于组织生存的必要性；第二，组织内部或外部特定群体获得或使用资源的程度；第三，替代性资源的丰富程度。资源依赖是权利的基础，权利和资源依赖直接相关：组织甲对组织乙有控制权相当于组织乙对组织甲有资源依赖。换言之，这种依赖是不对称的，因此组织间的权利大小有所差异：关键资源提供者要比资源寻求者有更大的权利。总结而言，一个组织对另一个组织的依赖度和可为对方提供的资源成反比，对外部资源的依赖导致了组织潜在的屈服，也就是双方权利的不均衡。此外，还可以从另一个维度描述组织间的依赖，即联合依赖。联合依赖不再强调组织间的权利动态，而是关注组织间长期合作可以创造的价值（Gulati & Sytch，2007）。联合依赖遵循嵌入逻辑，即组织间的依赖会逐步加强，最终组织间的交互内容会超过合同规定的范畴。而嵌入逻辑意味着降低交易成本、提高面对关系风险时的弹性，并增加创造价值的机会。

根据资源依赖理论，组织可以权衡利弊，合理选择合作对象，借助外部资源，为自身创造价值。资源依赖理论对组织部门结构优化、生产战略制定、合同结构拟定等其他企业战略安排具有指导意义。企业通过披露 ESG 信息、碳信息和环境信息等，能够满足社会大众、政府和媒体等的信息需求，并由此保证企业能够获得经营所需的基础设施、人力资本等。此外，数字化转型的实施可以改善信息透明度，能够帮助审计师和供应链参与者以更低的成本获取信息，也降低了企业外部审计服务的成本，减少了牛鞭效应等带来的负面影响。

2.2.7 审计定价理论

审计定价理论模型由 Simunic（1980）首次提出，按照 Simunic 的观点，外部审计是被审计企业财务报告系统中的一个子系统。从这个意义上讲，审计服务对于被审计企业而言是一个经济商品，因此对于审计的需求量就可以由经济学中“边际收益等于边际成本”的平衡点来确定。此外，Simunic 认为整个外部财务报告系统的设计动机就是因为被审计公司和审计师对于财务报告使用者具有潜在的法律责任，因此，被审计公司的收益从本质上讲是由于规避了法律责任进而避免的损失。以上述假定为出发点，Simunic 提出审计成本假说，并推导出这一假说下的审计定价模型。该模型中，审计费用由三部分组成：①审计成本，即进行审计时所引发的必要费用；②预期损失费用，即审计师可能面临的诉讼风险以及恢复原本声誉所需的潜在费用；③审计师应该获取的合理利润。

整体而言，这一定价模型体现了成本加成的思想，故审计定价的高低主要取决于审计成本的大小。例如，审计师对被审计单位财务报表重大错报风险的判断会影响审计资源投入的多少。如果风险高，则需要投入更多的审计人员和时间来降低风险，而审计资源的增加会导致审计成本增加，进而导致审计费用增加。此外，预期损失费用也是影响审计费用的重要部分。预期损失费用是一种风险溢价补偿，通常用异常审计费用来衡量（Doogar et al.，2015），当审计师认为客户信息质量比较低时，可能会通过收取风险溢价来补偿需要承担的风险（Hribar，2014），最终同样导致审计费用增加。该模型提出后，不断有学者对其进行修正，但均没有实质性的改变。

此外，还有学者提出了不同的假说来解释说明审计费用。Dye（1993）最早提出了审计保险理论，该理论认为审计服务的价值来自该服务提供的保险价值，即财务报告使用者在遭受投资损失时向审计师索赔的期权价值。随着资本市场的不断发展，如果因为审计师履行职责不到位而误导投资者的判断，进而导致投资者遭受损失，那么投资者保护制度会要求审计师补偿投资者。DeAngelo（1981）则提出了审计租金假说，此处的租金指的是寻租理论中的租金，信息不对称是产生审计寻租的根本原因。该假说认为审计师在首次承接审计业务时定价相对较低，这种低价策略制定的目的是收取未来继续合作产生的“准租金”，因此不会损害审计师的独立性。不过理论和现实存在较大差异，很多实证研究表明，过高或过低的审计定价都有可能意味着审计师和客户之间存在寻租行为，并且会损害审计师的独立性。总而言之，三种审计定价理论从不同的角度解释了外部审计收费的方法，有助于在现实生活中制定合理的审计收费。而数字化转型可以减少企业信息不对称而产生的负面影响，改善内控和公司治理，因此可能会影响到会计师事务所对被审计企业的费用收取。

3 文献综述

3.1 数字化转型

数字化转型早期研究（Brynjolfsson & Hitt，1996；Majchrzak et al.，2016；Vial，2019）主要从计算机和数字技术的角度探讨了数字化的内涵和战略意义。已有研究对于数字化转型的内涵未达成统一认识。韦影和宗小云（2021）以及曾德麟等（2021）结合数字化转型中的定位、过程和目标三个要素，以及数字技术的基础对数字化转型的内涵进行了阐述。姚小涛等（2022）和杨金玉等（2022）对数字化转型内涵的概括侧重于数字技术与企业活动的融合，以及融合过程对组织属性和变革的动态影响。在此基础上，学者们为了开展研究，还考虑了数字化转型的度量问题，常用的方法主要有两种：一种是通过文本分析的方式，构建数字化转型种子词库并从年报中提取关键词，利用词频和词频占比作为数字化转型的度量指标；另一种方法则是采用与数字化有关的无形资产占企业无形资产的比重来度量企业数字化转型程度。

3.1.1 数字化转型的影响因素

本书研究重点关注数字化转型的治理效应，即数字化转型的后果，故此处仅对数字化转型的影响因素进行简单梳理。总体而言，研究数字化转型的影响因素的文献相对较少。第一，宏观政策试点或实施影响企业数字化转型。例如，赖晓冰和岳书敬（2022）关注智慧城市试点政策实施，曾皓（2023）则考察国家数字经济创新发展试验区的试点，研究均发现试点政策促进了企业数字化转型。第二，在宏观经济环境方面，王宏鸣等（2022）发现，数字金融通过缓解融资约束、优化营商环境、提高风险承担水平、增加研发支出四个渠道赋能企业数字化转型。第三，基于国际贸易视角的研究发现，自由贸易试验区能够改善宏观竞争环境和企业内部控制，促进企业数字化转型（任晓怡等，2022）。但初天天和郝大江（2023）研究发现，数字贸易壁垒会增加企业经营成本，降低资源配置效率，延缓企业技术创新，间接抑制企业数字化转型。第四，从内部公司治理来看，汤萱等（2022）发现高管团队年龄异质性与企业数字化转型负相关，教育背景异质性、职业背景异质性以及海外背景异质性与企业数字化转型正相关。而从外部治理机制来看，余汉等（2023）发现，作为战略投资者的国有股权能显著促进民营企业的数字化转型。林川（2023）研究发现，存在多个大股东的上市公司的数字化转型概率与数字化转型程度均更高。此外，政府补助通过降低企业信息不对称、缓解融资约束及增强产学研协同能力推动企业数字化转型（张志元和马永凡，2023）。

3.1.2 数字化转型的后果

数字化转型可以在宏观层面和微观层面产生影响，对宏观层面的影响研究也主要是基于企业微观层面的经验证据。对企业微观层面的影响，又表现为对经济后果和非经济后果的研究。以下就数字化转型的后果分别进行梳理。

3.1.2.1 数字化转型与国际贸易

易靖韬和王悦昊（2021）发现，数字化转型能够帮助企业有效应对市场竞争，开展差异化的创新，更好应对制度不完善的负面影响，促进企业出口增长。王如萍和张焕明（2023）认为，数字化转型能够降低企业交易成本，改善企业创新能力，促进企业对外投资。除上述机理，胡杨等认为数字化转型还可以通过提高企业生产率增加企业对外直接投资。范黎波等（2022）则发现数字化转型通过提升企业创新效率、改善要素配置和扩大市场规模等渠道，降低了出口退出风险，提高了出口稳定性。

3.1.2.2 数字化转型与人力资本

杨白冰等（2023）考察了数字化转型对就业结构的调整，发现企业数字化转型程度越高，对技术型、服务型、高技能型员工的需求就越大，越利于优化就业结构，促进产业转型和就业的良性互动。究其原因，数字化转型显著增加了企业的固定资产投资和研发投资，促使企业增加对高技能劳动力的需求（叶永卫等，2022）。方明月等（2022）认为数字化转型可以提高生产效率，增加企业营业收入和劳动收入份额；就业创造效应超过了数字技术的替代效应，通过提高普通员工自主权，降低劳动收入差距，从而促进企业内部实现共同富裕。此外，肖土盛等（2022）认为，数字化转型可以优化人力资本结构，进而提升劳动收入份额。

3.1.2.3 数字化转型与资本市场

从股票市场来看，吴非等（2021）发现企业数字化转型可以提升企业研发投入与创新产出绩效，提高企业财务稳定性，进而提高公司股票的流动性。在此基础上，雷光勇等（2022）发现企业数字化转型不仅可以提高股票流动性，还能提高分析师关注度，降低股价同步性，提高资本市场效率。马慧和陈胜蓝（2022）认为数字化转型缓解了企业内部人的坏消息隐藏，不仅能降低企业自身股价崩盘风险，还可以降低同行业内及供应链上企业的股价崩盘风险。

从债务融资来看，王守海等（2022）发现数字化转型可以显著降低企业债务违约风险，具体作用渠道为降低经营风险、缓解融资约束和减少代理成本。此外，企业数字化转型还通过增加媒体对企业的关注度和降低企业财务风险来降低企业债务融资成本（刘梦莎等，2023）。

已有研究从审计师视角考察了数字化转型的作用。张永珅等（2021）从被审计企业视角出发，发现企业数字化转型程度越高，企业财务报告审计收费就越低。刘斌和汪川琳（2023）研究发现，企业数字化转型程度越高，越倾向于选择高质量审计师。而 Manita 等（2020）以审计公司为研究对象，发现数字化转型可以通过提供新的数字化服务来扩展审计业务，并且可以提高审计质量。

数字化转型还可能对分析师预测产生影响。Chen 等（2022）认为企业数字化转型能显著增加分析师报道，并能提高公开信息的精确度，不过对于私有信息精确度并无显著影响。关于具体作用机理，王瑶等（2023）认为企业数字化转型通过促进公司主动增加公开信息披露和激励分析师调研挖掘私有信息这两条路径提升分析师预测准确度，从而达到改善资本市场信息环境的目的。

学者们还从会计信息可比性的角度探索了数字化转型的作用。张焰朝和卜君（2023）发现，企业数字化转型能够减少管理层相机选择会计政策与会计方法的动机和机会，进而改善会计信息可比性。聂兴凯等（2022）则认为企业数字化转型通过强化内部控制质量、抑制企业盈余管理、改善企业信息不对称等途径提升会计信息可比性。

3.1.2.4 数字化转型与企业运营

从生产经营来看，赵宸宇等（2021）的研究表明，数字化转型可以显著提高企业的全要素生产率，具体机制包括提高创新能力、优化人力资本结构、降低成本等（Loebbecke & Picot，2015；Goldfarb & Tucker，2019）。例如，吴武清和田雅婧（2022）发现，企业数字化转型可以降低企业费用黏性。袁淳等（2021）同样发现数字化转型可以提高企业全要素生产率，不过背后的原因是数字化转型提高了公司专业化分工水平。杨天山等（2023）认为高等技能劳动力与企业数字化转型存在互补效应，能够显著促进数字化转型的全要素生产率效应。朱秀梅等（2022）考察了企业数字化转型战略和转型能力的不同组合，提出应关注并分析不同组合对企业产品服务系统的差异化影响。

从企业转型升级来看，赵宸宇（2021）发现，企业数字化转型可以提高创新能力和优化人力资本结构，从而提高企业的服务化水平。杜勇和娄靖（2022）发现数字化转型导致企业创新增加、产能利用率提升和交易成本下降，最终促进企业升级。

从供应链视角来看，数字化转型具有显著的溢出效应。杨金玉等（2022）发现，合作伙伴（客户）数字化转型可以通过"倒逼"效应和资源效应显著提高供应商的创新能力。吴代龙和刘利平（2022）从价值链视角出发，发现企业数字化转型利于企业全球价值链地位的攀升，这主要是通过知识密集型服务业（KIBS）集聚来实现。从供应链关系来看，企业数字化转型在帮助企业实现规模经济、增强企业竞争优势的同时，还能拓展企业经营边界，显著降低了企业对大客户的依赖程度（李雷等，2023）。此外，数字化转型能通过强化供应链信息共享、推进供给侧柔性生产和管理水平提升、提高需求侧差异化水平等路径弱化供应链长鞭效应（孙兰兰等，2022）。

然而，部分学者对数字化转型的价值实现则持有消极态度，认为企业数字化变革往往无法实现预期的收入增长（Gebauer et al.，2020），反而可能会让企业承担更多的管理费用、增加协同难度以及降低研发效率（Jacobides et al.，2018），即存在"数字化悖论"的现象。

3.1.2.5 数字化转型与企业投资

王会娟等（2022）研究发现，数字化转型通过减少融资约束和降低代理成本两条渠道提升企业风险承担水平。李雷等（2022）研究发现，数字化转型能够缓解企业内外部的信息不对称，降低代理成本，抑制过度投资和缓解投资不足，提高企业投资效率。肖梦瑶和韦琳（2023）关注到企业投资趋同现象，发现数字化转型可以缓解信息不对称、削弱管理层能力、抑制企业投资趋同行为，避免"随波逐流"导致的投资低效率和资源错配。文雯和牛煜皓（2023）则从投融资匹配视角进行考察，发现数字化转型助长了企业的"短贷长投"倾向，加剧了企业投融资的期限错配问题。

创新是企业投资的重要组成部分。池毛毛等（2020）以我国中小制造业为研究对象，发现数字化转型有利于其新产品开发绩效的提升。具体地，企业数字化转型通过降低资源组织协调成本和优化内部控制执行环境等渠道实现创新效率的提升，这一作用在高管具有信息基础特长的企业中更显著（赵玲和黄昊，2023）。贺正楚等（2023）考虑了数字化转型的异质性，认为企业整体层面和制造过程层面的数字化转型能提高创新绩效；但商业模式的数字化转型在长期内会负向影响企业创新。在绿色创新方面，刘畅等（2023）发现数字化转型通过强化媒体监督和虚拟仿真技术应用两个渠道提升企业绿色创新绩效。董松柯等（2023）从企业创新投入高而全要素生产率低的现象切入，发现数字化转型能够提高供应链合作的开放程度，缓解信息不对称，降低交易成本和企业研发操纵的概率。

3.1.2.6　数字化转型与公司治理

学者们关注数字化转型对于公司避税行为的影响，但结论未达成一致。许云霄等（2023）发现数字化转型会显著提升企业的避税程度，这主要是由于数字化转型会通过增加企业管理费用来影响避税动机。但管考磊和朱海宁（2022）的研究结论恰好相反，认为企业数字化转型通过缓解融资约束和提高信息透明度，能够抑制税收规避行为。

此外，张钦成和杨明增（2022）研究发现，数字化转型能够提高内部控制运行效率，进而推动内部控制质量的提升。而内部控制有效性的提升和市场信息环境的改善，也使企业数字化转型在抑制大股东掏空行为方面发挥重要作用（耀友福，2022）。

3.1.2.7　数字化转型与可持续发展

赵宸宇（2022）认为数字化转型可以提升企业总体创新和绿色创新水平，并推动企业服务化转型，增加企业服务意识，更加关注品牌形象和声誉，进而提高企业社会责任表现。Kong 和 Liu（2023）则认为数字化转型通过改善企业污染控制能力和内部控制效率提升了企业社会责任表现。

近期很多学者开始关注数字化转型对 ESG 表现的影响，王运陈等（2023）发现企业数字化转型通过增加外部合法性压力、缓解信息不对称的方式提升企业的 ESG 表现。张萌和宋顺林（2023）将企业数字化转型对 ESG 的影响归因于绿色创新水平和内部控制质量的提高。张永冀等（2023）认为数字化转型能通过提高绿色创新、社会关注度和内部信息透明度来改善企业 ESG 表现。王应欢和郭永祯（2023）则认为数字化转型与企业 ESG 表现呈倒“U”形关系，并探讨了绿色创新和信息披露质量的作用机理。Fang 等（2023）认为企业数字化转型只能提升社会与治理维度的表现，但不能改善环境维度的表现。此外，Shang 等（2023）首次关注到企业数字化转型对企业碳减排的影响。

3.2 ESG 评级

ESG 是一种关注企业环境、社会、治理绩效而非财务绩效的企业评价标准，同时也是一种关于企业如何绿色发展的价值观。其中，E 是对企业环境管理的评价，主要包括气候变化和碳排放、自然资源的管理和使用、环境污染和废弃物的处理、能源的有效性和安全性、生态设计和创新等方面。S 是指对企业履行社会责任的评价，具体表现为企业对其利益相关者的管理，主要包括员工的健康、安全、多样化和培训，人权和社会平等，消费者和产品的质量，社区关系和捐赠等方面。G 为对企业治理的评估，包括股东权益维护、董事会组成（如独立董事议题、董事会多元性）、资方酬金、贿选及舞弊（胡洁等，2023）。

自 2004 年联合国全球契约组织首次提出 ESG 的概念以来，ESG 原则逐渐受到各国政府和监管部门的重视，ESG 投资也逐渐得到主流资产管理机构的青睐，并逐步得到世界范围内的广泛认可。目前已有研究发现企业 ESG 信息有助于获得利益相关者的信任、缓解信息不对称、降低交易成本和融资约束、降低投资者的预期风险，并提高投资效率（Tang，2022；Wang et al.，2022）；能够刺激企业创新、人力资本、企业文化及声誉等无形资产的发展，提升公司财务绩效和企业价值（Kaul & Luo，2018；Wu et al.，2022）。目前研究总体上认为 ESG 能够为企业各方面带来正向经济后果，但也有部分学者认为 ESG 会增加企业额外的财务负担，甚至可能带来更高的资本成本（Nazir et al.，2022）。

考虑到本书主要研究数字化转型对 ESG 评级的影响，以下主要就 ESG 评级构建和度量的文献以及 ESG 评级的影响因素的文献进行详细阐述。

3.2.1 ESG 评级构建

已有研究就 ESG 表现的度量和评级构建没有统一的标准，目前对 ESG 的度量方式可以分为两类：第一类测度方法是通过第三方机构的企业 ESG 评级数据来衡量 ESG 绩效。学界主要使用的国外评级机构主要包括彭博（Bloomberg）、汤森路透（Thomson Reuters）、路孚特（Refinitiv）和明晟（MSCI）等，也有较多学者使用华证、商道融绿等国内机构的 ESG 评级来度量 ESG 绩效。例如，Wang 等（2022）和 Fang 等（2023）使用彭博数据库的环境、社会以及治理（ESG）评级来衡量企业 ESG 绩效。王禹等（2022）、柳学信等（2022）、王晓红等（2023）通过将华证的 ESG 评级 C 至 AAA 级分别赋值为 1~9 的方式来衡量企业

ESG 绩效水平。胡洁等（2023）使用商道融绿的 ESG 数据作为解释变量探究其是否能促进企业绿色转型。第二类测度方法是学者以目前已有的测量框架为基准，并加入了自定的特色指标来度量企业 ESG 表现。Pedersen 等（2021）采用低碳强度来度量 E，即企业环境管理；采用非罪恶股票（Non-sin Stock），即非烟草、酒精和赌博等行业的股票作为指标来衡量企业在履行社会责任方面（S）的分数；使用低应计利润来衡量 G，即对公司治理的评价；最后结合 MSCI 测量框架下的 ESG 分数计算出该研究使用的 ESG 指标。Crifo 等（2015）将 ESG 拆分为环境、社会和治理，并将企业在 E、S 和 G 三个方面的行为按照“对社会负责的”和“对社会不负责的”分为两大类，将企业政策分为“主要的”和“次要的”两种，据此独立估计每个维度对私募股权投资者进行公司估值和投资决策的影响。

3.2.2 ESG 评级的影响因素

目前，学界根据内部和外部影响因素将影响企业 ESG 评级的因素归纳为两大类。

3.2.2.1 外部环境因素

ESG 涉及环境、社会和治理等非财务信息的披露，因此会受到不同外部利益相关者的关注。结合利益相关者理论、合法性理论和资源依赖理论，外部利益相关者会根据各自的信息需求，对企业施加压力要求其披露 ESG 信息或改善 ESG 行为。此外，外部利益相关者的行为和决策也会对企业 ESG 行为和信息披露造成影响。具体地，外部因素主要有监管、媒体压力以及所在地区的发展水平等。随着可持续发展理念的不断深入，越发严苛的环境规制会影响企业的 ESG 披露和行为，进而影响 ESG 评级。王禹等（2022）发现，《中华人民共和国环境保护税法》出台后，重污染企业的 ESG 评级显著提升，表明税制绿色化有助于提高重污染企业的可持续发展能力，研究也指出，这主要是重污染企业在相关法规出台后加大环保投入所致。Wang 等（2022）研究了另一类外部环境冲击——中央生态环境保护督察对企业 ESG 评级的影响，发现督察及后续的“回头看”检查可以显著提升企业 ESG 评级。Qi 等（2022）考察了全国文明城市评选在 ESG 评级中发挥的作用，研究发现，该评选能够提升企业 ESG 绩效，同时文明城市政策可以更加显著地提高国有企业 ESG 绩效，这主要是地方政府对地方企业自上而下的压力传导机制，迫使地方企业积极参与 ESG 投资导致的。除了政府政策实施和法律制定等正式的规制，媒体监督和大众参与也会对企业 ESG 行为产生影响。例如，李欣等（2022）从百度环境搜索的视角研究发现，公众环境诉求对于约束企业污染排放的负面效应具有积极作用。翟胜宝等（2022）发现，媒体监

督能够显著改善企业 ESG 信息披露质量，并且发现媒体情绪越乐观，越能够促进企业 ESG 信息披露质量提升。此外，宏观市场环境会影响企业 ESG 行为，Martins（2022）发现，在遭受竞争冲击后，新兴市场企业会对 ESG 行为做出负面调整。但 DasGupta（2022）则认为，当公司面临激烈竞争时，会通过采取 ESG 行为改善 ESG 绩效。

3.2.2.2 内部环境因素

从企业层面看，已有文献主要从以下几个方面关注微观层面的因素对企业 ESG 评级的影响。第一方面的研究与公司自身财务特征相关。Drempetic 等（2020）利用汤森路透 ESG 评级数据发现，公司规模与企业 ESG 绩效正相关，公司规模越大越能提高企业可持续发展绩效。财务特征方面，DasGupta（2022）利用跨国数据发现，当企业财务绩效不佳和面临的市场竞争激烈时，企业会通过采取 ESG 行为改善 ESG 绩效。第二方面的研究更多关注公司治理因素对企业 ESG 评级的影响。根据委托代理理论，董事会作为委托人，监督代理人的管理活动。以往研究更多认为女性董事对于企业社会责任具有积极作用，然而 Birindelli 等（2018）指出，女性董事与 ESG 呈现倒“U”形关系，只有女性董事比例平衡的董事会才能发挥其提升 ESG 评级的积极作用。另外，董事会规模和董事会独立性均与 ESG 评级负相关；而设立可持续发展委员会可以正向改善 ESG 评级。柳学信等（2022）结合中国的特殊情境，研究了党组织治理在企业 ESG 评级中发挥的作用，发现党组织治理有利于完善公司治理结构，对企业 ESG 评级有积极的影响作用。此外，外部投资人和股权结构也会影响到 ESG 评级。何青和庄朋涛（2023）研究表明，机构投资人共同持股能够提升企业 ESG 表现。文雯等（2023）则考察了机构投资人的异质性，研究发现国有机构投资者持股能提升企业 ESG 评级。此外，Tampakoudis 和 Anagnostopoulou（2020）发现，并购后收购方的 ESG 评级会随着并购前目标公司更高的 ESG 评级而增加；除此之外，收购方并购后的市场价值也会随着收购方并购后 ESG 评级相对于并购前 ESG 评级的提高而增加。第三方面的研究开始关注数字化转型对企业 ESG 的影响。王晓红等（2023）发现，高数字化水平带来的高效企业资源配置和信息、数据、知识等资源的综合利用效率能提升企业的 ESG 表现。Fang 等（2023）的研究也发现，企业数字化能够对 ESG 表现产生积极影响，这主要是通过企业数字化降低中介成本以及提升企业商誉而达成的。

3.3 碳信息披露

碳信息披露是指企业对生产经营活动中产生的以二氧化碳为代表的温室气体排放或减排相关的信息披露。作为一种非财务数据，碳信息更多地揭示的是企业能源使用效率和低碳管理能力的高低。近年来，随着各国应对气候与环境变化各项工作的持续推进，如何正向引导企业进行碳信息披露、践行减碳责任，成为学术界所关注的焦点。

3.3.1 碳信息披露的影响因素

碳信息披露的影响因素主要分为外部环境因素和企业内部因素，以下分别从这两个方面梳理相关文献。

3.3.1.1 外部环境因素

首先，正式制度压力会影响微观企业的碳信息披露决策，国家环境监管制度越严格、法律保护越完善，企业碳信息披露质量越高。具体地，当企业所在国家签署《京都议定书》时，区域内企业会感知到潜在的制度压力，进而提升企业碳信息披露质量（Freedman & Jaggi，2005）。但 Kim 和 Lyon（2011）基于美国数据的研究发现，大公司往往是能源部温室气体自愿披露项目的参与者，但这类公司往往在温室气体排放上升的情况下声称自己进行了减排；未参与该项目的公司的排放量有所下降，因此认为相关政策失效，且为漂绿提供了机会。Luo 等（2012）从是否签署《京都议定书》、环境规制法规强度如何以及是否为判例法国家（判例法对中小投资人权益保护程度更高）等方面探究对企业碳信息披露的影响，发现当一国为判例法国家时，企业更愿意披露碳信息。此外，除了制度压力，他们也考察了环境规制的作用，发现当一国实施碳排放权交易时，有利于提升企业碳信息披露。

其次，利益相关者的压力会影响企业碳信息披露（Liesen et al.，2015）。政府监管和对碳密集行业的关注会导致企业增加碳信息披露行为（Reid & Toffel，2009）。媒体关注作为重要的外部监督力量，能够促进企业碳信息披露水平的提升（Dawkins & Fraas，2011；赵选民等，2015）。民营企业在面临较低的环境合法性时，更倾向于披露企业碳信息（梅晓红等，2020）。从投资者视角来看，大部分学者认为机构投资人持股能够提升企业碳信息披露质量（Cotter & Najah，2012；Jaggi et al.，2018；王君彩和牛晓叶，2013）。但吴勋和徐新歌（2015）

的研究发现，机构投资人持股与企业碳信息披露不相关。外部审计是资本市场上重要的监督力量，在推动企业碳信息披露方面，高美连和石泓（2015）认为第三方审计发挥了积极作用，但陈华等（2013）得到的结论截然相反。针对分析师关注，相关研究发现，分析师跟踪能显著提升企业碳信息披露质量（管亚梅和李盼，2016）。此外，Guenther 等（2016）研究发现，大众监督和客户对于提升企业碳信息披露也具有积极作用。

3.3.1.2 企业内部因素

企业内部对碳信息披露的影响主要来源于企业自身特征和公司治理因素。

首先，从财务特征来看，公司规模越大，则碳信息披露质量越高。这主要是由于大企业更容易受到外部利益相关者的关注和监督（Luo et al.，2012；Stanny & Ely，2008）。公司盈利能力越强，越希望通过碳信息披露来向外部传递积极信号，以区别于竞争对手，保持或形成竞争优势（Luo et al.，2012；Stanny & Ely，2008）。从企业环境绩效来看，公司碳排放绩效越好，前期碳信息披露越完善，越有可能披露高质量的碳信息（Dawkins & Fraas，2011；Stanny & Ely，2008）。从风险管理视角来看，企业资本支出越多，越需要考虑环境合法性带来的融资约束。因此，当企业碳风险较高时，企业更倾向于披露碳信息以改善环境合法性，避免产生负面影响（Dawkins & Fraas，2011；Kalu et al.，2016）。考虑到供应链上碳风险的可转移性及可持续供应链发展的需求，方健和徐丽群（2012）的研究视角扩展到供应链层面，发现进行信息共享的企业更倾向于进行碳信息披露。

其次，学者就公司治理因素对碳信息披露的影响未达成一致结论。从董事会治理来看，董事会的环保意识能够提升企业碳信息披露（Moussa et al.，2020）。吴勋和徐新歌（2015）发现，董事会规模对碳信息披露质量没有影响，但 He 等（2019）发现董事会规模越大，企业碳信息披露质量越高。有关董事会独立性，Jaggi 等（2018）、Krishnamurti 和 Velayutham（2018）、蒋尧明和郑莹（2014）发现，独立董事比例越高，企业碳信息披露质量越高。但吴勋和徐新歌（2015）研究发现，董事会独立性与碳信息披露质量负相关。还有部分学者发现，独立董事未能有效激励企业披露碳信息（苑泽明和王金月，2015）。有关董事会性别多样性的研究均认为女性董事能够提升企业碳信息披露质量（Liao et al.，2015）。有关董事会的活跃程度，崔也光和马仙（2014）研究发现，董事会召开会议次数越多，则企业碳信息披露质量越高，但 Liao 等（2015）研究发现，董事会活跃度与企业碳信息披露不相关。此外，学者们还考察了专业委员会的设立，包括环境委员会、审计委员会和风控委员会等对企业碳信息披露的影响，研究结论也未达成一致（Jaggi et al.，2018；Krishnamurti & Velayutham，2018；Liao et al.，

2015；戚啸艳，2012）。从高管特征来看，管理层能力越强，企业经营管理越完善，业绩越好，碳信息披露状况也越好（Lewis et al.，2014）。但从薪酬激励来看，蒋尧明和郑莹（2014）以及 Liao 等（2015）认为，短期奖金和薪酬与碳信息披露质量正相关，但长期薪酬的作用不显著。而对于管理层持股，学者们多认为其与碳信息披露不相关或负向影响企业碳信息披露。

3.3.2 碳信息披露的经济后果

本书重点关注数字化转型如何影响企业碳信息披露，即碳信息披露的影响因素。因此仅对碳信息披露经济后果的文献进行简单回顾。相关研究认为，高质量的碳信息披露降低了公司和利益相关者之间的信息不对称性，通过释放积极信号来维护企业社会责任形象，从而降低了企业融资成本和经营风险，最终有利于提升企业价值（Blacconiere & Patten，1994；Healy & Palepu，2001；Matsumura et al.，2014；Li et al.，2021；何玉等，2014；孙晓华等，2023），但披露更多的碳信息也意味着企业需要付出更多的成本，如研究开发碳减排技术、采购碳减排设备等，同时也可能会带来更高的合规成本，从而给公司利润造成负面影响（Peng et al.，2015；宋晓华等，2019）。孙晓华等（2023）则发现上市公司在碳信息披露过程中存在迎合行为，并且这种“言过其实”的迎合行为会降低投资者信心及债务融资水平，进而带来碳信息披露的溢价损失。

3.4 企业环境漂绿

3.4.1 漂绿的内涵和表现形式

学者们试图在学术层面对何为“漂绿”进行更为准确的界定，但至今还未有统一的意见。Laufer（2003）认为，“混淆”“掩饰”“故作姿态”是漂绿行为的三大核心要素，其将漂绿行为定义为企业为修复公共声誉或者进一步塑造公共形象而传播虚假信息的行为。Horiuchi 等（2009）则认为，只要在环保方面言行不一即为漂绿。Delmas 和 Burbano（2011）对漂绿给出的定义是：企业在存在糟糕环境绩效的同时，却还在环境绩效方面对外界保持着积极的沟通。Lyon 和 Maxwell（2011）对漂绿的定义为：企业选择性地披露有关公司环境或社会绩效的正面信息的同时不充分披露相关的负面信息，以此来创造出过度正面的企业形象。De Freitas Netto 等（2020）认为，漂绿是对产品、服务或公司的环境效益作出未经证实或误导性声明的做法。近年来，也有学者从合法性理论和制度理论的视角出发，认为组织表面上遵守相关法规和政策，但实际行为偏离了其为获得合法性而做出的承诺，即认为漂绿是两种行为之间的区别，即脱钩行为（Yu et al.，2020；Leonidou & Skarmeas，2017；Lyon & Montgomery，2015；Ruiz-Blanco et al.，2022）。虽然学术界目前并未对“漂绿”的释义达成统一共识，但综合来看，漂绿行为的特征主要有三个：第一，漂绿行为是以树立绿色环保形象对外提供虚假信息为手段；第二，企业表里不一，表面上可能宣传自己的环保行为，但实质上并未实施对应的环保行为；第三，漂绿的结果往往是利于漂绿企业自身而不利于同质竞争者或社会。

Lyon 和 Montgomery（2015）曾指出，当今社会，漂绿行为已然是一种十分常见的现象。关于漂绿行为的表现形式，Laufer（2003）认为漂绿主要包含“迷惑大众”“正面对抗”“故作姿态”三种要素。国内外有两类比较有代表性的介绍：一类是由 Scot Case 于 2007 年发布的报告中提出的“漂绿七宗罪”，包括“流于表面”（Sin of the Hidden Trade-off）、“含糊不清”（Sin of Vagueness）、“名不副实”（Sin of Lesser of Two Evils）、“无凭无据”（Sin of No Proof）、“无关痛痒”（Sin of Irrelevance）、“刻意撒谎”（Sin of Fibbing）和“崇拜认证”（Sin of Worshiping False Labels）。另一类是《南方周末》于 2011 年总结的十大贴合我国国情的漂绿表现形式，即公然欺骗、故意隐瞒、模糊视线、适得其反、双重标准、政策干扰、本末倒置、空头支票、前紧后松、声东击西。整体来看，这些分类虽然全面，但在划分上仍然不够简洁，从分类来看不同类别间的界限可能也不够清晰。但对于表现形式的归纳，大致可以将漂绿定义为与环境相关的名不副实、刻意隐瞒、夸大其词和弄虚作假，与前文有关漂绿的定义基本一致。

3.4.2 漂绿的影响因素

根据现有文献研究，对影响企业漂绿行为的因素，可以根据内部和外部影响因素将其归纳为两大类。

3.4.2.1 外部环境因素

现有研究大多基于制度理论、合法性理论和利益相关者理论来研究外部因素对企业漂绿行为的影响。首先，政府监管影响企业漂绿行为（Tirole，1988）。宽松的监管环境为企业漂绿行为提供了条件，当企业所在地区受到较少的政治压力、较少依赖地方和联邦政府的支持时，企业将会做出较多漂绿行为（Delmas & Montes-Sancho，2010）。Sun 和 Zhang（2019）基于中国数据的研究也发现政府处罚机制会抑制企业的漂绿行为。其次，大众与社会监督会影响企业的漂绿行为，但相关研究并未达成一致结论。肖红军等（2013）和 Butt 等（2021）认为，媒体监督影响企业漂绿行为。具体地，当外部监管压力较小、媒体曝光可能性较低、投机成功的机会较大时，企业有可能进行漂绿。Meznar 和 Nigh（1995）认为，公司规模越大、影响力越强，越容易受到外部和媒体关注，然而高度信息不对称的存在，以及大众对大公司的惰性可能会让大众更容易暴露于企业漂绿行为，即当大公司面临持续变强的媒体和大众监督时，更倾向于漂绿。Walker 和 Wan（2012）的研究也支持这一观点，当环境政策法规不完善或企业面临其他利益相关者的压力时，往往夸大宣传公司的环保理念。但 Kim 和 Lyon（2011）发现，漂绿者一般是那些面临环保监管威胁增大的大公司，但来自环保组织的压力降低了企业漂绿的可能性。Marquis 等（2016）发现，企业总部设在环保激进分子监督相对薄弱、与世界其他地区相对隔绝的国家的公司更有可能开展漂绿活动。从消费者的视角来看，Parguel 等（2011）认为，消费者缺乏辨别真正有社会责任感的公司的能力，无法有效识别绿色产品，进而可能会对企业的漂绿行为起到推波助澜的作用。伴随大众对企业社会责任和 ESG 等问题的关注，第三方评级的作用日益重要，Hu 等（2023）也研究证实，当不存在评级分歧时，环境评级能有效抑制企业的漂绿行为。此外，企业的漂绿行为还会受到行业竞争状况的影响。Delmas 和 Burbano（2011）发现，当企业面临激烈的市场竞争时，企业出于区别于竞争对手的目的而对自身环境业绩夸大其词，使得漂绿行为更为普遍。但 Arouri 等（2021）的研究认为，产品市场竞争是抑制环境成本较高的企业做出漂绿行为的有效机制。换言之，面临激烈的市场竞争时，企业环境成本不同会影响其漂绿行为。

3.4.2.2 内部环境因素

微观层面影响企业漂绿行为的因素主要有以下两个方面：第一个方面与公司的财务特征和相关决策密切相关。Kim 和 Lyon（2011）认为，企业规模是影响企业漂绿的重要因素，大公司往往更受外界关注。但 Oliver（1991）认为，企业会有目的性地去影响甚至操纵环境，当组织面临对其发展有关键影响的正当性利益时，组织有能力改变外部利益相关者对“正当性”的认识和判断，在这种前提下主动进行漂绿就成为可能。此外，当公司具有较高的成长性抑或盈利能力较弱时，企业更倾向于漂绿。从财务决策来看，黄溶冰等（2019）的研究表明，相较于无融资需求企业，有外部融资需求企业的漂绿程度更高。第二个方面主要与公司治理相关。从营运来看，Delmas 和 Burbano（2011）认为，营销和产品开发等公司内部部门之间缺乏频繁和密切的互动，可能是“漂绿”的重要驱动因素。Yu 等（2020）研究发现，董事会独立性和机构投资人持股能够强化公司治理，抑制企业漂绿行为。关于管理层特质，Delmas 和 Burbano（2011）从心理学角度出发，指出乐观偏见、过于注重短期利益、刚愎自用的管理者更容易实施漂绿。Zhang 等（2023）考察了管理层背景的作用，研究发现，管理层受教育程度越高，企业漂绿行为越少；然而，管理层职能背景的多样性却更容易导致企业的漂绿行为。

3.4.3 漂绿的经济后果

本书主要关注企业数字化转型对于企业漂绿行为的影响。考虑到主题相关性，本书对漂绿及其经济后果的文献只进行简要梳理。首先，漂绿会对企业自身产生负面影响，短期内，企业漂绿行为可能因未被曝光或未被公众感知，对其财务绩效产生积极影响；但长期来看，漂绿行为曝光和公众感知会导致企业疲于应对，并对其财务绩效产生负面影响（Sikka，2013；Walker & Wan，2012；孙建强和吴晓梦，2019；肖红军等，2013）。漂绿会导致负面市场反应，降低企业累计超额收益率（Du，2015）。其次，漂绿会影响企业声誉，漂绿行为会导致消费者的“绿色怀疑论”，导致消费者寻求更多信息、口头传播公司或产品的负面消息，并减少产品的购买意向；信任危机的产生最终导致品牌资产的丧失（Guo et al.，2017；Leonidou & Skarmeas，2017；赵红丹和周君，2017）。最后，漂绿行为会降低社会总体福利。漂绿会导致逆向选择，即当消费者无法有效区别绿色产品的真实性时，会通过价格机制将真实绿色的产品挤出市场，形成“柠檬市场”（Akerlof & George，1970）。利益相关者因无法区分企业漂绿与否，会减少对企业环保的支持和激励，最终负面影响社会福利。此外，企业漂绿行为的成功会引发其他企业纷纷效仿，并在行业或地区间扩散，形成涟漪效应，最终损害社会整体福利（黄溶冰和赵谦，2018）。总之，漂绿带来的信息不对称增加了整个经济社会的交易成本和交易费用，降低了社会资源配置的效率，从而损害整体社会福利水平（肖红军等，2013）。

3.5 牛鞭效应

1995 年，宝洁公司在研究其产品市场需求时发现了产品需求被变异放大的现象。虽然真实的产品市场需求稳定，但宝洁产品零售商在向批发商订货时会放大客户需求；批发商向宝洁公司订货时会再次放大客户需求，导致订货量的波动与偏差从供应链下游向上游不断变大，这种现象被称为“牛鞭效应”。Lee 等（1997）首次将牛鞭效应定义为下游企业需求的微小变动导致上游企业的生产和经营计划等较大幅度波动的现象。其实质是供应链上参与企业的博弈和风险转嫁的结果。Sterman（1989）通过模拟实验的方式，验证了供应链中存在牛鞭效应。在中国情境下，Shan 等（2014）通过实证构建牛鞭效应的代理变量，以 2002~2009 年中国 A 股上市公司为样本，实证研究发现，超过 2/3 的中国企业存在牛鞭效应。牛鞭效应的存在、链上企业的信息不对称和信息传输的失真，使链上企业无法了解市场的真实需求，加大了需求预测和库存管理的难度，导致企业生产计划的不合理，出现库存不足或积压的情况，会增加缺货成本或库存积压成本（包旭云和李帮义，2006），也会降低营运资金的使用效率（刘晓峰和宗蓓华，2003），最终影响企业收入和利润（陈芳，2017）。另外，牛鞭效应带来的上游库存积压，会降低客户服务质量，降低供应链的整体运作效率，甚至触发行业系统性风险或道德风险。

3.5.1 牛鞭效应的影响因素

已有研究关于牛鞭效应的成因主要有两种不同的观点。Forrester（1961）基于案例研究，从行为科学视角出发研究供应链中企业行为的影响，而 Sterman（1989）通过模拟实验的方式开展研究，两者都认为牛鞭效应由供应链中企业的非理性决策以及对反馈信息的错误理解所致。从这一逻辑出发，近期研究基于管理者非理性的视角，利用大样本经验证据研究发现，管理者过度自信会通过提高供应商集中度、降低存货管理效率，造成企业牛鞭效应的加剧（任莉莉等，2020）。Lee 等假设供应链上的企业都是理性的，更多从运作管理的角度分析牛鞭效应的成因，后续很多研究也多基于这一视角展开。第一，对市场需求的预测会导致牛鞭效应发生。李文立和王乐超（2012）认为，通过分析历史订单可以缓解客户信息失真导致的牛鞭效应。而 Duan 等（2015）则发现，牛鞭效应不仅受到产品自身因素影响，还需要将替代产品情况纳入市场需求预测中。第二，当生产能力不足时，企业会考虑选择不同分配机制，进而引起牛鞭效应（刘红和王平，2007；万杰等，2002）；但相较于生产能力大小，生产能力的变异性对牛鞭效应的影响更大（丁胡送和徐晓燕，2010）。第三，库存管理能力影响牛鞭效应（Aviv，2003；Aharon 等，2009；张小玲和陆强，2016）。一方面，良好的库存管理能力可以降低牛鞭效应；另一方面，顾客缺货反应对缺货品牌及其竞争品牌的牛鞭效应均存在显著影响。第四，资金约束情况负向影响牛鞭效应。资金约束越强，企业产能受限越严重，牛鞭效应就越小。在资金约束较小的情况下，资金流动性也能一定程度上弱化牛鞭效应（黄丽珍和刘永平，2008）。第五，供应链上的信息共享会影响牛鞭效应（Choi 等，2013；卢继周等，2017）。邵晓峰等（2001）发现，供应链上下游成员因沟通不畅、合作不紧密而导致牛鞭效应。第六，企业的信息技术实力与企业信息沟通密切相关，也会影响牛鞭效应（Prajogo & Olhager，2012）。第七，原料和产品价格波动引起的短缺博弈（Lee et al.，1997）也是牛鞭效应的成因。

3.5.2 牛鞭效应的缓解措施

基于对牛鞭效应成因的探究，相关研究对如何降低牛鞭效应提出了一系列举措。第一，企业可以通过优化需求预测技术来缓解牛鞭效应（Chen et al.，2000）。具体地，陈佳莉和郭春香（2019）运用卡尔曼滤波改进预测技术；马云高等（2012）研究发现，优化消费者预测能够降低牛鞭效应。第二，从供给侧看，Chen 等（2000）建议通过优化库存策略来缓解牛鞭效应的负面影响。Keshari 等（2018）突破考虑单一运输模式的局限，建议企业考虑多种运输方式下的固定订货策略来缓解牛鞭效应。第三，大部分学者认为应当改善供应链的信息共享，相关举措包括加强供应链的合作（Barlas & Gunduz，2011）、构建供应链信息系统（肖静华等，2014）和信息共享（孙永权和马云高，2014）。例如，Gavirneni 等（1999）发现，可以将信息流纳入库存管理，通过与供应商进行完全或部分信息共享，节省成本，降低牛鞭效应，提升供应链绩效。龚本刚和程幼明（2002）提出，缓解牛鞭效应关键在于正确处理供应链中的信息流。供应链中的企业应基于 Internet 构建信息共享系统模型。第四，通过改善供应链治理缓解牛鞭效应。傅烨和郑绍濂（2002）认为，供应链上下游之间是委托代理关系，单纯依靠信息共享对牛鞭效应的缓解作用有限，因此，需要通过合作激励和有效的合作监督机制协调供应链上企业的目标和利益。杨志强等（2020）探究了客户信息披露对供应商的影响，发现资本市场的信息披露情况水平也对牛鞭效应发挥治理作用。任莉莉等（2020）从企业个体视角提出，优化内部治理、加强外部监督能够缓解牛鞭效应。崔崟等（2011）结合行为决策理论，建议供应链企业通过增加决策的信息、改善运作系统和调整激励结构，以及坚持群体决策等方式缓解牛鞭效应。此外，运用资产组合管理方法（陈长彬等，2016）以及价格参考效应也可以有效缓解牛鞭效应。近年来，伴随数字经济的发展，李勇等（2022）将人工智能中的深度强化学习技术引入供应链管理之中，设计了人机协同的智慧决策机器人用于改善供应链中分销商决策，结果发现供应链上各个节点的方差比、平均成本以及服务水平等指标全面改进，牛鞭效应在很大程度上得以缓解。

3.6 审计收费

外部审计对于维护资本市场健康发展、帮助企业管理风险发挥着至关重要的作用。会计师事务所提供审计鉴证服务需要收取相应费用，从被审计企业来看，降低审计费用是企业成本管理的要素之一。已有研究主要从外部环境因素、会计师事务所特征和被审计企业特征三个方面探究影响审计收费的因素。

3.6.1 外部环境因素

已有文献主要从政治经济环境、法律环境和审计市场结构等方面探讨其对审计收费的影响。首先，相关研究就经济政策不确定性是否增加审计收费未达成一致。这主要是由于不确定的外部环境增加了企业的经营风险，导致企业业绩波动和融资困难等，审计师事务所出于维护客户资源的考量可能会降低审计收费（Zhang et al., 2018）。然而有学者认为，经济不确定条件下，企业经营风险上升，业绩承压，这可能导致企业为了满足分析师预测目的或者管理者自身利益最大化，利用信息不对称采取盈余管理等行为，导致中介成本的上升。此外，由于经济具有不确定性，企业还可能通过披露良好的企业社会责任表现转移视线和掩盖其盈余管理行为，导致审计师需要执行更多的审计程序，提高审计风险判断，进而提高审计收费（陈峻等，2016）。其次，企业所处外部法律环境会影响审计收费。根据制度理论，法律制度环境越健全，对于所有权的保护会越充分，相应地，对于违规行为的处罚也会越严苛。审计师事务所为避免自身审计失误产生的诉讼或赔偿风险，会执行更为严格的审计程序，导致审计投入的增加，表现为更高的审计收费（Choi et al., 2008；余鹏翼和刘先敏，2018）。此外，反腐工作开展能够反映企业风险，外部审计工作会将其纳入考量而增加审计收费（余玉苗等，2020）。最后，审计市场结构会影响审计收费。当审计市场集中度较高，竞争不充分时，会计师事务所审计收费更高（Carson et al., 2014；赵丽芳等，2015）。Raak 等（2019）进一步深化相关研究，发现审计市场集中度与审计收费的正向影响仅在小规模企业中存在。

3.6.2 会计师事务所特征

首先，会计师事务所的专业胜任力和声誉会影响审计收费。Van（2010）以比利时的审计公司为样本，发现采用 Simunic（1980）提出的传统审计定价模型时，“四大”会计师事务所比“非四大”会计师事务所收费更高。一方面，国际四大会计师事务所的规模较大，制度较为严格，专业培训较为完备，能一定程度上反映其审计质量，导致大型国际会计师事务所的审计收费较高（Caneghem，2010；Choi et al.，2008）。另一方面，由于国际四大会计师事务所的专业胜任力和长期服务的良好声誉带来了品牌溢价效应（向锐和秦梦，2016），为了维护声誉也会加大审计投入，导致更高的审计收费。张立民等（2006）、田利辉和刘霞（2013）以中国上市公司为研究对象，研究得出相似结论：在控制了事务所规模和竞争程度后，国际“四大”和国内“十大”会计师事务所仍然获得较高的审计费用，证明审计市场上的会计师事务所存在品牌溢价效应。

其次，会计师事务所的行业专长会影响审计收费（Bhattacharya & Banerjee，2019）。当会计师事务所在特定领域或行业具备专有审计知识和专业审计技能时，可以此在特定板块形成市场差异化的竞争优势。被审计企业更倾向于聘用相关领域的审计专家，致使审计师在特定领域具有较强的议价能力和稳定的行业地位，并能以此收取较高审计费用（Carson & Fargher，2007；Kharuddin & Basioudis，2017；程芳和曹晶晶，2016；王芸和杨华领，2008；张铁铸和沙曼，2014）。

再次，被审计公司和事务所的关系也会影响审计收费。董沛武等（2018）发现，当存在客户和审计师向下的不匹配时，不匹配程度越高，审计收费越低；当存在客户和审计师向上的不匹配时，不匹配程度越高，审计收费也越高。此外，当事务所发生变更时，往往被认为是风险信号，故不能降低审计收费（刘成立，2005；周晨，2017）。审计师事务所的变更往往与审计意见相关。韩维芳和刘欣慰（2019）以及冯延超和梁莱歆（2010）的研究都发现，非标准审计意见会导致更高的审计收费。

最后，近年来的研究还关注审计人员特征对审计收费的影响。从性别特征来看，Hardies 等（2015）研究发现，女性审计师出于谨慎性考虑会提高审计收费。但 Huang 等（2015）则认为女性注册会计师会降低审计收费。从性格特征来看，当审计人员风险承担能力较弱、性格更为谨慎时，对于被审计企业的风险判断更为保守，从而会收取更高的审计费用（Ittonen & Peni，2012）。从专业能力来看，审计师审计经历越丰富，审计专长越突出，专业能力越强，能够收取的审计费用越高（Cahan & Sun，2015；冯银波和叶陈刚，2018；韩维芳，2016）。从社会网络视角来看，关系资本影响审计收费。当签字会计师与公司高管存在社会关联时，可能会影响审计师的独立性，导致审计师对公司的盈余管理等行为予以默认。此外，审计师也可能更倾向于通过提高审计收费实现个人利益最大化，但当审计师与监管层存在联系时，作用恰好相反（郭葆春和张奕莹，2019）。

3.6.3 被审计企业特征

首先，被审计企业的风险水平对于审计收费有直接影响。从“资源基础观”视角来看，当公司规模较大时，在其他因素不变的情况下，会计师事务所往往需要投入更多的资源进行更多的控制测试和实质测试等，更多的人力、物力等导致更高的审计收费（Anderson & Zeghal，1994；Firth，1985；Taylor & Baker，1981；吴应宇等，2008；张继勋等，2005；张晨宇等，2007）。企业规模越大，导致其业务也越复杂，经营管理过程中面临越多的不确定性，导致经营风险越大。若企业开展多元化经营，会进一步加剧业务的复杂程度。审计师为开展审计工作，除了需要更多资源投入，还需要去寻找和匹配最适当的审计专家，导致审计收费的进一步增加（Charles et al.，2010；Knechel et al.，2009；陈天志和周虹，2020；李文耀和李琴，2015；朱小平和余谦，2004），并且这一关系在非国有企业中的影响更显著（朱鹏飞等，2018）。除了企业规模与业务复杂程度，审计人员还会考虑企业面临的其他反映其风险水平的因素。刘笑霞等（2017）的研究表明，被审计客户受到的负面报道越多，审计收费越高，其背后的原因是审计机构会收取风险溢价来补偿自身风险。宋衍蘅（2011）发现，在公司披露被相关监管部门调查或者处罚信息的当年，审计费用会显著高于其他公司，而披露的前一年，审计费用和其他公司没有显著差异；并且在违规行为被披露之前，审计费用和审计师的相对谈判能力显著正相关。此外，当企业通过股票回购或虚增收入等方式进行盈余管理时，固有风险的增加导致更高的审计收费（Bryan & Mason，2016；刘运国等，2006）。胡耘通等（2021）研究了企业税收规避对审计收费的影响，发现税收规避和审计收费呈现U形关系，即企业税收规避程度较低时，税收规避和审计收费负相关；而当企业税收规避程度较高时，二者呈现正相关关系。

其次，企业公司治理影响审计收费。从董事会治理视角来看，独立董事及审计委员会影响审计费用。而特别地，当存在女性独立董事时，审计人员认为其能更好发挥监管作用，进而降低审计收费（Nekhili et al.，2020）。但粟立钟和李悦（2012）基于国内样本研究发现，独立董事可能更依赖于外部监督来降低自身压力和风险，因此更愿意支付高昂的审计费用。张俊民和胡国强（2013）进一步研究发现，当决策高管具有审计相关背景时，事务所将会收取更高的审计费用。而当独立董事等监督高管具有审计背景时，则收取较低的审计费用。从内部控制角度来看，Raghunandan 和 Rama（2006）基于美国上市公司的数据发现，披露内部控制重大缺陷的企业，其审计费用更高，并且这一结果不受该缺陷是系统性缺陷还是非系统性缺陷的影响。李越冬等（2014）以中国上市公司为研究对象，发现类似的结论：审计费用与内部控制重大缺陷间存在显著正相关关系，其背后的原因是内部控制与外部审计具有相互替代作用，并且这种作用在国有企业中表现更加显著。从高管薪酬激励来看，当高管薪酬差距越大时，由于锦标赛效应，高管越可能努力开展管理经营，从而降低了审计风险和审计收费（Ge & Kim，2020）。从性别角度来看，女性高管因为经营的审慎性使企业自身的经营风险较低，审计师基于这一判断也会降低审计收费（徐宗宇和杨媛媛，2020）。沈华玉等（2019）则从 CEO 成长经历视角考察其对审计收费的影响，研究发现，当 CEO 具有农村成长经历时，能够通过降低盈余管理和违规风险降低审计收费。近年来，ESG 投资备受关注，晓芳等（2021）发现，上市公司公布 ESG 评级能够显著降低审计收费，其中两个作用渠道为降低公司信息风险和经营风险。此外，窦超等（2020）研究发现，有政治背景的大客户审计风险较低，进而能降低审计收费。

3.7 文献评述

本章对现有文献进行了较为系统的梳理。由于本书主题是企业数字化转型的治理效应及其作用路径，因此本书重点回顾了企业数字化转型的后果，以及 ESG 评级、碳信息披露、环境漂绿、牛鞭效应和审计收费的影响因素等研究。总的来说，各领域已有研究从理论基础、分析推理和模型搭建方面提供了有益基础和参考，但在一些领域仍值得进一步研究。

首先，应进一步研究企业数字化转型对于 ESG 的影响和作用机理。虽然自 2023 年以来，学者们对企业数字化转型和 ESG 之间的关系格外关注，已有研究并未达成一致结论，包括两者之间的线性关系、数字化转型对 ESG 不同维度的影响等。对于这一问题，可能是由于仅采用数字化转型词频度量带来了测度偏差，因此还需要结合其他的度量方式，通过稳健性检验方法等，进一步探究企业数字化转型对于 ESG 评级的影响和作用机理。

其次，需要探讨企业数字化转型对 ESG 重要议题的影响。通过文献回顾不难看出，涉及企业数字化转型与可持续发展关系的研究主要聚焦于企业社会责任和 ESG 两个方面。仅有 Shang 等（2023）关注数字化转型对企业碳排放的影响。一方面，企业 ESG 信息和环境信息披露属于自发披露范畴，不同评级机构对于 ESG 重要议题的涵盖维度和侧重点都有差异，这为企业进行漂绿行为提供了空间。企业漂绿行为长期存在，危害市场经济健康和资本市场稳定，更不符合可持续发展的主旋律，因此探究企业数字化转型是否以及如何抑制漂绿行为，将对已有文献形成补充。另一方面，双碳背景下，碳信息披露和碳减排是ESG的重要议题。但现阶段鲜有研究关注企业数字化转型如何影响企业碳信息披露。故有必要研究企业数字化转型对碳信息披露及其披露具体维度的影响和作用机理，为切实推进碳减排工作制定有效政策提供理论依据。

再次，需要加深对企业数字化转型供应链溢出效应的理解。现阶段仅有一篇文献关注到企业数字化转型对于牛鞭效应的影响。通过文献回顾可以看出，信息共享只是减轻牛鞭效应的手段之一，还需进一步思考数字化转型在降低牛鞭效应中的其他作用路径。此外，还需要考虑内外部环境异质性带来的差异化影响。

最后，需要进一步分析企业数字化转型对于审计收费的影响机理。一方面，现阶段关注企业数字化转型对于审计收费影响的文献相对较少。另一方面，已有研究尚未对企业数字化转型如何影响审计进行深入剖析。因此，本书拟通过分析企业数字化转型对于外部审计收费的作用机理，丰富相关领域文献。

4 数字化转型与企业 ESG 评级

4.1 引言

党的十九届五中全会提出“要坚定不移贯彻创新、协调、绿色、开放、共享的新发展理念，在质量效益明显提升的基础上实现经济持续健康发展”。碳达峰和碳中和目标指引了绿色发展战略，引导了低碳转型，也给各个领域带来了机遇和变革。近年来，环境、社会和治理（ESG）作为非财务指标为投资者提供了重要参考，与国家可持续发展战略不谋而合。ESG 能从长远角度反映企业价值，兼顾利益相关方的多重利益，综合评估企业治理体系（Baker et al., 2021）。

此外，随着我国对环境保护的日益重视和可持续发展理念的提升，ESG 在政策制定中逐渐受到重视。2018 年，中国证券监督管理委员会修订了《上市公司治理准则》，确立了我国环境、社会和治理信息披露的基本框架。2020 年，国务院发布《关于构建现代环境治理体系的指导意见》，明确要建立健全企业责任体系，要求企业披露环境信息。Wind 数据显示，从 2017 年末到 2022 年末，A 股上市公司发布 ESG 报告的企业数量与披露率均呈现持续上升态势，发布企业数从不足 900 家增长到 1800 多家，5 年间数量翻倍。上市公司 ESG 信息披露占比也从 24.55%增长到最新的 36.02%，上升了近 12 个百分点。虽然我国 A 股上市公司 ESG 披露水平逐年提高，但由于我国 ESG 报告采取自愿披露原则，大部分公司仍不重视 ESG 表现，不愿意主动披露相关信息。然而，在可持续低碳发展日益受到重视的背景下，对 ESG 的关注和良好的 ESG 绩效已成为企业未来新的竞争优势（Flammer, 2014）。基于以上现实与理论背景，政府部门和企业应该思考如何鼓励企业将 ESG 纳入管理体系，积极提升企业 ESG 实践能力，实现可持续的价值创造和经济、社会的高质量发展。

除了ESG投资的兴起，在数字经济高速发展的背景下，企业数字化转型为企业高质量发展带来了新的机遇和挑战。《中国数字经济发展报告（2022年）》指出，2021年我国数字经济规模为45.5万亿元，同比增长16.2%，占GDP比重达到39.8%，这表明，随着大数据、云计算、区块链、物联网等数字技术的发展，数字化正日益深刻地改变着人们的生活、生产方式和经济社会发展方式。已有学者指出，数字化转型具有赋能传统业务在形式和方法上创新的强大功能（Ebert & Duarte，2018）。作为数字经济发展的核心力量，企业通过数字化转型实现数字赋能，提高数据要素配置效率。这种对信息架构、管理模式、商业机制的根本性重塑必然会带来新的资源和能力（刘淑春等，2021）。在政府、业界和学术界对ESG与数字化高度重视的背景下，企业需重视ESG、数字化与企业战略融合，加强数字化能力，以应对不断变化的市场环境。因此，如何将ESG和数字化转型有机统一起来，共同推动企业实现高质量、可持续发展，成为企业管理面临的重要课题。这一过程中，探究如何协同ESG与企业数字化转型，对提出有效对策至关重要。

考虑到ESG对高质量发展的重要性，如何改善企业ESG表现、提升ESG评级成为学术界和业界关注的重要问题。在宏观层面，市场竞争情况、环境规制等因素影响企业的ESG评级（DasGupta，2022；王守海等，2022）。在微观层面，企业的财务特征，如规模、财务绩效等影响企业ESG评级（Drempetic et al.，2019；Luo et al.，2012；Mohammad & Wasiuzzaman，2021；孙冬等，2019）。公司治理变量特征，如党组织治理、董事会独立性、董事会规模、女性董事、可持续发展委员会设立和机构投资人的参与等会影响企业ESG评级（Birindelli et al.，2018；何青和庄朋涛，2023；柳学信等，2022）。然而，对部分因素的研究并未达成一致结论。此外，有关企业数字化转型对ESG的影响的研究也较少，且无一致结论（张萌和宋顺林，2023；张永冀等，2023；王应欢和郭永祯，2023）。

本章采用2011~2020年中国沪深A股上市公司作为研究样本，实证分析数字化转型对企业ESG评级的影响。研究结果表明，数字化转型对ESG评级具有正向影响，企业数字化转型的程度越高，对ESG评级的促进作用越显著。这一结果在采用滞后项分析、工具变量法、倾向得分匹配、Heckman两阶段回归和替换关键变量测度等多种稳健性测试方法后依然成立。进一步研究表明，企业数字化转型对ESG表现的各维度均具有显著影响，且对治理维度的影响最明显。企业数字化转型通过促进绿色创新、吸引社会关注和改善信息透明度三个渠道改善企业ESG评级。分样本回归结果发现，数字化转型对ESG评级的正向影响在非国有企业、非高碳行业企业和位于市场化程度较低的地区的企业中更为显著。

本章的研究贡献可总结为以下两点：首先，本章的研究丰富了有关数字化转

型的非经济后果的研究。已有文献较多关注数字化转型对于资本市场和企业财务及经营绩效等影响的经济后果的研究，虽有研究开始关注数字化转型对于企业社会责任和 ESG 表现的影响（Fang et al.，2023；Kong & Liu，2023；Shang et al.，2023），但文献相对较少。受到这些研究启发，本章进一步关注数字化转型对于企业 ESG 评级的影响及可能的传导机制，深化对数字化转型的非经济后果的研究。其次，本章的研究具有一定现实意义。本章研究能帮助企业深入理解数字化转型在可持续发展方面发挥的积极作用，帮助企业更好地进行内部治理，提高与利益相关者的沟通效率；能帮助管理层更加科学地制定企业战略，减少短视行为和机会主义倾向；能帮助企业更好地利用媒体监督等外部渠道，促进企业承担和履行社会责任。此外，政策制定者应当注意完善数字经济和可持续发展政策的顶层设计，在推动数字化转型的同时，实现可持续的高质量发展。

本章的后续内容安排如下：第 2 节为理论分析与研究假设推导；第 3 节为研究设计，包括数据来源与样本选择、模型设计与变量定义；第 4 节为实证结果分析，包括描述性统计、相关性分析、回归结果分析和稳健性检验；第 5 节是拓展性研究，包括数字化转型不同维度对于企业 ESG 不同维度的作用、数字化转型提升企业 ESG 评级的作用渠道，以及企业内外部因素对数字化转型提升 ESG 评级的作用的差异化影响；第 6 节是本章小结。

4.2 理论分析与研究假设

良好的 ESG 表现是企业实现经济、社会和生态效益共赢的必要条件，能够增强投资者对企业发展的信心，实现资本的良性循环（Xin et al.，2022）。本章研究结合合法性理论，利益相关者理论和委托代理理论分析数字化转型对于企业 ESG 评级的影响。

根据组织合法性理论，当企业的行为表现与法律法规、社会规范、价值理念相统一时，才会受到政府、债权人、社会公众等利益相关者的认可，并获得合法性支持。随着绿色转型理念的实施和可持续低碳发展的持续推进，企业数字化转型的战略实施将为企业履行环境责任、实现企业价值最大化提供重要支撑（杜晶晶等，2020）。数据仓库和大数据技术的应用，使企业在实现海量数据的同时，能够通过分析更多的非结构化、非标准化的数据，获得更多有价值的信息，为企业在清洁生产、循环利用、节能减碳等方面做决策提供信息支持，以有效控制资源消耗和污染排放。人工智能等技术的采用可以降低企业运营成本，提高企业生产率，良好的经营业绩为企业通过开展绿色创新等形成竞争优势提供了条件。不仅如此，数字化转型伴随着组织架构的调整，扁平化的组织形式利于信息的沟通，也密切了各业务部门之间的联系，利于企业内部价值链的各环节参与绿色创新，基于客户需求进行可持续性的价值创造（Bloom et al.，2014）。再者，企业通过数字化转型可以利用数字技术改变企业的营销环境（Quinton et al.，2016）。企业利用多种数字化平台与外部利益相关者沟通环境问题，及时披露环境相关信息，增强了外部利益相关者的参与度，也提高了企业环境信息质量的可靠性，最终提升企业ESG评级。

根据利益相关者理论，企业的发展离不开利益相关者的参与。企业应当在平衡各方利益的前提下创造客户价值，这也与股东财富最大化的目标相一致（Branco & Rodrigues，2006）。从企业内部来看，数据仓库、区块链和云计算的应用打破了不同部门和流程之间的数据隔离（Li et al.，2021），提升了企业内部的信息透明度（Goldstein et al.，2021；McAfee & Brynjolfsson，2012），有利于促进企业内部上下级的沟通，为企业了解员工诉求、维护员工合法权益提供保障。企业利用多种数字化转型平台和渠道与利益相关者互动，能够更好地识别利益相关者的诉求，系统、全面地强化企业的ESG责任导向（祝合良和王春娟，2020）。企业通过与外部的信息、知识和技术的沟通（Filieri & Alguezaui，2014），构建合作创新网络（Subramaniam & Youndt，2005），有利于可持续的价值创造向外部价值链拓展，实现共赢。因此，数字化转型能够更好地满足利益相关者的信息诉求，增强企业开展利益相关者管理的能力，进而提升企业ESG评级。

根据委托代理理论，当利益相关者之间目标不一致、利益存在冲突时，往往会导致利益相关者忽视企业股东财富最大化的目标，根据自身利益最大化进行决策（Jenson & Meckling，1976）。数字化转型能够改善企业内部信息沟通，加强内部监督，帮助企业建立集环境控制、风险评估、信息沟通于一体的智能内控系统，有利于限制管理层的机会主义行为，从而降低代理成本。数字化转型有利于优化业务流程（Cenamor et al.，2017）、提高资源配置效率（Quinton et al.，2016）。基于数字化技术对于企业管理会计信息系统、ERP系统的改进，以及决策支持系统（DSS）的实施，能提升管理者科学决策的能力，并最终表现为企业的绩效改善，有效降低了公司开展财务舞弊、盈余管理和粉饰财务报表等行为的动机。此外，数字化转型的实施还能帮助企业通过多种渠道披露企业信息，改善外部信息披露质量，增强与外部利益相关者的互动，增强外部治理机制的作用，并最终提升企业ESG评级。

基于以上分析，本书提出以下假设：

H4-1：企业数字化转型提升ESG评级。

4.3 研究设计

4.3.1 数据来源及样本选择

本章以 2011~2020 年 A 股上市公司为研究样本，并按照如下流程对初始样本进行筛选：①剔除在样本期间被 ST 和*ST 处理的上市公司样本；②剔除财务数据和公司治理数据缺失的样本。为消除极端值的干扰，本书对所有连续变量在前后两端进行 1%的 Winsorize 缩尾处理，最终获得 8128 个公司—年度观测值。企业环境信息披露、企业财务状况和公司治理的数据来源于国泰安（CSMAR）数据库，ESG 评级数据来自彭博 ESG 评级机构，绿色专利数据来自中国国家知识产权局，媒体关注度数据来自中国研究数据服务平台（CNRDS）数据库。

4.3.2 模型设定与变量定义

为考察企业数字化转型对企业 ESG 评级的影响，本书设定如下模型：

$$ESG_{i,t} = \beta_0 + \beta_1 DIGI_{i,t} + X_{i,t} + \sum Firm + \sum Year + \varepsilon_{i,t} \quad (4-1)$$

其中，模型（4-1）下标 i 为公司；t 为年份；被解释变量为企业 ESG 评级（*ESG*）；β_0 表示截距项；β_1 为解释变量数字化转型水平（*DIGI*）的待估参数，若 β_1 显著为正，表明数字化转型能够有效提升 ESG 评级，研究假设 H4-1 成立；$X_{i,t}$ 表示控制变量集；*Firm*、*Year* 分别表示公司和年度固定效应；$\varepsilon_{i,t}$ 为随机扰动项。

关于本章的解释变量——数字化转型水平（*DIGI*），本章参考已有研究（Chen & Srinivasan，2023；吴非等，2021；赵宸宇等，2021），利用文本分析法构建解释变量。首先，从上市公司年度报告的管理层讨论与分析板块，利用 Python 软件抓取有关数字技术、人工智能技术、大数据技术、云计算技术、区块链技术、数字技术应用、信息系统等与数字化转型相关的关键词构建特征词库。其次，利用 Python 软件的“jieba”分词功能，分析和统计上市公司年报中数字化转型关键词的词频。最后，对获得的词频取自然对数，以此度量上市公司的数字化转型水平（*DIGI*）。

关于被解释变量，本书参考已有研究（Fang et al.，2023；胡洁等，2023；潘海英等，2023；席龙胜和赵辉，2022）使用彭博 ESG 评分来衡量 ESG 评级。

考虑到不同评级机构的 ESG 评级框架的差异，在稳健性检验中还使用和讯网的评级数据作为 ESG 评级的替代变量。

借鉴已有研究（Ferrell et al.，2016；Cronqvist & Yu，2017），本章研究选取的控制变量包括：①公司财务特征变量：公司规模（*SIZE*）、企业成长性（*GROWTH*）、财务杠杆（*LEV*）、盈利能力（*ROA*）和现金流量比率（*CF*）；②公司治理特征变量：董事会独立性（*INDEP*）、董事会规模（*BOARD*）、CEO 两职合一（*DUAL*）、股权集中度（*TOP*10）和管理层能力（*MA*）。各变量定义见表 4-1。

表 4-1 变量定义及说明

变量类型	变量名称	变量符号	变量定义
因变量	ESG 评级	*ESG*	Bloomberg 数据库中的 ESG 评级
自变量	数字化转型水平	*DIGI*	基于文本分析和词频统计获得的数字化转型词频的自然对数
控制变量	公司规模	*SIZE*	公司总资产的自然对数
	财务杠杆	*LEV*	总负债/总资产
	盈利能力	*ROA*	净利润/总资产
	企业成长性	*GROWTH*	公司净利润增长率
	现金流量比率	*CF*	经营活动产生的现金流量净额/总资产
	董事会独立性	*INDEP*	独立董事人数/董事会人数
	董事会规模	*BOARD*	董事会人数的自然对数
	CEO 两职合一	*DUAL*	董事长和总经理两职合一时取值为 1，否则为 0
	股权集中度	*TOP*10	前十大股东持有股票数/公司总股本
	管理层能力	*MA*	管理费用/营业收入

4.4 实证结果分析

4.4.1 描述性统计

表 4-2 为本章研究所用样本的描述性统计。企业 ESG 评级（*ESG*）的均值为 21.274，样本企业整体的 ESG 评级得分略偏低，说明在提升 ESG 评级方面具有较大空间；其标准差为 6.942，评级取值介于 1.240~64.114，表明样本企业的 ESG 评级差别较大。关于控制变量，样本企业在成长性、盈利能力、财务杠杆和

现金流量比率方面存在较大差异。有关公司治理特征变量，样本公司在股权集中度和管理层能力方面差异较大。此外，样本公司中，38%的样本观测值存在 CEO 两职合一（*DUAL*）问题。整体而言，以上控制变量的描述统计结果与前人研究文献基本一致。

表 4-2 描述性统计结果

变量	观测值	均值	标准差	最小值	中位数	最大值
ESG	8128	21.274	6.942	1.240	20.248	64.114
DIGI	8128	1.169	1.231	0	0.693	5.823
SIZE	8128	23.243	1.320	20.618	23.125	27.059
LEV	8128	0.492	0.193	0.083	0.503	0.869
GROWTH	8128	0.135	0.319	−0.489	0.090	1.835
ROA	8128	0.046	0.053	−0.120	0.037	0.223
CF	8128	0.057	0.065	−0.122	0.054	0.238
BOARD	8128	2.190	0.200	1.609	2.197	2.708
INDEP	8128	0.375	0.057	0.333	0.363	0.600
DUAL	8128	0.174	0.380	0	0	1
*TOP*10	8128	0.597	0.157	0.238	0.602	0.922
MA	8128	0.074	0.055	0.008	0.060	0.323

4.4.2 相关性分析

表 4-3 为本章研究主要变量的皮尔森相关系数。其中，数字化转型水平（*DIGI*）与企业 *ESG* 评级在 1%的水平上显著正相关，说明在不考虑其他因素的情况下，数字化转型能够提升企业 *ESG* 评级，符合预期。关于控制变量，企业规模、财务杠杆、现金流量比率、董事会规模、股权集中度和董事会独立性与企业 *ESG* 评级正相关，说明公司规模越大、财务杠杆越高、现金流越充裕、董事会规模越大、股权集中度越高，企业 *ESG* 评级越高。企业成长性、盈利能力、CEO 两职合一和管理层能力与企业 *ESG* 评级负相关，说明企业成长性越强、盈利能力越好、存在 CEO 两职合一和较高的管理层能力时，企业 ESG 评级越低。这与常规预期不太一致，还需进一步通过实证模型检验数字化转型与 ESG 评级的关系。所有控制变量的相关系数都比较小，其中相关系数绝对值的最大值为 0.484，小于 0.6，说明回归模型中的各变量之间不存在严重的共线性问题。

表 4-3　皮尔森相关系数矩阵

变量	ESG	DIGI	SIZE	LEV	DUAL	GROWTH	ROA	CF	BOARD	TOP10	INDEP	MA
ESG	1											
DIGI	0. 081 ***	1										
SIZE	0. 434 ***	0. 087 ***	1									
LEV	0. 121 ***	-0. 070 ***	0. 514 ***	1								
DUAL	-0. 064 ***	0. 105 ***	-0. 073 ***	-0. 065 ***	1							
GROWTH	-0. 042 ***	0. 026 **	0. 032 ***	0. 049 ***	0. 035 ***	1						
ROA	-0. 021 *	0. 093 ***	-0. 098 ***	-0. 453 ***	0. 068 ***	0. 214 ***	1					
CF	0. 081 ***	0. 004	-0. 028 **	-0. 253 ***	0. 008	0. 044 ***	0. 484 ***	1				
BOARD	0. 074 ***	-0. 088 ***	0. 179 ***	0. 121 ***	-0. 162 ***	-0. 032 ***	-0. 057 ***	0. 002	1			
TOP10	0. 192 ***	-0. 001	0. 318 ***	0. 051 ***	-0. 048 ***	0. 069 ***	0. 136 ***	0. 118 ***	0. 057 ***	1		
INDEP	0. 057 ***	0. 048 ***	0. 100 ***	0. 027 **	0. 081 ***	-0. 005	0	0. 008	-0. 441 ***	0. 065 ***	1	
MA	-0. 165 ***	0	-0. 371 ***	-0. 332 ***	0. 075 ***	-0. 131 ***	-0. 048 ***	-0. 096 ***	-0. 055 ***	-0. 138 ***	-0. 005	1

注：*、**、***分别代表 10%、5%和 1%的显著水平。

4.4.3 基准回归结果

表 4-4 报告了模型（4-1）的回归结果。其中，第（1）列仅包括自变量，并控制年度和公司固定效应。数字化转型水平（*DIGI*）的回归系数为 0.288，在 1%的置信水平上显著（t 值为 4.438）。第（2）列中，进一步控制公司财务特征。数字化转型水平的回归系数为 0.201，且在 1%的置信水平上显著（t 值为 3.083）。第（3）列进一步控制公司治理对企业 ESG 评级的影响，数字化转型水平的回归系数为 0.209，且在 1%的置信水平上显著（t 值为 3.196）。以上结果表明，数字化转型程度能够改善企业 ESG 评级。关于回归结果的经济含义，以第（3）列结果的回归系数为例，数字化转型水平每提高 1%，企业 ESG 评级会提升 0.209%。综上所述，企业数字化转型无论是在统计意义上还是在经济含义上，均对企业 ESG 评级具有改善作用。

控制变量的回归结果与已有文献较为一致。规模较大的公司可能面临更强的媒体和公众监督，ESG 相关信息披露比较充分而获得更高评级（Deng et al.，2013；Li et al.，2016）。另一个原因可能是，由于大公司筹集资金和应对风险的能力更强，它们更有可能进行绿色创新而改善 ESG 评级（Brandt & Li，2003）。处于成长期或财务杠杆率较高的公司因资金压力对 ESG 相关活动关注较少，ESG 评级较低；而拥有更好的盈利能力以及更充裕的现金流的企业财务业绩压力小，更有意愿通过 ESG 信息披露等区分于竞争对手，获取长期竞争优势，因此 ESG 评级更高，但在样本企业中该影响不显著。有关公司治理因素，董事会规模、董事会独立性、CEO 两职合一以及管理者能力对 ESG 评级的影响均不显著；这可能是由于模型控制了公司固定效应，使得这些变量对 ESG 评级的解释力较弱。更高的股权集中度有助于约束管理层的机会主义行为，从而有效降低代理成本，进而改善 ESG 评级。

表 4-4 数字化转型与企业 ESG 评级的回归结果

变量	(1)	(2)	(3)
	ESG	*ESG*	*ESG*
DIGI	0.288***	0.201***	0.209***
	(4.438)	(3.083)	(3.196)
SIZE		1.145***	1.094***
		(8.808)	(8.166)

续表

变量	(1)	(2)	(3)
	ESG	ESG	ESG
LEV		-1.466*** (-2.608)	-1.318** (-2.323)
GROWTH		-0.213 (-1.521)	-0.266* (-1.850)
ROA		1.969 (1.592)	1.631 (1.244)
CF			0.317 (0.373)
BOARD			-0.205 (-0.435)
INDEP			1.499 (1.110)
DUAL			-0.103 (-0.650)
TOP10			1.484** (2.352)
MA			-0.720 (-0.452)
Constant	17.595*** (120.891)	-7.713*** (-2.686)	-7.557** (-2.424)
FIRM	Yes	Yes	Yes
YEAR	Yes	Yes	Yes
N	8128	8128	8128
R-squared	0.162	0.171	0.172

注：括号内为 t 统计量；*、**、*** 分别代表 10%、5%和 1%的显著水平。

4.4.4 稳健性检验

为了增强结果的可靠性，本章依次进行如下稳健性检验：首先，使用滞后一期的数字化转型水平作为自变量以一定程度上解决数字化转型发挥作用存在的时滞性和可能存在的反向因果问题。其次，采用工具变量法进一步降低反向因果问题和遗漏变量等导致的内生性问题对本章结论的影响。再次，考虑到样本选择偏差问题，采用倾向得分匹配进行稳健性检验。最后，考虑到代理变量度量偏差问题，对数字化转型程度和企业 ESG 评级构造新的度量指标进行稳健性检验。稳健性检验的结果与基准回归分析的结果保持一致。

4.4.4.1 滞后项分析

考虑到企业数字化转型的实施需要一定的时间才能发挥作用，且 ESG 治理是一项长期活动，因此数字化转型与企业 ESG 评级之间可能存在时滞问题。此外，ESG 评级高，可以向投资者传递更多的信息、提升企业合法性、降低企业融资成本等，为企业实施数字化转型提供各项资源支持。对此，本章采用滞后一期的数字化转型水平作为解释变量并重新估计模型（4-1），结果如表 4-5 所示。滞后一期的数字化转型水平（*LAGDIGI*）的回归系数在 1%的置信水平上显著为正，说明考虑了数字化转型发挥作用的时滞性后，数字化转型依然显著改进企业 ESG 评级，进一步支持本章研究结论。

表 4-5 数字化转型之后项目与企业 ESG 评级的回归结果

变量	(1)
	ESG
LAGDIGI	0.228***
	(3.236)
SIZE	1.018***
	(6.356)
LEV	-0.475
	(-0.742)
GROWTH	-0.234
	(-1.509)
ROA	1.638
	(1.141)
CF	0.280
	(0.301)
BOARD	-0.501
	(-0.971)
INDEP	1.852
	(1.270)

续表

变量	(1)
	ESG
DUAL	-0.086
	(-0.509)
*TOP*10	2.004***
	(2.799)
MA	-0.670
	(-0.387)
Constant	-4.988
	(-1.347)
FIRM	Yes
YEAR	Yes
N	6872
R-squared	0.126

注：括号内为 *t* 统计量；*、**、*** 分别代表 10%、5%和 1%的显著水平。

4.4.4.2 工具变量法

本章的研究除上述潜在的反向因果关系问题，还可能由于遗漏变量导致的内生性问题影响模型的稳健性，即模型中可能遗漏既影响数字化转型又影响企业ESG 评级的变量。因此，本章采用工具变量法来进行检验，缓解遗漏变量偏误带来的内生性问题。参照肖红军等（2021）的研究方法，本章选取分省、分行业、分年份的企业数字化转型水平均值作为工具变量（*DIGI_IV*）。一方面，公司可以感知到所处地区的业内同行的数字化转型水平，并相应地调整自身的数字化转型的策略。换言之，同地区同行业企业的数字化转型水平与企业的数字化转型水平相关。另一方面，同地区同行业企业的数字化转型水平不能直接影响特定企业的 ESG 评级。因此，选择的工具变量满足外生性和相关性的要求。基于此，本章采用两阶段最小二乘法（2SLS）进行回归，结果如表 4-6 所示。

表 4-6 的第一阶段回归结果显示，工具变量 *DIGI_IV* 的估计系数在 1%的置信水平下显著为正，与理论预期一致。同时，弱工具变量检验的 *Crag-Donald F* 统计量为 170.5，远大于 10%水平下的阈值 16.38，拒绝了存在弱工具变量的原假设。第二阶段的回归结果表明，企业数字化转型（*DIGI*）的系数依然在 1%的置信水平下显著为正，表明在控制了遗漏变量偏误以及反向因果可能导致的内生性后，数字化转型（*DIGI*）仍然与企业 ESG 评级显著正相关，进一步支持了研究假设 H4-1。

表 4-6 工具变量法的回归结果

变量	(1)	(2)
	DIGI	*ESG*
DIGI_IV	0. 701***	
	(14. 192)	
DIGI		1. 846***
		(12. 374)
SIZE	0. 263***	2. 170***
	(11. 035)	(28. 451)
LEV	-0. 404***	-3. 956***
	(-3. 977)	(-7. 493)
GROWTH	0. 001	-1. 002***
	(0. 046)	(-4. 276)
ROA	0. 521**	-14. 059***
	(2. 221)	(-7. 893)
CF	-0. 088	11. 496***
	(-0. 576)	(9. 007)
BOARD	0. 076	0. 919**
	(0. 901)	(2. 171)
INDEP	-0. 637***	1. 781
	(-2. 633)	(1. 239)
DUAL	-0. 000	-1. 078***
	(-0. 002)	(-5. 485)
*TOP*10	-0. 203*	2. 708***
	(-1. 797)	(5. 501)
MA	-0. 555*	-4. 442***
	(-1. 945)	(-3. 006)
Constant	-5. 403***	-33. 018***
	(-9. 739)	(-18. 905)
FIRM	Yes	Yes
YEAR	Yes	Yes
N	8128	8128
R-squared	0. 228	0. 139
F	170. 5	

注：括号内为 *t* 统计量；*、**、***分别代表 10%、5%和 1%的显著水平。

4.4.4.3 倾向得分匹配

虽然基准回归分析表明数字化转型水平提升了企业的ESG评级，但这种关系可能受到选择偏差问题的干扰。数字化转型通常需要更好的资源禀赋、资金实力和治理水平，因而数字化转型水平不同的企业可能本身就存在差异，进而导致企业ESG评级的差异。为缓解这一问题对基本结论的影响，本章采用倾向得分匹配法加以缓解。本章根据数字化转型水平（*DIGI*）的行业年度中位数构建分组变量（*DIGI_DUM*），构建logit模型，同时选取模型（4-1）中的所有控制变量作为协变量，采取1∶1近邻匹配法进行有放回匹配。表4-7列示出倾向得分匹配的平衡性测试结果，可以看出在匹配前处理组和控制组特征变量的差距较大，在匹配后差距缩小，说明数据的平衡效果较好。

表4-7 平衡性测试结果

变量		均值		偏差（%）	偏差绝对值缩小程度（%）	t检验	
		处理组	控制组			t值	p值
SIZE	匹配前	23.2580	23.2040	3.9000		1.4300	0.1520
	匹配后	23.2580	23.2920	-2.5000	35.2000	-0.9500	0.3420
LEV	匹配前	0.5133	0.5086	2.4000		0.8900	0.3760
	匹配后	0.5132	0.5112	1.0000	56.9000	0.3900	0.6960
ROA	匹配前	0.0428	0.0405	4.2000		1.5300	0.1250
	匹配后	0.0428	0.0439	-2.1000	50.5000	-0.7900	0.4270
GROWTH	匹配前	0.1585	0.1741	-3.6000		-1.3200	0.1870
	匹配后	0.1573	0.1581	-0.2000	95.4000	-0.0700	0.9440
CF	匹配前	0.0539	0.0545	-0.9000		-0.3200	0.7460
	匹配后	0.0541	0.0568	-3.8000	-329.5000	-1.4200	0.1550
SD	匹配前	2.4783	2.5557	-3.5000		-1.2700	0.2030
	匹配后	2.4760	2.4248	2.3000	33.8000	0.8800	0.3790
LNAGE	匹配前	2.8484	2.8771	-8.3000		-3.0500	0.0020
	匹配后	2.8484	2.8508	-0.7000	91.9000	-0.2500	0.8060
STATE	匹配前	0.6298	0.6586	-6.0000		-2.2200	0.0270
	匹配后	0.6299	0.6370	-1.5000	75.3000	-0.5500	0.5800
INDEP	匹配前	0.3740	0.3753	-2.2000		-0.8300	0.4090
	匹配后	0.3740	0.3730	1.8000	20.0000	0.6900	0.4880

随后，我们用匹配后的样本重新估计模型（4-1），回归结果如表4-8所示。

从表中可以看到，数字化转型水平（*DIGI*）的估计系数依然显著为正，表明在使用配对方法控制样本选择性偏差后，数字化转型水平与企业 ESG 评级依然显著正相关，进一步支持了本章的研究结论。

表 4-8 倾向得分匹配样本的回归结果

变量	(1)
	ESG
LAGDIGI	0.379*** (3.631)
SIZE	1.320*** (10.532)
LEV	-1.556*** (-2.905)
GROWTH	-0.090 (-0.699)
ROA	1.258 (1.039)
CF	1.390* (1.817)
BOARD	-1.019** (-2.396)
INDEP	0.030 (0.025)
DUAL	-0.120 (-0.864)
*TOP*10	0.655 (1.112)
MA	2.588* (-1.741)
Constant	1.511 (0.437)
FIRM	Yes
YEAR	Yes
N	9986
R-squared	0.778

注：括号内为 t 统计量；*、**、*** 分别代表 10%、5%和 1%的显著水平。

4.4.4.4　Heckman 两阶段模型

本章研究可能存在样本选择偏差，某些特定行业（如信息产业）的企业可能更倾向于实施数字化转型，抑或在数字化转型的实施上具有先天优势。本章采用 Heckman 两阶段模型来处理这类内生性问题。

在第一阶段中，构建企业数字化转型影响因素的 Probit 模型，被解释变量为 *DIGI_DUMY*，如果企业当年实施了数字化转型，则取值为 1；反之，取值为 0。关于被解释变量，首先引入模型（4-1）中的控制变量。Heckman 两阶段模型需要一个与公司实施数字化转型的可能性相关且与企业 ESG 评级无关的工具变量。参考以往文献（赵璨等，2020），加入企业数字化转型率（*DTR*）作为解释变量。企业数字化转型率（*DTR*）是各行业中当年实施数字化转型的企业的数量与同行业企业总数量的比值。一个行业的数字化转型率可能影响本行业公司的数字化转型决策，但无法直接影响特定企业的 ESG 评级。在第一阶段 Probit 模型基础上计算出逆米尔斯比率（Inverse Mills Ratio，IMR），并将其作为控制变量加入模型（4-1）中进行回归。

表 4-9 为 Heckman 两阶段模型的检验结果。从表 4-9 第（2）列可以看出，数字化转型的系数在 5%的置信水平上显著为正（估计系数为 0.148，t 值为 2.229），且 *IMR* 系数估计系数显著，说明在控制了潜在的样本自选择问题后，数字化转型对企业 ESG 评级的促进作用仍然存在。

表 4-9　Heckman 两阶段模型的回归结果

变量	(1)	(2)
	DIGI_DUMY	*ESG*
DTR	0.952*** (9.949)	
IMR		4.689*** (5.149)
DIGI		0.148** (2.229)
SIZE	0.285*** (11.903)	2.107*** (8.856)
LEV	−0.386*** (−3.777)	−3.012*** (−4.599)

续表

变量	(1)	(2)
	DIGI_DUMY	*ESG*
GROWTH	0. 008 (0. 307)	-0. 578*** (-3. 706)
ROA	0. 543** (2. 297)	-1. 714 (-1. 174)
CF	-0. 102 (-0. 668)	3. 662*** (3. 428)
BOARD	0. 093 (1. 091)	0. 601 (1. 212)
INDEP	-0. 585** (-2. 401)	2. 435* (1. 791)
DUAL	-0. 004 (-0. 147)	-0. 358** (-2. 151)
*TOP*10	-0. 266** (-2. 341)	1. 831*** (2. 892)
MA	-0. 590** (-2. 053)	-3. 133* (-1. 889)
Constant	-5. 887*** (-10. 513)	-37. 647*** (-5. 686)
FIRM	Yes	Yes
YEAR	Yes	Yes
N	8128	8128
R-squared	0. 217	0. 175

注：括号内为 t 统计量；*、**、*** 分别代表 10%、5%和 1%的显著水平。

4. 4. 4. 5　替换解释变量与被解释变量

本节使用自变量与因变量的替代性指标来估计模型，以消除由于变量度量偏差可能导致的内生性问题。

首先，进行企业 ESG 评级的替代指标检验。由于不同评级机构对上市公司 ESG 的评价方法存在一定程度的差异，同一公司在不同评级机构的 ESG 得分可能不同。因此，本章在选取公司样本和时间跨度不变的情况下，用和讯网的评级数据替换了被解释变量 ESG 评级的衡量指标。具体地，使用和讯网 ESG 评级分数的自然对数（*ESG_HX*）作为被解释变量，并对模型（4-1）重新估计，结果如表4-10第（1）列所示。数字化转型水平（*DIGI*）的估计系数在5%的置信水平上显著为正，说明企业数字化转型水平越高，对于ESG评级的提升作用越显著，进一步支持了本章的研究结论。

其次，进行数字化转型的替代指标检验。通过文本挖掘数字化转型相关关键词的频率，并依此计算得出的数字化转型水平的度量指标可能存在偏差。这主要是因为上市公司可能只在实施数字化转型当年在年度报告中详细解释了其数字化转型的相关举措，因此年报中包含了较多的数字化转型关键词。但之后年份的年度报告包含的数字化转型相关的关键词可能较少。为缓解该问题带来的测度偏差，参考张永珅等（2021）、夏常源等（2022）等的研究方法，本章采用数字化技术无形资产与无形资产总额的比值（*DIGI_INT*）来测度企业数字化转型水平，其中“数字化技术无形资产”是指上市公司财务报告附注披露的年末无形资产明细项中包含“网络”“软件”“客户端”“管理系统”“智能平台”“云计算”“物联网”“云平台”等关键词的无形资产，同时对筛选出的明细项目进行人工复核。数字化转型水平（*DIGI_INT*）数值越大，表明企业数字化转型水平越高。以该指标度量的数字化转型水平的回归结果如表4-10列（2）所示，数字化转型水平（*DIGI_INT*）的估计系数在5%的置信水平上显著为正，说明企业拥有的数字化转型的无形资产占比越高，企业ESG评级越高，进一步支持了本章的研究结论。

表4-10　替换关键变量测度的回归结果

变量	(1)	(2)
	ESG_HX	*ESG*
DIGI	0.020** (2.153)	
DIGI_INT		0.304** (2.173)
SIZE	0.267*** (13.901)	1.157*** (8.716)
LEV	−0.418*** (−5.174)	−1.466*** (−2.581)
GROWTH	−0.026 (−1.270)	−0.268* (−1.857)

续表

变量	(1)	(2)
	ESG_HX	*ESG*
ROA	5.584***	1.800
	(28.628)	(1.374)
CF	-0.242**	0.276
	(-2.007)	(0.325)
BOARD	-0.129*	-0.188
	(-1.937)	(-0.398)
INDEP	-0.132	1.424
	(-0.693)	(1.055)
DUAL	0.025	-0.101
	(1.082)	(-0.636)
*TOP*10	-0.186**	1.446**
	(-2.082)	(2.291)
MA	-0.918***	-0.842
	(-4.041)	(-0.528)
Constant	-1.967***	-8.859***
	(-4.410)	(-2.859)
FIRM	Yes	Yes
YEAR	Yes	Yes
N	7963	8128
R-squared	0.294	0.171

注：括号内为 t 统计量；*、**、***分别代表 10%、5%和 1%的显著水平。

4.5 拓展性研究

4.5.1 数字化转型对 ESG 评级各维度的影响

ESG 由三个维度组成：环境维度、社会维度和治理维度。为了进一步分析数字化转型对 ESG 评级构成指标的具体影响，本节基于基准回归模型（4-1），分别就数字化转型对三个构成维度进行回归，结果如表 4-11 所示。整体来看，数字化转型对企业 ESG 三个维度的评级均具有显著的正向影响。具体而言，表 4-11 第（1）列显示，数字化转型水平（*DIGI*）的估计系数在 5%的置信水平上显著，意味着数字化转型能够提高企业环境评级；表 4-11 第（2）列显示，数字化转型水平（*DIGI*）的估计系数在 10%的置信水平上显著，意味着数字化转型能够改善企业社会责任评级；表 4-11 第（3）列显示，数字化转型水平（*DIGI*）的估计系数在 1%的置信水平上显著，意味着数字化转型能够显著改进企业治理评级。无论是显著性还是估计系数，数字化转型水平（*DIGI*）对于企业治理评级的正向影响都很大，而对企业社会维度评级的正向影响则较小。究其原因，根据 ESG 的内涵，治理层面对环境和社会维度的达成具有重要影响，数字化转型对治理维度的一阶影响更为突出。此外，数字化转型在降低企业生产成本和环境信息收集与分析成本、提高能源使用效率和劳动生产率、促进企业绿色创新等内部运营方面发挥了较为积极的作用。从信息透明度的视角来看，数字化转型密切了企业价值链的联系，伴随而来的扁平化的结构组织也便于信息沟通，内部流程信息透明度提升，互相监督，也利于抑制管理层的机会主义行为等。虽然数字化转型也增加了企业与外部利益相关者的互动，但可能其作用于社会责任的着力点相对较少，故数字化转型在改进社会责任评级中发挥的作用不及对环境评级和治理评级的作用。

表 4-11　企业数字化转型对 ESG 评级各维度的回归结果

变量	(1)	(2)	(3)
	E	*S*	*G*
DIGI	0.194**	0.184*	0.211***
	(2.227)	(1.791)	(4.078)
SIZE	0.969***	2.377***	0.090
	(5.412)	(11.302)	(0.850)
LEV	0.016	-3.182***	-1.969***
	(0.021)	(-3.571)	(-4.371)
GROWTH	-0.097	-0.418*	0.109
	(-0.456)	(-1.675)	(0.862)
ROA	-0.219	-0.455**	-0.186
	(-1.135)	(-2.014)	(-1.623)
CF	1.401	2.235	0.747
	(0.800)	(1.087)	(0.718)

续表

变量	(1)	(2)	(3)
	E	*S*	*G*
BOARD	0. 813 (0. 716)	-0. 574 (-0. 430)	-0. 396 (-0. 587)
INDEP	0. 246 (0. 391)	0. 260 (0. 351)	-0. 278 (-0. 743)
DUAL	1. 147 (1. 360)	-1. 411 (-1. 424)	4. 417*** (8. 819)
*TOP*10	2. 385 (1. 322)	2. 703 (1. 275)	-1. 073 (-1. 001)
MA	-1. 251 (-0. 587)	0. 571 (0. 228)	1. 255 (0. 992)
Constant	-17. 958*** (-4. 311)	-35. 931*** (-7. 341)	41. 844*** (16. 906)
FIRM	Yes	Yes	Yes
YEAR	Yes	Yes	Yes
N	8128	8128	8128
R-squared	0. 110	0. 0825	0. 0740

注：括号内为 *t* 统计量；*、**、*** 分别代表 10%、5%和 1%的显著水平。

4. 5. 2 影响机制分析

前文基本检验结果表明企业数字化转型水平越高，对企业 ESG 评级的促进作用越强。为进一步验证这一作用，本章采用中介效应模型来验证“绿色创新”“社会关注”和“信息透明度”在数字化转型影响企业 ESG 评级中发挥的机制作用，模型设定如下：

$$ESG_{i,t} = \beta_0 + \beta_1 DIGI_{i,t} + X_{i,t} + \sum Industry + \sum Year + \varepsilon_{i,t} \tag{4-2}$$

$$MEDIATOR_{i,t} = \rho_0 + \rho_1 DIGI_{i,t} + X_{i,t} + \sum Industry + \sum Year + \varepsilon_{i,t} \tag{4-3}$$

$$ESG_{i,t} = \mu_0 + \mu_1 MEDIATOR_{i,t} + \mu_2 DIGI_{i,t} + X_{i,t} + \sum Industry + \sum Year + \varepsilon_{i,t} \tag{4-4}$$

其中，中介变量（*MEDIATOR*）包括绿色创新（*INNO*）、社会关注（*lnSC*）和盈余管理（*ABSRM*）三个变量。具体检验步骤如下：在模型（4-2）中 β_1 显著的前提下，使用模型（4-3）检验企业数字化转型（*DIGI*）对中介变量（*MEDIATOR*）的影响。若系数 ρ_1 显著，则用模型（4-4）同时加入企业数字化转型（*DIGI*）与中介变量（*MEDIATOR*）对企业 ESG 评级（*ESG*）进行回归分析。若系数 μ_1 显著且 μ_2 不显著，则为完全中介效应，表明数字化转型对企业 ESG 评级的影响仅依赖于该中介渠道；但若系数 μ_1 和系数 μ_2 都显著，且 μ_1 的绝对值小于 β_1 的绝对值，则为部分中介效应，表明数字化转型对企业 ESG 评级的影响通过该渠道发挥部分中介作用。

4.5.2.1 绿色创新

企业建设数据仓库，提升了企业数据存储能力和效率；依托区块链技术，确保了信息的可靠性，能够降低企业内部信息成本。在此基础上，企业可以利用大数据、人工智能等数字技术，处理非结构化的环境相关数据，准确识别当前环境管理中的不足，更有针对性地开展绿色技术创新，提升各项资源如能源的利用效率，推进节能减排。此外，数字技术的应用、现代信息体系建设打破了企业内部的数据隔离，消除了信息孤岛，密切了业务流程联系，加快了企业内部信息和技术的交流（Ravichandran et al.，2017），便于内部价值链上的协同绿色创新。此外，数字化信息平台拓展和强化了企业外部价值链上的活动，形成合作创新网络（Subramaniam & Youndt，2005）。例如，企业与供应商开展联合创新，能提升供应链上的可持续性。总之，企业通过数字化转型，能够更好地开展绿色生产和绿色管理，降本增效，促使企业更好地践行环保责任。根据宋德勇等（2022）的研究，本书从中国国家知识产权局获取上市公司的绿色专利数据，对绿色专利数加 1 后取自然对数，以此作为企业绿色创新的代理变量。该变量值越大，说明企业绿色创新的水平越高。中介效应检验的回归结果如表 4-12 所示。

表 4-12 绿色创新的中介效应检验的回归结果

变量	(1)	(2)	(3)
	ESG	*INNO*	*ESG*
DIGI	0.209***	0.024***	0.199***
	(3.196)	(2.911)	(3.046)
INNO			0.410***
			(4.415)
SIZE	1.094***	0.020	1.085***
	(8.166)	(1.176)	(8.114)
LEV	-1.318**	-0.207***	-1.233**
	(-2.323)	(-2.864)	(-2.175)

续表

变量	(1)	(2)	(3)
	ESG	*INNO*	*ESG*
GROWTH	-0.266*	-0.008	-0.100
	(-1.850)	(-0.384)	(-0.630)
ROA	1.631	-0.021	-0.258*
	(1.244)	(-1.146)	(-1.792)
CF	0.317	0.183	1.556
	(0.373)	(1.096)	(1.189)
BOARD	-0.205	-0.006	0.319
	(-0.435)	(-0.056)	(0.376)
INDEP	1.499	0.057	-0.228
	(1.110)	(0.943)	(-0.484)
DUAL	-0.103	0.018	1.477**
	(-0.650)	(0.219)	(2.344)
*TOP*10	1.484**	0.117	1.450
	(2.352)	(0.682)	(1.076)
MA	-0.720	-0.276	-0.607
	(-0.452)	(-1.360)	(-0.381)
Constant	-7.557**	-0.318	-7.427**
	(-2.424)	(-0.799)	(-2.385)
FIRM	Yes	Yes	Yes
YEAR	Yes	Yes	Yes
N	8128	8128	8128
R-squared	0.172	0.109	0.174

注：括号内为 t 统计量；*、**、*** 分别代表 10%、5%和 1%的显著水平。

表 4-12 第（2）列的回归结果显示，数字化转型水平（*DIGI*）的系数在 1%水平上显著为正，说明企业数字化转型能够显著提升企业绿色创新水平。第（3）列结果显示，数字化转型水平（*DIGI*）与企业 *ESG* 评级（*ESG*）在 1%的水平上显著正相关，且估计系数的绝对值小于第（1）列中 *DIGI* 的系数（0.209），且绿色创新（*INNO*）的估计系数在 1%的水平上显著为正，说明绿色创新在数字化转型与企业 *ESG* 评级之间存在部分中介效应。同时，bootstrap 中介效应检验（抽取自助样本 1000 次）也得到了相同的结论（95%置信区间的不包含 0）。

4.5.2.2 社会关注

已有研究发现，媒体和大众监督等形式的社会关注是外部公司治理机制的重要组成部分，在提升信息披露、改进企业社会责任等方面发挥着重要作用（Dyck et al.，2008；Li et al.，2018）。根据合法性理论，企业的社会责任合法性高低，关乎外部利益相关者是否认可企业，是否愿意为企业提供基础设施和各项资源（如人力资源），帮助企业实现长期的、可持续的价值创造。数字化转型作为企业重要的战略决策，无论是数智时代机器人应用对劳动力资源构成替代的担忧，还是由于眼球效应导致的媒体追踪，实施过程中必然会得到媒体等社会关注。当媒体关注度较高时，企业在经营和转型过程中对员工和社会等的损害问题遭遇揭露和曝光的概率会大幅增加。企业为避免声誉受损，必然会改善有关社会责任履行情况并及时披露相关信息。此外，企业数字化转型便于企业通过不同数字化平台与外部利益相关者进行沟通与互动。多渠道的信息披露能够保证信息的可靠性，且媒体监督能够在一定程度上约束企业的虚假披露行为，企业与媒体和大众等利益相关者的互动为披露的信息进行背书，从而能提高 ESG 评级。本章研究利用中国研究数据服务平台（CNRDS）的中国上市公司财经新闻数据库（CFND）中的报刊和网络内容当中出现上市公司的新闻总数的自然对数来作为社会关注度（*SC*）的代理变量。该变量值越大，说明社会关注的程度越高。中介效应检验的回归结果如表 4-13 所示。

表 4-13 第（2）列的回归结果显示，数字化转型水平（*DIGI*）的系数在 5%的水平上显著为正，说明企业数字化转型能够显著提升社会关注度。第（3）列结果显示，数字化转型水平（*DIGI*）与企业 ESG 评级（*ESG*）在 1%的水平上显著正相关，且估计系数的绝对值小于第（1）列中 *DIGI* 的系数（0.209），社会关注度（*SC*）的估计系数在 1%的水平上显著为正，说明社会关注度在数字化转型与企业 ESG 评级之间存在部分中介效应。同时，bootstrap 中介效应检验（抽取自助样本 1000 次）也得到了相同的结论（95%置信区间的不包含 0）。

表 4-13 社会关注度的中介效应检验的回归结果

变量	（1）	（2）	（3）
	ESG	*SC*	*ESG*
DIGI	0.209***	0.023**	0.200***
	（3.196）	（2.488）	（3.068）
SC			0.366***
			（4.428）

续表

变量	(1)	(2)	(3)
	ESG	*SC*	*ESG*
SIZE	1.094***	0.226***	1.011***
	(8.166)	(11.792)	(7.485)
LEV	-1.318**	0.174**	-1.382**
	(-2.323)	(2.139)	(-2.437)
GROWTH	-0.266*	0.002	-0.104
	(-1.850)	(0.074)	(-0.654)
ROA	1.631	0.077***	-0.294**
	(1.244)	(3.720)	(-2.045)
CF	0.317	1.632***	1.033
	(0.373)	(8.701)	(0.785)
BOARD	-0.205	0.055	0.297
	(-0.435)	(0.452)	(0.350)
INDEP	1.499	0.022	-0.213
	(1.110)	(0.323)	(-0.452)
DUAL	-0.103	-0.355***	1.614**
	(-0.650)	(-3.934)	(2.559)
*TOP*10	1.484**	0.297	1.390
	(2.352)	(1.535)	(1.031)
MA	-0.720	0.884***	-1.044
	(-0.452)	(3.876)	(-0.655)
Constant	-7.557**	0.429	-7.714**
	(-2.424)	(0.962)	(-2.478)
FIRM	Yes	Yes	Yes
YEAR	Yes	Yes	Yes
N	8128	8128	8128
R-squared	0.172	0.169	0.174

注：括号内为 t 统计量；*、**、*** 分别代表 10%、5%和 1%的显著水平。

4.5.2.3 信息透明度

企业与利益相关者之间存在的严重信息不对称容易产生逆向选择和道德风险等问题（Jenson & Meckling，1976），从而诱发管理层的机会主义行为，增加代理成本。企业数字化转型能够改善公司信息环境；伴随数字化转型，组织内部架构会发生变革，组织结构呈扁平化，密切了业务流程的联系、信息交流与沟通，便于组织内部的互相监督。此外，区块链等数字技术的应用保证了企业信息的可靠性和准确性，减少了人为操纵的可能，公司内部控制能力得以提升，公司治理水平进一步完善，可以缓解管理层和股东之间的利益冲突（祁怀锦等，2022）。代理成本的降低，提升了管理层与组织目标的一致性；管理层会规避短视行为，着眼于企业长期的价值最大化（Bereskin et al.，2018）。此外，数字化转型除了能提升信息转化效率和信息沟通效率外，还可以改善公司运营，改进生产效率，提升企业绩效。良好的企业绩效有效降低了企业因业绩压力而进行财务信息披露的动机，良好的信息环境也能降低代理成本，直接约束管理层因其他动机而进行盈余操纵的可能性。本章以真实盈余管理（*ABSRM*）的数据作为信息透明度的代理变量。计算真实盈余管理的数据来自国泰安数据库，参考 Roychowdhury（2006）的研究，计算方式如模型（4-5）所示，分别从生产、费用和销售操纵三个方面分析真实盈余管理，具体变量分别为异常生产成本（*Ab_PROD*）、异常现金流（*Ab_CFO*）和异常操纵费用（*Ab_DISEXP*）。具体地，首先通过按年份和行业分别回归，计算出三个组成部分各自的残差。然后按照已有研究（Cohen & Zarowin，2010），对残差的差值取绝对值来衡量企业盈余管理的总量。该变量值越大，说明盈余管理的程度越高。中介效应检验的回归结果如表 4-14 所示。

$$ABSRM_{i,t} = |Ab\_PROD_{i,t} - Ab\_CFO_{i,t} - Ab\_DISEXP_{i,t}| \tag{4-5}$$

表 4-14 第（2）列的回归结果显示，数字化转型水平（*DIGI*）的系数在 5%的水平上显著为负，说明企业数字化转型能够显著降低盈余管理，改善信息透明度。第（3）列结果显示，数字化转型水平（*DIGI*）与企业 ESG 评级（*ESG*）在 1%的水平上显著正相关，且估计系数的绝对值小于第（1）列中 *DIGI* 的系数（0.209），且盈余管理（*ABSRM*）的估计系数在 1%的水平上显著为负，说明盈余管理在数字化转型与企业 ESG 评级之间存在部分中介效应。同时，bootstrap 中介效应检验（抽取自助样本 1000 次）也得到了相同的结论（95%置信区间的不包含 0）。

表 4-14　信息透明度的中介效应检验的回归结果

变量	（1）	（2）	（3）
	ESG	*ABSRM*	*ESG*
DIGI	0.209***	−0.003**	0.204***
	（3.196）	（−2.113）	（3.131）

续表

变量	(1)	(2)	(3)
	ESG	*ABSRM*	*ESG*
ABSRM			-1.392*** (-2.608)
SIZE	1.094*** (8.166)	-0.014*** (-4.719)	1.074*** (8.011)
LEV	-1.318** (-2.323)	0.049*** (3.884)	-1.250** (-2.201)
GROWTH	-0.266* (-1.850)	0.003 (0.983)	-0.098 (-0.620)
ROA	1.631 (1.244)	0.041*** (12.812)	-0.209 (-1.438)
CF	0.317 (0.373)	0.257*** (8.823)	1.988 (1.510)
BOARD	-0.205 (-0.435)	0.004 (0.219)	0.322 (0.380)
INDEP	1.499 (1.110)	-0.012 (-1.128)	-0.221 (-0.470)
DUAL	-0.103 (-0.650)	0.048*** (3.397)	1.550** (2.456)
*TOP*10	1.484** (2.352)	0.009 (0.299)	1.511 (1.120)
MA	-0.720 (-0.452)	0.058 (1.631)	-0.640 (-0.402)
Constant	-7.557** (-2.424)	0.361*** (5.207)	-7.055** (-2.260)
FIRM	Yes	Yes	Yes
YEAR	Yes	Yes	Yes
N	8128	8128	8128
R-squared	0.172	0.051	0.173

注：括号内为 t 统计量；*、**、***分别代表10%、5%和1%的显著水平。

4.5.3 异质性分析

考虑到企业内部和所处外部环境的差异，本节进行三组异质性检验，探讨产权性质、企业碳排放强度和企业所处地区的市场化水平对数字化转型和企业 ESG 评级关系的差异化影响。

4.5.3.1 产权性质

探讨中国经济问题，应考虑企业所有权的性质。中国企业 ESG 披露和实践还处于初步阶段。相对于非国有企业（non-SOEs），除了利润最大化的目标外（Amess et al.，2015），国有企业还承担了更多的社会责任，政府对其行为施加了额外的监管限制。国有企业不仅要积极履行社会责任，完善 ESG 相关信息的披露，还要助推 ESG 实践的整体发展（黄速建等，2018；肖静和曾萍，2023）。此外，国有企业在获取绿色创新等资金方面具有优势（Fei et al.，2011），国有企业在通过其他措施提升企业 ESG 表现等方面还可能具有其他资源禀赋优势，故数字化转型对 ESG 评级的积极作用可能因企业产权性质不同而存在差别。本节根据所有权的性质将样本分为国有企业和非国有企业，并进行分组回归，结果如表 4-15 所示。其中，数字化转型水平（*DIGI*）的估计系数在国有企业样本中在 10%的水平上显著为正，而在非国有企业样本中，估计系数在 5%的水平上显著为正。这可能是由于国有企业在资源广度、人才素质和公司治理等方面更为规范和完善，融资约束也较低，企业通过其他途径能直接提升 ESG 评级，替代了数字化转型的作用。而非国有企业获得的资源有限，更需要数字化重构与利益相关者的价值共创网络，进而更好地捕捉外部利益相关者的价值诉求，提升企业运营管理能力，主动践行 ESG 责任，提升 ESG 评级。

表 4-15 基于产权性质的分组回归结果

变量	(1)	(2)
	国有企业	非国有企业
DIGI	0.185*	0.201**
	(1.959)	(2.238)
SIZE	0.970***	1.568***
	(4.580)	(8.541)
LEV	0.251	-3.099***
	(0.308)	(-3.845)
GROWTH	-0.465*	0.286
	(-1.837)	(1.413)

续表

变量	(1)	(2)
	国有企业	非国有企业
ROA	-0.126	-0.476**
	(-0.616)	(-2.384)
CF	5.189**	-2.514
	(2.562)	(-1.482)
BOARD	-0.622	1.052
	(-0.989)	(1.445)
INDEP	-0.378	2.880***
	(-0.368)	(3.411)
DUAL	1.462	3.039
	(0.855)	(1.325)
*TOP*10	4.756**	-6.806***
	(2.012)	(-3.117)
MA	-3.241	-21.634***
	(-0.670)	(-4.932)
Constant	-0.622	1.052
	(-0.989)	(1.445)
FIRM	Yes	Yes
YEAR	Yes	Yes
N	4560	3568
R-squared	0.185	0.137

注：括号内为 *t* 统计量；*、**、*** 分别代表 10%、5%和 1%的显著水平。

4.5.3.2 碳排放强度

在我国“碳达峰、碳中和”的长期目标（以下简称“双碳”目标）背景下，企业面临的环境合法性存在显著差异。对于高耗能行业，伴随碳排放交易试点、低碳城市试点等环境规制政策的实施，归属该行业的企业会因较弱的环境合法性形成更强的环境规制的预期。高碳行业企业为改善环境合法性、维护和改进公司声誉、避免各类环境规制政策对公司运营的负面影响，更愿意通过数字化转型的实施提升企业环境绩效，来改善 ESG 评级。然而，根据 Matsumura 等（2014）的研究，企业披露碳信息可能依然会受到市场惩罚。从行业性质来看，高碳行业因行业性质问题，在环境和社会责任（如员工工作环境保护）等维度具有先天劣势，且高耗能企业往往属于重资产行业，数字化转型实施空间可能有限。为厘清行业异质性对数字化转型和企业 ESG 评级关系的影响，本节根据生态环境部 2021 年 4 月对高耗能、高污染行业的界定，以及上海环境能源交易所 2021 年 6 月发布的《关于全国碳排放权交易有关事项的公告》，将属于电力、石化、化工、建材、钢铁、有色金属、造纸、民航八个行业的企业定义为碳密集型行业的企业，其余为非碳密集型行业的企业；然后进行分组回归，结果如表 4-16 所示。其中，数字化转型水平（*DIGI*）的估计系数在碳密集型行业的企业样本中在 5%水平上显著为正，而在非碳密集型行业的企业样本中，估计系数在 1%水平上显著为正。这说明碳排放程度越低，数字化转型对企业 ESG 评级的提升作用越明显。碳密集型行业中的企业由于其行业性质、资产结构特点等原因，数字化转型在提升企业 ESG 评级方面发挥作用的空间有限。

表 4-16　基于碳排放强度的分组回归结果

变量	(1)	(2)
	碳密集型行业	非碳密集型行业
DIGI	0.268**	0.292***
	(1.996)	(3.101)
SIZE	0.926***	1.252***
	(3.538)	(7.974)
LEV	-1.299	-1.286*
	(-1.219)	(-1.898)
GROWTH	0.501	-0.305*
	(1.477)	(-1.702)
ROA	-0.196	-0.310*
	(-0.772)	(-1.759)
CF	-0.442	2.001
	(-0.176)	(1.293)
BOARD	-0.622	-0.946
	(-0.989)	(-1.097)
INDEP	-0.378	1.284
	(-0.368)	(1.111)
DUAL	1.462	1.428
	(0.855)	(0.583)
TOP10	4.756**	-1.089
	(2.012)	(-0.322)

续表

变量	(1)	(2)
	碳密集型行业	非碳密集型行业
MA	-3.241 (-0.670)	-0.946 (-1.097)
Constant	-0.622 (-0.989)	-12.084*** (-3.318)
FIRM	Yes	Yes
YEAR	Yes	Yes
N	2376	5752
R-squared	0.235	0.147

注：括号内为 *t* 统计量；*、**、*** 分别代表 10%、5%和 1%的显著水平。

4.5.3.3 市场化水平

中国各省在地理位置、资源禀赋和国家政策方面的差异导致了市场化进程的不平衡。市场化程度高的特点是信息透明度高，利益相关者能有效参与公司治理。由于市场环境更加透明，外部监督更加充分，位于该地区的企业本身可能因在环境保护、社会责任履行和公司治理方面具有较高水平而能获得更高的 ESG 评级。此外，市场化水平较高的地区融资环境越完善，融资渠道越健全，企业融资约束越小，更易通过绿色创新等改善 ESG 评级。考虑到市场化水平高的地区的外部治理的替代效应，数字化转型对企业 ESG 评级的提升作用可能较小。根据王小鲁等（2016）的研究，将样本企业分为市场化水平高和市场化水平低两组，并进行分组回归，结果如表 4-17 所示。其中，数字化转型水平（*DIGI*）的估计系数在位于市场化水平较低地区的企业样本中在 1%的水平上显著为正，说明当企业所处地区市场化水平较低时，数字化转型对企业 ESG 评级的提升作用更明显。而当企业所处地区市场化水平较高时，良好的外部治理机制替代了数字化转型提升企业 ESG 评级的作用。

表 4-17　基于市场化水平的分组回归结果

变量	(1)	(2)
	市场化水平高	市场化水平低
DIGI	0.121 (1.443)	0.415*** (3.831)
SIZE	0.694*** (3.712)	1.724*** (8.213)

续表

变量	(1)	(2)
	市场化水平高	市场化水平低
LEV	-1.058 (-1.339)	-1.715** (-2.045)
GROWTH	0.014 (0.067)	-0.281 (-1.055)
ROA	-0.391* (-1.953)	-0.143 (-0.700)
CF	4.386** (2.502)	-1.007 (-0.499)
BOARD	0.043 (0.067)	-0.134 (-0.188)
INDEP	1.974** (2.303)	0.446 (0.459)
DUAL	4.139** (2.226)	-1.467 (-0.720)
*TOP*10	-2.463 (-1.161)	2.065 (0.841)
MA	-0.755 (-0.174)	-20.309*** (-4.168)
Constant	0.043 (0.067)	-0.134 (-0.188)
FIRM	Yes	Yes
YEAR	Yes	Yes
N	4913	3215
R-squared	0.159	0.074

注：括号内为 t 统计量；*、**、***分别代表 10%、5%和 1%的显著水平。

4.6 本章小结

本章以 2011~2020 年中国沪深 A 股上市公司为样本，研究了数字化转型与

企业 ESG 评级之间的关系。实证结果表明，企业数字化转型对 ESG 评级具有显著的提升作用，即数字化转型程度越高，ESG 评级越好。机制分析表明，数字化转型可以通过提高绿色技术修新能力、增加社会关注度、减少企业盈余管理三个方面提升 ESG 评级。

本章研究丰富了现有关于数字化转型的非经济性后果和 ESG 评级影响因素的文献。此外，本研究还为在环境、社会和公司治理理论指导下进一步发展数字化转型提供了实证依据。它可以帮助企业将数字化战略嵌入 ESG 的各个方面，并利用数字化转型推动形成数字化和可持续发展协同效应，达到“双碳”目标。

关于管理启示，首先，在企业层面，企业应从战略决策层面高度重视数字化转型的社会效益和经济效益，并贯彻应用于企业各项业务活动。从环境、社会和治理（ESG）的角度来看，关键在于通过将数字化战略嵌入环境（E）、社会（S）和治理（G），打造面向利益相关者的数字化沟通和价值共创平台，从而实现更大范围的综合价值和共享价值创造效应。企业环境治理绩效的提升离不开数字技术的应用。企业可以利用自动化、智能化手段实现高效的生产流程，加强能源控制和污染防治。然后，企业可以客观、及时地公开环境责任，提高环境信息的透明度，从而提高环境治理绩效。在社会责任方面，企业可以建立数字化平台，使利益相关者能够监督企业履行责任和获取相关信息。通过这种方式，企业可以加强与利益相关者之间的信息沟通，从而有助于提升企业的品牌形象和市场声誉。在企业治理方面，企业可以将业务和管理流程数字化，提高信息透明度和实时管理水平，为企业决策提供更准确的数据支持，从而提高内部控制的效率。

其次，在政府层面，政府和各监管部门应完善企业数字化转型的激励政策和标准体系，帮助企业转变治理理念、治理方式和治理规范，进而系统推进数字化转型的制度创新和深化改革。具体而言，可以帮助国有企业提升资源的使用效率，帮助国有企业发挥自身优势，利用数字化进行 ESG 治理，从而有效提升 ESG 绩效。同时，对于非国有企业来说，也可以有更多的资源和机会，在更大程度上支持其数字化转型和改革，从而在落实 ESG 理念方面发挥更有价值的作用。此外，还应建设和完善数字化基础设施，为实现企业数据应用场景提供必要的前提条件和良好的实施环境。在市场化程度较低的地区，加强数字化建设的益处尤为显著。数字基础设施建设的完善和成熟，将为数据资源的开发和应用提供有力支撑，帮助企业承载数据能量，驱动生产变革，从而推动企业环境、社会和治理责任的积极实践。

5 数字化转型与企业碳信息披露质量

5.1 引言

以数字技术为核心驱动的第四次工业革命正在给人类的生产生活带来广泛而深刻的影响，并已日益成为微观企业实现转型升级和低碳发展的关键变量。2020年，中国数字经济保持着9.7%的高位增长，总规模已高达39.2万亿元，约占GDP的38.6%①。研究报告也显示，2021年中国企业数字化转型的整体水平稳步提升，更多的企业将数字化投入转化为出色的经营绩效②。在此背景下，数字化转型对微观企业的影响研究已成为公司金融领域的热点问题（Jeffers et al.，2008；Sklyar et al.，2019；Manita et al.，2020；吴非等，2021；袁淳等，2021），而已有文献更多关注到数字化转型带来的经济效益，并未兼顾到数字技术广泛运用可能带来的环境效益和社会效益。因此，本章立足于数字技术助力碳达峰、碳中和的视角，重点考察企业数字化转型对碳信息披露质量的影响及传导机制。

实现碳达峰、碳中和，是中国着力解决资源环境约束突出问题、推动经济社会发展全面绿色转型的必然选择。2020年9月22日，习近平主席在第75届联合国大会上郑重承诺，中国将提高国家自主贡献力度，采取更加有力的政策和措施，二氧化碳排放力争于2030年前达到峰值，努力争取2060年前实现碳中和。作为世界上最大的碳排放国，中国碳排放占世界总量的30.7%③，确保如期实现碳达峰、碳中和，不仅是中国实现生态优先、绿色低碳的高质量发展的必由之

① 数据来源于中国信息通信研究院《中国数字经济发展白皮书（2021）》。

② 数据来源于《2021埃森哲中国企业数字化转型指数》。

③ 数据来源：Statistical Review of World Energy，http：//www.bp.com/statisticalreview.

路，对于构建公平合理、合作共赢的全球气候治理体系也具有重大意义。随着各国应对气候与环境变化各项工作的持续推进，企业碳信息披露逐渐受到学术界的重视（Matsumura et al.，2014；Liesen et al.，2015；Kalu et al.，2016；Mateo-Marquez et al.，2020；宋晓华等，2019）。然而这些研究主要集中于企业内部经营情况、外部利益相关者等因素对碳信息披露质量的影响，较少从数字化转型角度展开分析。当前，数字技术与实体经济的深度融合正在逐步映射到微观企业的生产经营活动当中，帮助企业提升海量数据的收集、处理和分析能力，并将得到的信息服务于碳排放追踪监测和推进碳管理高效化，继而降低了企业对外披露碳信息的成本。同时，数字经济的公司治理作用也有助于降低管理层决策行为的非理性程度，促使其披露更多与公司潜在价值相关的信息，这也有助于碳信息披露质量的提高。而本章正是利用上述作用逻辑展开研究，并试图回答以下问题：①企业数字化转型对碳信息披露质量会产生何种影响？②企业数字化转型会通过何种传导机制作用于碳信息披露质量？③这一影响在不同横截面上是否存在明显差异？

为回答这些问题，本章利用 2008~2019 年中国沪深两市 A 股上市公司数据，通过构建企业碳信息披露评价指标体系，对企业数字化转型与碳信息披露质量之间的关系进行了实证检验。研究结果表明，企业数字化转型显著提高了碳信息披露质量，并且主要表现在计划层和执行层碳信息披露质量的提升。在采用以“宽带中国”试点政策作为工具变量、以国家级大数据综合试验区的设立构建双重差分模型进行外生冲击检验、使用熵平衡匹配法缓解样本选择偏误问题、改变关键变量的测度方式等一系列稳健性检验后，基本结论依然成立。机制检验发现，企业数字化转型对碳信息披露质量的提高作用主要通过降低运营成本和改善公司治理来实现。此外，企业数字化转型对碳信息披露质量的影响在企业、行业和地区层面还表现出异质性特征：国有企业、管理层能力越低的企业，在高碳风险行业、竞争较激烈的行业，以及碳规制强度越大、制度环境越好的地区，企业数字化转型对碳信息披露质量的提高作用越明显。

本章研究可能的边际贡献在于：

第一，本章研究丰富了企业数字化转型的经济后果的研究文献。已有研究关注到数字化转型对公司绩效、公司治理、供应链管理、资本市场等多方面的影响（Jeffers et al.，2008；Sklyar et al.，2019；Manita et al.，2020；Chen et al.，2021；吴非等，2021；袁淳等，2021），但数字技术与企业生产销售、内部管理等环节的融合会直接影响企业运营成本和治理水平。因此本章研究发现，数字化转型还可以发挥提升碳信息披露质量的积极作用，拓展了微观企业数字化转型经济后果的研究内容。

第二，本章在企业碳信息披露影响因素的研究上具有一定增量贡献。以往文献大多从公司财务状况、内部治理水平、利益相关者等角度探讨影响碳信息披露的因素（Liesen et al.，2015；Kalu et al.，2016；He et al.，2019；Mateo-Marquez et al.，2020），对云计算、大数据等新一代数字技术的关注相对较少，而数字技术与实体经济的深度融合有助于降低企业运营成本、改善公司治理，成为提升碳信息披露水平的重要途径，本章正是从这一角度对已有文献进行了有益补充。

第三，本章得出的研究结论还具有一定的实践价值。目前，数字化正在成为中国实现碳达峰、碳中和的重要技术路径，为应对气候变化做出重要贡献。在此背景下，本章首先证实了企业数字化转型有助于改善碳信息披露质量，并从企业、行业和地区三个层面探讨了这一关系的异质性特征。相关结论不仅为企业管理层有效提升碳信息披露水平提供了科学依据，也有助于中国企业利用数字化浪潮践行生态文明理念、实现绿色低碳发展。

本章的剩余部分安排如下：第 2 节是理论分析与研究假设的提出；第 3 节是研究设计，包括数据来源、样本选择、变量定义与模型设定；第 4 节是实证结果分析，包括样本描述性统计分析、多元回归分析以及稳健性检验；第 5 节是拓展性研究，包括影响机制检验和异质性检验；第 6 节为本章小结。

5.2 理论分析与研究假设

数字技术的全面应用促使企业在组织结构、生产、营销等方面发生重大变革，如组织结构更加网络化、扁平化，生产模式由规模化生产逐渐转向定制化生产，营销模式日益精细化、精准化，强化了“供给—需求”两端的衔接（Goldfarb & Tucker，2019；Vial et al.，2019）。那么，企业数字化转型具体会如何影响碳信息披露质量呢？我们认为主要存在以下影响机制：

第一，进行数字化转型的企业可以借助大数据、云计算等技术采集、处理和分析各种非标准化、非结构化的海量数据，并将其输出为标准化、结构化信息，从而打破了企业内部不同部门、不同环节之间的“数据孤岛”，提升了企业对数据资产的利用能力（Loebbecke & Picot，2015；Vial et al.，2019；吴非等，2021）。基于此，企业可以利用各类数字技术开展碳排放数据的盘查（如监测、统计、核算、可视化呈现等），精准分析碳排放来源，并结合碳排放现状来设计科学、系统的碳减排目标体系，研究制定可操作、可落地的碳减排路径和行动计划。在实施过程中，企业可以利用人工智能等新型分析技术进行智能分析和决策

优化，明确各部门职责权利，不断完善碳排放管理体系。此外，数字技术还能够对传统产业实施技术改进和工艺革新，这不仅可以降低企业的生产成本（Goldfarb & Tucker，2019），还促使企业能源利用效率得以提升、能源结构实现清洁化转型，在生产过程中减少碳排放。研究报告显示，到 2030 年，随着各行业数字化水平不断提升，数字技术将赋能各行业减碳约 10%～40%[①]。由此可见，数字化转型有助于降低企业对外披露碳信息的成本，从而提高了碳信息披露的质量。

第二，企业数字化转型还有助于抑制管理层机会主义行为、完善公司治理，强化了企业高质量披露碳信息的意愿。与财务信息的强制性披露不同，碳信息披露仍以自愿性披露为主，由于信息敏感性等因素的影响，管理层自愿披露碳信息的意愿有限。同时，碳信息披露的内容也较为片面，大多为定性描述，缺少定量计量，整体披露水平有待提高（Dawkins & Fraas，2011；Matsumura et al.，2014；Borghei，2021；李力等，2019；宋晓华等，2019），尤其是在公司治理水平较低、存在较高的代理成本时，管理层出于自身利益的考虑会进一步减少对碳信息的披露（He et al.，2019）。而数字化变革拓宽了企业获取信息的广度和深度，推动企业业务流程更加透明化，进而压缩了管理层机会主义行为的空间，有助于缓解管理层与股东之间的利益冲突（王守海等，2022）。此外，企业还可以借助网络技术平台向外部市场主体"推送"信息，使政府、公众、媒体、投资者等利益相关者可以掌握比以往更加充分的信息，拓展了他们对公司的监督渠道，有助于改善公司治理（Manita et al.，2020；祁怀锦等，2020），促使管理层披露更多高质量的碳信息。基于上述分析，本章提出如下假设：

H5-1：企业数字化转型水平较高时，碳信息披露质量也相对较高。

5.3　研究设计

5.3.1　数据来源与样本选择

本章以 2008～2019 年中国沪深两市 A 股上市公司为研究对象，并按照如下流程对初始样本进行筛选：①剔除在样本期间被 ST 和 *ST 处理的上市公司样本；②剔除金融类上市公司样本；③剔除创业板上市公司样本，因为这类公司多为高新技术企业，与互联网、大数据、人工智能的联系较为紧密；④剔除

① 数据来源于中国信息通信研究院《数字碳中和白皮书（2021）》。

属于计算机、通信和其他电子设备制造业，信息传输、互联网和相关服务、软件和信息技术服务业的上市公司样本，因为这类公司的数字化水平可能只与公司自身业务相关；⑤剔除财务数据和公司治理数据缺失的样本，最终得到5416个公司—年度观测值。企业数字化转型和碳信息披露质量数据通过上市公司财务报告手工收集获得，其他公司财务数据和治理数据均来源于国泰安（CS-MAR）数据库。除此之外，为消除极端值的干扰，本章对所有连续变量在前后两端进行1%的Winsorize缩尾处理，并采用稳健标准误缓解异方差问题，数据处理和分析采用Stata16计量分析软件进行。

5.3.2 模型设定与变量定义

为考察企业数字化转型对碳信息披露质量的影响，本章设定如下模型：

$$CID_{i,t} = \beta_0 + \beta_1 DIGI_{i,t-1} + X_{i,t} + \sum Industry + \sum Year + \varepsilon_{i,t} \tag{5-1}$$

其中，模型（5-1）下标 i 为公司，t 为年份，被解释变量为企业碳信息披露质量（*CID*），β_0 表示截距项，β_1 为解释变量数字化转型（*DIGI*）的待估参数。考虑到企业数字化转型影响到碳信息披露质量尚需一定传导时滞，同时为缓解反向因果所引起的内生性问题，本章将 *DIGI* 进行滞后一期处理，若 β_1 显著为正，表明数字化转型能够有效提升企业碳信息披露质量，研究假设H5-1成立。$X_{i,t}$ 表示控制变量集，*Industry*、*Year* 分别表示行业和年度固定效应，$\varepsilon_{i,t}$ 为随机扰动项。

关于本章的解释变量——数字化转型水平（*DIGI*），参考张永珅等（2021）、夏常源等（2022）等研究的方法，本章采用数字化技术无形资产与无形资产总额的比值（*DIGI*）来测度企业数字化转型水平①。其中，“数字化技术无形资产”是指上市公司财务报告附注披露的年末无形资产明细项中包含“网络”“软件”“客户端”“管理系统”“智能平台”“云计算”“物联网”“云平台”等关键词的无形资产，同时对筛选出的明细项目进行人工复核。*DIGI* 数值越大，表明企业数字化转型水平越高。

关于被解释变量——碳信息披露质量，参照国际权威组织GRI（Global Reporting Initiative）和CDP（Carbon Disclosure Project）的碳信息披露框架，以及在气候变化相关指标方面的对应情况②，结合国内碳信息披露质量评价体系的

① 使用基于词频的数字化转型度量和构建碳信息披露指数均需要依赖年报等文件进行文本分析，当二者都完全基于文本分析时，内生性较强，故需要进行规避。

② GRI-CDP 框架参见：https：//www. globalreporting. org/media/zrtnajcx/gri - standards - and - cdp - 2017-climate-change-linkage-document. pdf#：～：text=Linking%20GRI%20and%20CDP%3A%20Climate%20Change%20GRI%20and，and%20the%20GRI%20Sustainability%20Reporting%20Standards%20%28GRI%20Standards%29.

研究（谭德明和邹树梁，2010；符少燕和李慧云，2018），我们从意识层、计划层、执行层、评价层四个维度构建了企业碳信息披露质量评价体系，并运用内容分析法对样本企业的碳信息披露质量进行打分，加总各项评分后得到综合指标（*CID*），*CID* 数值越大表明企业碳信息披露质量越高。具体的评价项目、标准及解释如附录 1 所示。

借鉴已有研究（Stanny & Ely，2008；Peng et al.，2015；He et al.，2019；李力等，2019），本章选取的控制变量集包括：①公司财务特征变量：公司规模（*SIZE*）、财务杠杆（*LEV*）、盈利能力（*ROA*）、企业成长性（*GROWTH*）、公司现金流（*CF*）、资本密集度（*SD*）、公司年龄（*LNAGE*）；②公司治理特征变量：产权性质（*STATE*）、董事会独立性（*INDEP*）、董事会规模（*BOARD*）、管理层持股比例（*MANSHARE*）；③地区特征变量：地区经济发展水平（*LNGDPP*）和地区市场化程度（*MARKET*）。此外，本章还控制了行业和年度固定效应，以缓解行业特性、宏观波动等因素对基本结论的干扰，各变量定义见表 5-1。

表 5-1 变量定义及说明

变量类型	变量名称	变量符号	变量定义
因变量	企业碳信息披露质量	*CID*	上市公司各项碳信息披露质量评分加总
自变量	数字化转型水平	*DIGI*	数字化技术无形资产与无形资产总额的比值
控制变量	公司规模	*SIZE*	公司总资产的自然对数
	财务杠杆	*LEV*	总负债/总资产
	盈利能力	*ROA*	净利润/总资产
	企业成长性	*GROWTH*	营业收入增长率
	公司现金流	*CF*	经营活动产生的现金流量净额/总资产
	资本密集度	*SD*	总资产/营业收入
	公司年龄	*LNAGE*	公司成立年数加 1 后取自然对数
	产权性质	*STATE*	虚拟变量，公司为国有控股取值为 1，否则为 0
	董事会独立性	*INDEP*	独立董事人数/董事会人数
	董事会规模	*BOARD*	董事会人数的自然对数
	管理层持股比例	*MANSHARE*	管理层持股数量/公司总股本
	地区经济发展水平	*LNGDPP*	各省份人均 GDP 的自然对数
	地区市场化程度	*MARKET*	王小鲁等（2016）构建的各省份市场化指数取自然对数

5.4 实证结果分析

5.4.1 描述性统计

表5-2为本章研究所用样本的描述性统计结果。企业碳信息披露质量（*CID*）的均值（中位数）为6.3039，最大值为17，可见样本企业整体碳信息披露质量较低，且不同企业之间的披露水平存在较大差异，说明中国碳信息披露治理效果仍有较大提升空间。企业数字化转型水平（*DIGI*）的平均值为0.0577，在0~1的范围内波动，说明各个样本公司数字化转型程度也存在较大差异。其他控制变量的分布整体上也相对分散。此外，本章还进一步利用方差膨胀因子（VIF）进行了多重共线性的诊断，各变量的VIF值最大为3.28，平均为1.61，远低于多元回归模型的经验法则10.00（Kennedy，1998），说明回归模型中的各变量之间不存在严重的共线性问题。

表5-2 描述性统计结果

变量	观测值	均值	标准差	最小值	25分位数	中位数	75分位数	最大值
CID	5416	6.3039	3.7388	0.0000	3.0000	6.0000	9.0000	17.0000
DIGI	5416	0.0577	0.1662	0.0000	0.0000	0.0065	0.0328	1.0000
SIZE	5416	23.2321	1.3708	19.1731	22.1933	23.1326	24.1514	26.0864
LEV	5416	0.5110	0.1940	0.0632	0.3695	0.5273	0.6577	1.0645
ROA	5416	0.0416	0.0551	-0.2751	0.0154	0.0353	0.0655	0.2044
GROWTH	5416	0.1660	0.4329	-0.6581	-0.0173	0.1007	0.2453	3.8635
CF	5416	0.0542	0.0717	-0.1954	0.0139	0.0533	0.0952	0.2627
SD	5416	2.5155	2.2353	0.3709	1.1927	1.7977	3.0065	16.7114
LNAGE	5416	2.8622	0.3464	1.0986	2.7081	2.9444	3.0910	3.4657
STATE	5416	0.6436	0.4790	0.0000	0.0000	1.0000	1.0000	1.0000
INDEP	5416	0.3746	0.0565	0.2500	0.3333	0.3636	0.4000	0.5714
BOARD	5416	2.2046	0.2053	1.6094	2.0794	2.1972	2.3026	2.7081
MANSHARE	5416	0.0383	0.1121	0.0000	0.0000	0.0001	0.0022	0.6678
LNGDPP	5416	11.0238	0.5053	9.0852	10.6590	11.0583	11.4208	12.0090
MARKET	5416	2.0445	0.2748	1.0578	1.9095	2.0919	2.2690	2.4257

5.4.2 基准回归结果

表 5-3 报告了企业数字化转型对碳信息披露质量的检验结果，每列回归均控制了行业和年度固定效应。第（1）列报告的是控制公司财务特征变量的回归结果，发现本章所关心的企业数字化转型水平（*DIGI*）的系数为正且在 1%的水平上显著。同时，公司规模越大、财务杠杆越小、成长性越小、资本密集度越低时，碳信息披露质量越高。第（2）列进一步控制了公司治理特征变量，结果显示 *DIGI* 的系数为正且在 1%的水平上显著。同时，国有企业、董事会规模越大、管理层持股比例越高时，碳信息披露质量越高。第（3）列增加控制了地区特征变量，发现 *DIGI* 的系数依然在 1%的水平上显著为正。同时，地区经济发展水平和市场化程度均能够在一定程度上提升碳信息披露质量。从经济意义上来看，*DIGI* 每提高 1 个标准差，碳信息披露质量（*CID*）则会提高 3.93%（0.8836×0.1662/3.7388）个标准差。以上结果说明，企业数字化转型对碳信息披露质量具有一定的积极作用，且存在显著的经济意义，至此研究假设 H5-1 得以验证。

表 5-3 企业数字化转型与碳信息披露质量的回归结果

变量	(1)	(2)	(3)
	CID	*CID*	*CID*
DIGI	0.9056***	0.9256***	0.8836***
	(3.49)	(3.62)	(3.46)
SIZE	1.1935***	1.1627***	1.1349***
	(28.12)	(25.70)	(25.27)
LEV	-1.2468***	-1.2507***	-1.0872***
	(-4.04)	(-4.06)	(-3.53)
ROA	-0.2170	0.0253	0.0125
	(-0.23)	(0.03)	(0.01)
GROWTH	-0.3292***	-0.3134***	-0.3033***
	(-3.34)	(-3.16)	(-3.04)
CF	0.6542	0.7887	0.7754
	(1.01)	(1.21)	(1.19)
SD	-0.1813***	-0.1727***	-0.1634***
	(-7.91)	(-7.58)	(-7.22)

续表

变量	(1)	(2)	(3)
	CID	CID	CID
LNAGE	0.0306 (0.21)	0.0576 (0.38)	0.0638 (0.42)
STATE		0.4299*** (3.84)	0.4179*** (3.72)
INDEP		0.1069 (0.12)	0.3761 (0.43)
BOARD		0.8599*** (3.41)	0.9930*** (3.95)
MANSHARE		1.4806*** (3.52)	1.2750*** (3.02)
LNGDPP			0.3062* (1.78)
MARKET			0.4927* (1.72)
Intercept	-20.4409*** (-19.88)	-22.1144*** (-18.85)	-26.3519*** (-13.64)
Year fixed effects	Yes	Yes	Yes
Industry fixed effects	Yes	Yes	Yes
Observations	5416	5416	5416
R^2	0.3388	0.3427	0.3458

注：括号内为 t 统计量；*、**、***分别代表10%、5%和1%的显著水平。

5.4.3 基于碳信息披露质量分项指标的回归分析

为进一步精细化“企业数字化转型—碳信息披露质量”的分析，本章从意识层（*CID_AWA*）、计划层（*CID_PLA*）、执行层（*CID_EXE*）、评价层（*CID_ASS*）四个维度构建了企业碳信息披露质量分项指标，回归结果如表5-4所示。从表中可以看出，企业数字化转型水平（*DIGI*）与 *CID_PLA*、*CID_EXE* 的回归系数至少在5%的水平上显著，而与 *CID_AWA*、*CID_ASS* 的回归系数不显著。这说明企业数字化转型对碳信息披露质量的影响主要表现在计划层、执行层碳信息披露质量的提升。可能的原因在于，随着数字化变革逐步推进，企业能够利用大

数据、云计算等技术对碳排放数据进行实时监测、精准核算以及可视化呈现，帮助企业准确把握当前碳排放现状，并据此设计科学、合理的碳减排目标和具体的行动计划，完善能源管理体系。同时，数字技术在各生产环节的广泛运用还有助于企业对技术和工艺进行革新，有效提高能源利用效率和碳排放绩效，从而显著提高了计划层和执行层的碳信息披露水平。

表 5-4　碳信息披露质量分项指标回归结果

变量	(1)	(2)	(3)	(4)
	CID_AWA	*CID_PLA*	*CID_EXE*	*CID_ASS*
DIGI	0.0923 (1.34)	0.1685** (2.47)	0.6130*** (3.71)	-0.0140 (-0.44)
SIZE	0.2025*** (17.79)	0.1695*** (13.64)	0.6150*** (21.57)	0.0355*** (5.61)
LEV	-0.3144*** (-3.57)	-0.3729*** (-4.01)	-0.0382 (-0.20)	-0.1487*** (-3.15)
ROA	-0.7377*** (-2.66)	-0.2367 (-0.83)	0.9827* (1.73)	-0.1115 (-0.74)
GROWTH	-0.0649** (-2.19)	-0.0322 (-1.02)	-0.1661*** (-2.66)	-0.0371*** (-2.78)
CF	0.2708 (1.47)	0.1848 (0.94)	-0.0174 (-0.04)	0.2419** (2.48)
SD	-0.0349*** (-4.99)	-0.0241*** (-3.57)	-0.0947*** (-6.26)	-0.0084*** (-2.88)
LNAGE	-0.0710* (-1.73)	-0.0056 (-0.13)	0.1156 (1.19)	0.0005 (0.02)
STATE	0.1316*** (4.40)	0.1583*** (4.94)	0.2320*** (3.18)	-0.0863*** (-5.27)
INDEP	0.0509 (0.22)	0.2296 (0.94)	0.2593 (0.48)	-0.3198*** (-2.60)
BOARD	0.1895*** (2.95)	0.3540*** (5.07)	0.4036*** (2.63)	0.1064*** (2.97)
MANSHARE	0.2688** (2.18)	0.0711 (0.55)	0.2301 (0.91)	0.3846*** (5.44)

续表

变量	(1)	(2)	(3)	(4)
	CID_AWA	*CID_PLA*	*CID_EXE*	*CID_ASS*
LNGDPP	0. 1250***	0. 1546***	0. 0412	0. 0186
	(2. 76)	(3. 03)	(0. 38)	(0. 77)
MARKET	−0. 1253	−0. 2646***	0. 6860***	0. 1157***
	(−1. 64)	(−3. 07)	(3. 75)	(2. 84)
Intercept	−4. 2936***	−4. 5637***	−14. 2907***	−0. 9195***
	(−8. 69)	(−8. 35)	(−12. 03)	(−3. 47)
Year fixed effects	Yes	Yes	Yes	Yes
Industry fixed effects	Yes	Yes	Yes	Yes
Observations	5416	5416	5416	5416
R^2	0. 2239	0. 3027	0. 2955	0. 1325

注：括号内为 t 统计量；*、**、*** 分别代表 10%、5%和 1%的显著水平。

5.4.4 稳健性检验

为了增强结果的可靠性，依次进行如下稳健性检验：第一，采用工具变量法消除反向因果问题导致的内生性问题对本章结论的影响。第二，采用外生冲击检验进一步缓解内生性问题对结果稳健性的干扰。第三，考虑到样本选择偏差问题，采用熵平衡匹配和倾向得分匹配进行稳健性检验。第四，考虑到代理变量度量偏差问题，对数字化转型程度和企业碳信息披露构造新的度量指标进行稳健性检验。第五，改变固定效应避免遗漏变量的干扰。第六，通过扩大样本量缓解自选择问题。稳健性检验的结果与基准回归分析的结果保持一致。

5. 4. 4. 1　工具变量回归

考虑到企业数字化转型与碳信息披露质量之间可能存在反向因果关系导致的内生性问题，即企业提高碳信息披露质量，可以向投资者传递更多的信息，降低投资者的预期风险，有效降低融资成本、缓解融资约束（李力等，2019），这也为大范围应用数字技术、建设数字化基础设施提供了必要的资金支持，进而促进了企业数字化转型。基于此，本章利用工具变量法对上述内生性问题予以缓解。

首先，本章使用 Hausman−Wu 检验对基本回归模型潜在的内生性问题进行检验，结果表明确实存在内生性问题。其次，本章选取“宽带中国”战略试点作为数字化转型水平（*DIGI*）的工具变量。为深入落实国家信息化发展

战略、推进网络基础设施建设，工业和信息化部、国家发展和改革委员会分别于2014年、2015年和2016年分三批共遴选了120个“宽带中国”战略试点城市（群）。加入“宽带中国”战略试点后，当地致力于推进宽带网络提速、扩大宽带网络覆盖范围，为当地企业实现数字化转型发展提供了坚实的基础。基于此，本章设置“宽带中国”战略试点虚拟变量（*BIC*），如果当年度样本公司所在地城市被纳入“宽带中国”战略试点名单则取值为1，否则为0。基于此，本章采用两阶段最小二乘法（2SLS）进行回归，结果由表5-5所示。

表5-5　工具变量回归结果

变量	（1）	（2）
	DIGI	*CID*
BIC	0.3159*** （2.67）	
DIGI		16.3299** （2.20）
SIZE	1.1206*** （24.89）	1.2653*** （14.53）
LEV	-1.0384*** （-3.37）	-1.4097*** （-3.23）
ROA	0.1209 （0.13）	-0.3479 （-0.28）
GROWTH	-0.2982*** （-2.97）	-0.4358*** （-2.87）
CF	0.8774 （1.34）	0.0675 （0.06）
SD	-0.1584*** （-7.02）	-0.2425*** （-4.50）
LNAGE	0.0670 （0.44）	-0.1426 （-0.66）
STATE	0.3933*** （3.49）	0.4706*** （3.11）

续表

变量	(1)	(2)
	DIGI	*CID*
INDEP	0.4094	-1.5943
	(0.46)	(-1.10)
BOARD	1.0216***	0.9358***
	(4.05)	(2.98)
MANSHARE	1.2407***	1.1480**
	(2.95)	(2.19)
LNGDPP	0.2760	-0.0906
	(1.59)	(-0.32)
MARKET	0.4432	0.8229**
	(1.55)	(2.29)
Intercept	-25.7791***	-25.8384***
	(-13.24)	(-10.72)
Year fixed effects	Yes	Yes
Industry fixed effects	Yes	Yes
Observations	5416	5416
R^2	0.3453	0.7274
F	12.37	208.53

注：括号内为 t 统计量；*、**、*** 分别代表 10%、5%和 1%的显著水平。

表 5-5 的第一阶段回归结果显示，工具变量 *BIC* 的估计系数在 1%的水平上显著为正，与理论预期一致。同时，弱工具变量检验的 F 值大于 10，拒绝了存在弱工具变量的原假设。第二阶段回归结果表明，企业数字化转型水平（*DIGI*）的系数依然在 5%的水平上显著为正，说明在控制了内生性问题后，企业数字化转型与碳信息披露质量依然显著正相关，进一步支持了研究假设 H5-1。

5.4.4.2　外生冲击检验

为进一步缓解内生性问题，本章还利用国家级大数据综合试验区的设立构建双重差分模型进行检验。2015 年 9 月，贵州省启动首个国家级大数据综合试验区的建设；2016 年 10 月，北京市、天津市、河北省、内蒙古自治区、辽宁省、河南省、上海市、重庆市和广东省获批建设国家级大数据综合试验区。国家级大数据综合试验区的设立对推进地区数据要素流通，数据资源整合、管理和开放，信息技术基础设施不断完善，以及企业数字化转型起到了关键作用。因此，我们构

建如下双重差分（DID）模型进行检验：

$$CID_{i,\ t} = \alpha_0 + \alpha_1 POLICY_{i,\ t} + X_{i,\ t} + \sum Firm + \sum Year + \varepsilon_{i,\ t} \tag{5-2}$$

其中，政策变量（*POLICY*）是我们所关注的，若公司注册地所在省份在当年度为国家级大数据综合试验区，则 *POLICY* 取值为 1，否则为 0。控制变量定义与前文一致，同时还控制了企业个体固定效应和时间固定效应。从表 5-6 第（1）列的回归结果可以看出，*POLICY* 的系数在 1%的水平上显著为正，与理论预期一致。

“平行趋势假设”是 DID 模型得到无偏估计量的关键前提，即如果没有国家级大数据综合试验区这一冲击，处理组和控制组的碳信息披露质量（*CID*）应该保持相同的变化趋势。鉴于此，我们建立式（5-3）来检验 DID 模型的平行趋势假设：

$$\begin{aligned} CID_{i,\ t} = {} & \omega_0 + \omega_1 BEFORE3_{i,\ t} + \omega_2 BEFORE2_{i,\ t} + \omega_3 BEFORE1_{i,\ t} + \\ & \omega_4 CURRENT_{i,\ t} + \omega_5 AFTER1_{i,\ t} + \omega_6 AFTER2_{i,\ t} + \\ & \omega_7 AFTER3_{i,\ t} + X_{i,\ t} + \sum Firm + \sum Year + \varepsilon_{i,\ t} \end{aligned} \tag{5-3}$$

其中，当观测值是在国家级大数据综合试验区设立年份之前的第 3 年、第 2 年和第 1 年的数据时，*BEFORE*3、*BEFORE*2 和 *BEFORE*1 分别取值为 1，否则为 0；当观测值是在试点开始年份当年的数据时，*CURRENT* 取值为 1，否则为 0；当观测值是在国家级大数据综合试验区设立年份之后的第 1 年、第 2 年和第 3 年的数据时，*AFTER*1、*AFTER*2 和 *AFTER*3 分别取值为 1，否则为 0，相应结果如表 5-6 第（2）列所示。可以看出，*BEFORE*3、*BEFORE*2 和 *BEFORE*1 的回归系数均不显著，说明处理组和控制组之间的碳信息披露质量在国家级大数据综合试验区设立前不存在显著差异，满足“平行趋势假设”，而 *CURRENT*、*AFTER*1、*AFTER*2 和 *AFTER*3 的回归系数均显著为正，表明国家级大数据综合试验区设立的当年及之后年份，处理组碳信息披露质量的变动趋势产生了显著差异，再次验证了研究假设 H5-1 成立。

表 5-6　外生冲击检验结果

变量	(1)	(2)
	CID	*CID*
POLICY	0.4679***	
	(3.75)	

续表

变量	(1)	(2)
	CID	CID
BEFORE3		0.0330 (0.18)
BEFORE2		0.1982 (1.03)
BEFORE1		0.2626 (1.35)
CURRENT		0.4216** (2.00)
AFTER1		0.4941** (2.21)
AFTER2		0.7580*** (3.22)
AFTER3		0.6508*** (2.66)
SIZE	0.2892*** (2.61)	0.2096* (1.86)
LEV	0.5009 (1.20)	0.4321 (0.98)
ROA	1.2862 (1.50)	1.9217** (1.99)
GROWTH	-0.0377 (-0.45)	0.0139 (0.14)
CF	-0.3630 (-0.67)	-0.0366 (-0.06)
SD	-0.0611** (-2.09)	-0.0549* (-1.79)
LNAGE	1.6075*** (3.02)	1.5453*** (2.85)
STATE	0.0304 (0.11)	0.0421 (0.14)

续表

变量	(1)	(2)
	CID	*CID*
INDEP	-0.5720 (-0.52)	-0.7214 (-0.64)
BOARD	0.4691 (1.21)	0.6228 (1.54)
MANSHARE	0.5237 (0.82)	0.1797 (0.27)
LNGDPP	0.0519 (0.15)	0.1004 (0.28)
MARKET	-1.8394*** (-2.94)	-1.7119*** (-2.71)
Intercept	-2.9080 (-0.61)	-2.0037 (-0.41)
Year fixed effects	Yes	Yes
Firm fixed effects	Yes	Yes
Observations	5374	4594
R^2	0.7450	0.7371

注：括号内为 *t* 统计量；*、**、*** 分别代表 10%、5%和 1%的显著水平。

进一步地，为检验前述 DID 回归结果是否由某些偶然因素驱动，本章借鉴 Cantoni 等（2017）的处理办法，采用随机生成的虚拟国家级大数据综合试验区设立事件来构造安慰剂检验。具体地，本章将总样本中的 *POLICY* 随机分配到每个公司—年度观测当中，并重复进行了 1000 次回归，做出相应碳信息披露质量下虚拟 *POLICY* 变量的 t 值的核密度图，并与表 5-6 中 *POLICY* 的 t 值（3.75）进行对比。通过观察图 5-1 发现，t 值主要集中分布于 0 附近，这说明在 1000 次回归中自变量的回归系数几乎都是不显著的。由此，可以认为国家级大数据综合试验区的设立的确提升了企业碳信息披露质量，而非某些偶然因素所引起的。

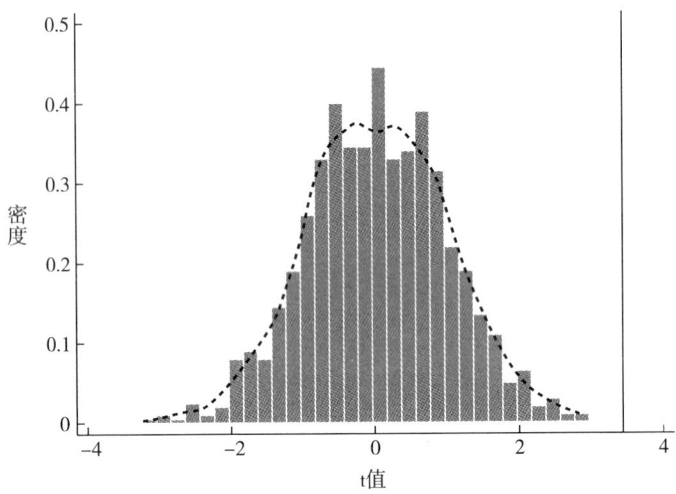

图 5-1 安慰剂检验

5.4.4.3 熵平衡匹配

上述结果虽然证明了企业数字化转型对碳信息披露质量的提升作用，但这一关系还可能受到选择性偏差问题的干扰，即数字化转型往往需要更好的资源禀赋、资金实力和治理水平，因而数字化转型水平不同的企业可能本身就存在差异，进而导致碳信息披露质量的不同。为缓解这一问题对基本结论的影响，本章采用熵平衡匹配法加以缓解。熵平衡匹配法（Entropy Balancing，EB）最早由 Hainmueller（2012）提出，相较于倾向得分匹配法（Propensity Score Matching，PSM），熵平衡匹配通过对处理组观测与控制组观测的各个协变量的一阶矩、二阶交叉矩和三阶矩进行多维度调整，从而实现精确匹配，更适合用于处理高维度数据。鉴于此，本章首先根据数字化转型水平（*DIGI*）的行业年度中位数构建分组变量（*DIGI_DUM*），同时选取模型（5-1）中的所有控制变量作为协变量。表 5-7 的 Panel A 列示出熵平衡匹配的平衡性测试结果，可以看出在匹配前处理组和控制组特征变量的差距较大，在匹配后差距缩小，说明数据的平衡效果较好。表 5-8 展示了经过熵平衡匹配后的回归结果，*DIGI* 的回归系数在 1%的水平上显著为正。

表 5-7 平衡性测试结果

Panel A：熵平衡匹配效率

变量	处理组			控制组（匹配前）			控制组（匹配后）		
	均值	方差	偏度	均值	方差	偏度	均值	方差	偏度
SIZE	23.2580	1.8120	0.2305	23.2000	1.9510	0.2730	23.2600	1.8120	0.2303
LEV	0.5133	0.0342	-0.2608	0.5086	0.0413	-0.1607	0.5133	0.0342	-0.2607
ROA	0.0428	0.0029	-0.6861	0.0405	0.0032	-0.8612	0.0428	0.0029	-0.6864
GROWTH	0.1585	0.1564	4.7290	0.1740	0.2207	4.8030	0.1585	0.1565	4.7300
CF	0.0539	0.0048	-0.2025	0.0545	0.0055	-0.0659	0.0539	0.0048	-0.2024
SD	2.4783	4.7340	2.8460	2.5560	5.2780	2.9290	2.4780	4.7340	2.8460
LNAGE	2.8484	0.1255	-1.1780	2.8770	0.1138	-1.3150	2.8480	0.1255	-1.1780
STATE	0.6298	0.2332	-0.5375	0.6586	0.2249	-0.6690	0.6298	0.2332	-0.5375
INDEP	0.3740	0.0032	1.5220	0.3753	0.0032	1.5820	0.3740	0.0032	1.5220
BOARD	2.2105	0.0436	0.0806	2.1980	0.0406	-0.1672	2.2100	0.0436	0.0805
MANSHARE	0.0415	0.0137	3.2230	0.0349	0.0113	3.6230	0.0415	0.0137	3.2230
LNGDPP	11.0280	0.2546	-0.3737	11.0200	0.2562	-0.2955	11.0300	0.2546	-0.3739
MARKET	2.0400	0.0768	-1.1480	2.0490	0.0740	-1.2530	2.0400	0.0768	-1.1480

Panel B：倾向得分匹配效率

变量		均值		偏差（%）	偏差绝对值缩小程度（%）	t 检验	
		处理组	控制组			t 值	p 值
SIZE	匹配前	23.2580	23.2040	3.9000		1.4300	0.1520
	匹配后	23.2580	23.2920	-2.5000	35.2000	-0.9500	0.3420
LEV	匹配前	0.5133	0.5086	2.4000		0.8900	0.3760
	匹配后	0.5132	0.5112	1.0000	56.9000	0.3900	0.6960
ROA	匹配前	0.0428	0.0405	4.2000		1.5300	0.1250
	匹配后	0.0428	0.0439	-2.1000	50.5000	-0.7900	0.4270
GROWTH	匹配前	0.1585	0.1741	-3.6000		-1.3200	0.1870
	匹配后	0.1573	0.1581	-0.2000	95.4000	-0.0700	0.9440
CF	匹配前	0.0539	0.0545	-0.9000		-0.3200	0.7460
	匹配后	0.0541	0.0568	-3.8000	-329.5000	-1.4200	0.1550
SD	匹配前	2.4783	2.5557	-3.5000		-1.2700	0.2030
	匹配后	2.4760	2.4248	2.3000	33.8000	0.8800	0.3790
LNAGE	匹配前	2.8484	2.8771	-8.3000		-3.0500	0.0020
	匹配后	2.8484	2.8508	-0.7000	91.9000	-0.2500	0.8060

续表

Panel B：倾向得分匹配效率

变量		均值		偏差（%）	偏差绝对值缩小程度（%）	t 检验	
		处理组	控制组			t 值	p 值
STATE	匹配前	0.6298	0.6586	-6.0000		-2.2200	0.0270
	匹配后	0.6299	0.6370	-1.5000	75.3000	-0.5500	0.5800
INDEP	匹配前	0.3740	0.3753	-2.2000		-0.8300	0.4090
	匹配后	0.3740	0.3730	1.8000	20.0000	0.6900	0.4880
BOARD	匹配前	2.2105	2.1983	6.0000		2.1900	0.0290
	匹配后	2.2106	2.2141	-1.7000	71.5000	-0.6400	0.5250
MANSHARE	匹配前	0.0415	0.0349	5.9000		2.1600	0.0310
	匹配后	0.0415	0.0404	1.0000	83.4000	0.3500	0.7270
LNGDPP	匹配前	11.0280	11.0200	1.6000		0.5900	0.5550
	匹配后	11.0280	11.0290	-0.2000	88.6000	-0.0700	0.9460
MARKET	匹配前	2.0400	2.0493	-3.4000		-1.2400	0.2160
	匹配后	2.0403	2.0414	-0.4000	88.4000	-0.1400	0.8860

表 5-8　熵平衡匹配和倾向得分匹配回归结果

变量	EB	PSM
	CID	*CID*
DIGI	0.8527***	0.7533**
	(3.32)	(2.12)
SIZE	1.1049***	1.1113***
	(23.52)	(18.41)
LEV	-0.7959**	-1.1102***
	(-2.43)	(-2.58)
ROA	0.1811	0.1839
	(0.18)	(0.15)
GROWTH	-0.2624**	-0.3070**
	(-2.33)	(-2.12)
CF	1.1745*	0.1209
	(1.71)	(0.14)

续表

变量	EB	PSM
	CID	*CID*
SD	-0.1420*** (-5.80)	-0.1929*** (-6.86)
LNAGE	0.0902 (0.58)	0.0544 (0.27)
STATE	0.4058*** (3.51)	0.4506*** (2.92)
INDEP	0.1847 (0.20)	0.8384 (0.68)
BOARD	0.9085*** (3.43)	1.2761*** (3.73)
MANSHARE	1.5636*** (3.42)	1.3434** (2.24)
LNGDPP	0.2134 (1.21)	0.6257*** (2.70)
MARKET	0.5696* (1.96)	0.0709 (0.18)
Intercept	-24.8276*** (-12.48)	-29.1629*** (-11.31)
Year fixed effects	Yes	Yes
Industry fixed effects	Yes	Yes
Observations	5416	2960
R^2	0.3430	0.3312

注：括号内为 *t* 统计量；*、**、*** 分别代表 10%、5%和 1%的显著水平。

同时，为确保上述结果的稳健性，本章也采取了倾向得分匹配法（PSM）来缓解可能存在的选择性偏误问题。具体地，本章采用“最近邻匹配法”构建控制组，并按 1∶1 的比例进行配对。表 5-7 的 Panel B 列示出 PSM 前后的样本平衡性检验结果，在匹配之后，各协变量均值在处理组和控制组中均不存在显著差异，并且标准偏差大幅降低（绝对值全部在 5%以内），从而满足了“平衡性假设”。匹配后的回归结果由表 5-8 所示，可以看到 *DIGI* 的系数依然在 5%的水平上显著为正，证明了结论的稳健性。综合来看，在消除企业特征差异的影响后，本章所得基本结论依然成立。

5.4.4.4 改变关键变量的测度方式

本节使用自变量与因变量的替代性指标来估计模型，以消除由于变量度量偏差可能导致的内生性问题（Jennings et al.，2022）。

第一，改变碳信息披露质量的测度方式。前文的实证结果中，碳信息披露质量指标的构建方式为等权加总各维度的评分指标，但不同维度的重要性可能存在差异，应考虑赋予不同的权重。我们以附录1中各二级指标的离散程度测量其重要程度，各指标的变异系数越高表示其蕴含信息的离散程度越大、重要性越强。因此，我们以各指标的变异系数作为权重，赋权加总各维度指标后得到的碳信息披露质量（*CID_VAR*）作为因变量，重新对模型（5-1）进行回归，结果如表5-9第（1）列所示，发现 *DIGI* 的系数依然在1%的水平下显著为正。

第二，改变数字化转型的测度方式。首先，考虑到不同行业在数字化转型上存在的差异，我们设置了经过行业均值调整的数字化转型变量（*DIGI_ADJ*），相应结果如表5-9第（2）列所示；其次，参考已有研究（吴非等，2021；赵宸宇等，2021），基于 Python 将中国沪深两市 A 股上市公司的年度报告文本对数字化转型特征词进行搜索和匹配，再将得到的词频进行计数和加总。我们对这一指标加1后取自然对数，得到企业数字化转型变量（*DIGI_TEXT*），相应结果由表5-9第（3）列所示。综合来看，无论采用何种方式衡量数字化转型程度，其系数至少在5%的统计水平上显著为正。

5.4.4.5 改变固定效应

为进一步减轻地区特定异质性遗漏变量对研究结果的干扰，本章还控制了省份固定效应（Province），结果如表5-9第（4）列所示。此外，考虑到企业数字化转型对碳信息披露质量的作用还可能会受到行业层面政策趋势变化、地区层面政策趋势变化、地区层面行业政策差异的影响，本章在模型（5-1）中分别加入年度与行业的交乘项（Year×Industry）、年度与省份的交乘项（Year×Province）、行业与省份的交乘项（Industry×Province）进行检验，回归结果如表5-9第（5）~（7）列所示。可以看到，在控制不同的固定效应时，*DIGI* 的系数均显著为正。

5.4.4.6 扩大样本量

在前文中，我们剔除了与数字技术关联度较高的上市公司样本（包括创业板上市公司样本，属于计算机、通信和其他电子设备制造业，信息传输、互联网和相关服务、软件和信息技术服务业的上市公司样本），为避免潜在的样本自选择偏误，我们将这部分样本纳入后重新进行回归，结果如表5-9第（8）列所示，发现 *DIGI* 的系数依然显著为正。

表 5-9 其他稳健性检验结果

变量	(1)	(2)	(3)	(4)	(5)	(6)	(7)	(8)
	CID_VAR	*CID*	*CID*	*CID*	*CID*	*CID*	*CID*	*CID*
DIGI	1.6926*** (3.81)			0.4947** (2.01)	0.6672*** (2.59)	0.5729** (2.23)	0.9148*** (3.35)	0.3748* (1.81)
DIGI_ADJ		1.0222*** (3.98)						
DIGI_TEXT			0.1077** (2.09)					
SIZE	2.0115*** (23.98)	1.1368*** (25.31)	1.1152*** (24.77)	1.1209*** (25.28)	1.1591*** (25.01)	1.1283*** (24.32)	0.9652*** (15.55)	1.1469*** (27.13)
LEV	-1.7900*** (-3.23)	-1.0867*** (-3.53)	-1.0415*** (-3.38)	-1.0935*** (-3.61)	-1.2340*** (-3.79)	-1.1237*** (-3.54)	-0.0930 (-0.24)	-0.7015** (-2.54)
ROA	0.3437 (0.21)	-0.0041 (-0.00)	0.0102 (0.01)	-0.0802 (-0.09)	-0.3725 (-0.37)	-0.1478 (-0.15)	-0.9809 (-1.08)	-0.6030 (-0.79)
GROWTH	-0.5492*** (-3.27)	-0.3064*** (-3.08)	-0.3038*** (-3.00)	-0.3223*** (-3.46)	-0.3467*** (-3.62)	-0.3539*** (-3.72)	-0.2581*** (-2.79)	-0.3006*** (-3.09)
CF	1.2787 (1.10)	0.7806 (1.20)	0.9053 (1.38)	0.7453 (1.14)	0.9692 (1.34)	0.9328 (1.37)	0.5891 (0.92)	0.9981* (1.65)
SD	-0.3057*** (-7.69)	-0.1637*** (-7.23)	-0.1579*** (-7.00)	-0.1782*** (-8.21)	-0.1865*** (-8.02)	-0.1830*** (-8.24)	-0.1721*** (-5.78)	-0.1702*** (-7.58)
LNAGE	0.0662 (0.24)	0.0629 (0.41)	0.0744 (0.49)	-0.0376 (-0.25)	-0.0102 (-0.06)	-0.0084 (-0.05)	0.2586 (1.24)	0.0572 (0.43)

续表

变量	(1)	(2)	(3)	(4)	(5)	(6)	(7)	(8)
	CID_VAR	*CID*	*CID*	*CID*	*CID*	*CID*	*CID*	*CID*
STATE	0. 7464***	0. 4162***	0. 4366***	0. 3865***	0. 3847***	0. 3762***	0. 6938***	0. 0898
	(3. 74)	(3. 71)	(3. 91)	(3. 43)	(3. 23)	(3. 25)	(4. 52)	(0. 87)
INDEP	1. 0128	0. 3634	0. 4259	−0. 0617	−0. 5610	0. 1840	−0. 0591	0. 9821
	(0. 63)	(0. 41)	(0. 48)	(−0. 07)	(−0. 60)	(0. 21)	(−0. 06)	(1. 21)
BOARD	1. 3322***	0. 9911***	0. 9899***	0. 9798***	0. 8433***	0. 9411***	0. 5845*	1. 0041***
	(2. 85)	(3. 94)	(3. 92)	(3. 94)	(3. 18)	(3. 72)	(1. 82)	(4. 36)
MANSHARE	2. 0324***	1. 2721***	1. 2606***	1. 2894***	1. 2880***	1. 3025***	1. 6237***	0. 9013***
	(2. 88)	(3. 01)	(2. 98)	(3. 10)	(2. 91)	(3. 06)	(3. 00)	(2. 84)
LNGDPP	0. 9495***	0. 3046*	0. 3314*	−0. 8549*	−0. 5260		−0. 7996*	0. 1773
	(3. 00)	(1. 77)	(1. 92)	(−1. 73)	(−0. 93)		(−1. 77)	(1. 12)
MARKET	0. 3132	0. 4962*	0. 4609	−1. 5413*	−1. 1768		−1. 9189**	0. 7567***
	(0. 61)	(1. 73)	(1. 61)	(−1. 94)	(−1. 36)		(−2. 44)	(2. 79)
Intercept	−51. 2161***	−26. 3151***	−26. 2392***	−8. 4939	−13. 2480**	−21. 3004***	−5. 4053	−25. 9258***
	(−14. 19)	(−13. 63)	(−13. 54)	(−1. 48)	(−2. 03)	(−17. 55)	(−1. 00)	(−14. 59)
Year fixed effects	Yes	Yes	Yes	Yes	Yes	Yes	Yes	Yes
Industry fixed effects	Yes	Yes	Yes	Yes	Yes	Yes	Yes	Yes
Province fixed effects	No	No	No	Yes	No	No	No	No
Year×Industry fixed effects	No	No	No	No	Yes	No	No	No
Year×Province fixed effects	No	No	No	No	No	Yes	No	No
Industry×Province fixed effects	No	No	No	No	No	No	Yes	No
Observations	5416	5416	5416	5416	5321	5400	5383	6514
R^2	0. 3399	0. 3462	0. 3450	0. 3872	0. 3600	0. 3717	0. 5613	0. 3419

注：括号内为 t 统计量；*、**、*** 分别代表 10%、5%和 1%的显著水平。

5.5 拓展性研究

5.5.1 影响机制分析

前文基本检验结果表明，企业数字化转型水平越高，碳信息披露质量越好。为进一步验证这一作用，本章采用中介效应模型来验证“运营成本”和“公司治理水平”在数字化转型影响碳信息披露质量中发挥的机制作用，模型设定如下：

$$CID_{i,t} = \beta_0 + \beta_1 DIGI_{i,t-1} + X_{i,t} + \sum Industry + \sum Year + \varepsilon_{i,t} \quad (5\text{-}4)$$

$$MEDIATOR_{i,t} = \rho_0 + \rho_1 DIGI_{i,t-1} + X_{i,t} + \sum Industry + \sum Year + \varepsilon_{i,t} \quad (5\text{-}5)$$

$$CID_{i,t} = \mu_0 + \mu_1 MEDIATOR_{i,t} + \mu_2 DIGI_{i,t-1} + X_{i,t} + \sum Industry + \sum Year + \varepsilon_{i,t} \quad (5\text{-}6)$$

其中，中介变量（*MEDIATOR*）包括运营成本（*COST*）和公司治理水平（*GOV_INDEX*）两个变量。具体检验步骤如下：在模型（5-4）中 β_1 显著的前提下，使用模型（5-5）检验企业数字化转型水平（*DIGI*）对中介变量（*MEDIATOR*）的影响。若系数 ρ_1 显著，则用模型（5-6）同时加入企业数字化转型水平（*DIGI*）与中介变量（*MEDIATOR*）对碳信息披露质量（*CID*）进行回归分析，若系数 μ_1 显著且 μ_2 不显著，则为完全中介效应，表明数字化转型对碳信息披露质量的影响仅依赖于该中介渠道；但若系数 μ_1 和系数 μ_2 都显著，且 μ_1 的绝对值小于 β_1 的绝对值，则为部分中介效应，表明数字化转型对碳信息披露质量的影响通过该渠道发挥部分中介作用。

5.5.1.1 运营成本

随着人工智能、大数据、云计算等数字技术的应用，企业可以对生产制造等各环节产生的碳排放数据进行收集和分析，并对当前技术和工艺进行革新，提高了能源利用效率和碳排放绩效，从而极大地降低了企业的生产成本和管理成本（Goldfarb & Tucker，2019；Chen et al.，2021；吴非等，2021），其中就包括企业获取和披露碳相关信息的成本。因此，我们借鉴 Wen 等（2021）的方法，采用公司营业成本、管理费用之和与营业收入的比值来衡量运营成本（*COST*），该指标数值越大表明公司运营成本越高，回归结果如表 5-10 所示。

表5-10第（2）列结果显示 *DIGI* 与 *COST* 在1%的水平上显著负相关，说明企业数字化转型能够显著降低运营成本。第（3）列结果显示，*DIGI* 与 *CID* 在1%的水平上显著正相关，且其绝对值小于第（1）列中 *DIGI* 的系数（0.8836），同时 *COST* 的系数在5%的水平上显著为负，说明运营成本在企业数字化转型与碳信息披露质量之间存在部分中介效应。此外，本章还进行了 Sobel 检验，Z 统计量达到1.8866，在10%的水平上显著，同时，bootstrap 中介效应检验（抽取自助样本1000次）也得到了相同的结论。

5.5.1.2 公司治理水平

数字化转型改善了公司的治理结构和信息环境，提升了公司治理水平，缓解了管理层与股东之间的利益冲突（祁怀锦等，2022）。由于管理层是公司信息披露的实施者，对碳信息披露具有较大的自由裁量权，代理成本的降低会使管理层更加重视公司的长远发展，从而减少公司信息的选择性披露行为，最终提升了碳信息披露质量（He et al.，2019）。基于此，本章借鉴已有研究（Bai et al.，2004；Li et al.，2022），选取第一大股东持股比例、第二至第十大股东持股比例、CEO两职合一、独立董事比例、高管持股比例、产权性质、交叉上市、是否拥有母公司八个指标，采用主成分分析法计算得到“公司治理综合评价指数”，该指标数值越大表明公司治理越好，回归结果如表5-10第（4）、第（5）列所示。

表5-10第（4）列结果显示，*DIGI* 与 *GOV_INDEX* 在1%的水平上显著正相关，说明企业数字化转型显著提高了公司治理水平，第（5）列结果显示 *DIGI* 与 *CID* 在1%的水平上显著正相关，且其绝对值小于第（1）列中 *DIGI* 的系数（0.8836），同时 *GOV_INDEX* 的系数在1%的水平上显著为正，说明公司治理水平在企业数字化转型与碳信息披露质量之间存在部分中介效应。此外，本章还进行了 Sobel 检验，Z 统计量达到3.1277，在1%的水平上显著，同时，bootstrap 中介效应检验（抽取自助样本1000次）也得到了相同的结论。

表5-10 影响机制检验结果

变量	(1)	(2)	(3)	(4)	(5)
	CID	*COST*	*CID*	*GOV_INDEX*	*CID*
DIGI	0.8836***	−0.0643***	0.8299***	0.2325***	0.7448***
	(3.46)	(−5.77)	(3.23)	(5.69)	(2.74)
COST			−0.8361**		
			(−2.09)		

续表

变量	(1)	(2)	(3)	(4)	(5)
	CID	*COST*	*CID*	*GOV_INDEX*	*CID*
GOV_INDEX					0.3547*** (3.61)
SIZE	1.1349*** (25.27)	-0.0133*** (-7.64)	1.1237*** (24.80)	0.0543*** (7.71)	1.1168*** (23.68)
LEV	-1.0872*** (-3.53)	0.0485*** (3.80)	-1.0466*** (-3.39)	-0.1869*** (-3.78)	-1.1185*** (-3.54)
ROA	0.0125 (0.01)	-1.0604*** (-19.79)	-0.8741 (-0.87)	-0.0346 (-0.21)	-0.5770 (-0.60)
GROWTH	-0.3033*** (-3.04)	-0.0064 (-1.61)	-0.3087*** (-3.09)	-0.0138 (-0.78)	-0.2675*** (-2.62)
CF	0.7754 (1.19)	-0.2278*** (-7.15)	0.5849 (0.89)	-0.0565 (-0.48)	1.0570 (1.57)
SD	-0.1634*** (-7.22)	-0.0117*** (-5.47)	-0.1731*** (-7.71)	-0.0135*** (-3.53)	-0.1657*** (-7.27)
LNAGE	0.0638 (0.42)	0.0210*** (4.61)	0.0813 (0.53)	-0.0913*** (-3.66)	0.0498 (0.32)
STATE	0.4179*** (3.72)	0.0124*** (3.23)	0.4283*** (3.83)	1.0652*** (58.33)	-0.0000 (-0.00)
INDEP	0.3761 (0.43)	0.0140 (0.53)	0.3879 (0.44)	-2.2151*** (-15.35)	0.3903 (0.42)
BOARD	0.9930*** (3.95)	0.0225** (2.54)	1.0118*** (4.02)	-0.1023** (-2.41)	0.9520*** (3.68)
MANSHARE	1.2750*** (3.02)	-0.0638*** (-4.66)	1.2216*** (2.89)	-1.9962*** (-24.49)	2.0377*** (4.30)
LNGDPP	0.3062* (1.78)	0.0138** (2.31)	0.3178* (1.84)	0.1442*** (5.20)	0.2139 (1.19)
MARKET	0.4927* (1.72)	0.0346*** (3.51)	0.5217* (1.82)	-0.0658 (-1.40)	0.5554* (1.88)
Intercept	-26.3519*** (-13.64)	0.8391*** (13.40)	-25.6503*** (-13.09)	-1.3581*** (-4.44)	-24.8761*** (-12.37)
Year fixed effects	Yes	Yes	Yes	Yes	Yes

续表

变量	(1)	(2)	(3)	(4)	(5)
	CID	*COST*	*CID*	*GOV_INDEX*	*CID*
Industry fixed effects	Yes	Yes	Yes	Yes	Yes
Observations	5416	5416	5416	5034	5034
R^2	0. 3458	0. 6322	0. 3461	0. 7100	0. 3396
Sobel	—	1. 8866*		3. 1277***	
Ind_ eff (P value)	—	0. 051		0. 003	

注：括号内为 *t* 统计量；*、**、*** 分别代表 10%、5%和 1%的显著水平。

5.5.2 异质性检验

5.5.2.1 基于公司特征的异质性检验

（1）产权性质。相较于民营企业，国有企业除了追求利润最大化的目标外，还需要承担更多的社会责任，其中就包括碳信息披露（He et al.，2019；符少燕和李慧云，2018）。与此同时，国有企业数字化转型也受到了政府充分的重视和支持①，其在新一轮科技革命和产业变革浪潮中具有重要的引领作用。因此，企业数字化转型对碳信息披露质量的提升作用在国有企业中会更为明显，我们根据产权性质（*STATE*）这一变量进行分组检验，结果见表 5-11 第（1）、第（2）列。

（2）管理层能力。随着物联网、人工智能等数字技术的深入应用，管理层能够更有效地识别外部环境、解读内部信息，及时发现运营过程中存在的问题，并做出合理的经营管理决策（Liu et al.，2011）。已有研究发现，管理层能力会制约信息披露的质量（Chemmanur et al.，2009；Demerjian et al.，2012；Lewis et al.，2014）。随着企业逐步推进数字化转型，管理层能力得以提升，有助于企业对外提供更高质量的碳信息。基于此，我们借鉴 Demerjian 等（2012）的研究思路，利用数据包络分析（DEA）来度量管理层能力，并根据中位数进行分组检验，回归结果如表 5-11 第（3）、第（4）列所示。

从表 5-11 可以看出，相较于民营企业、管理层能力较高的分组，在国有企

① 2020 年 8 月，国务院国资委办公厅印发《关于加快推进国有企业数字化转型工作的通知》，系统明确国有企业数字化转型的基础、方向、重点和举措，包括加快关键核心技术攻关、制定数字化转型规划和路线图、实行数字化转型“一把手负责制”等。

业、管理层能力较低的分组中，*DIGI* 的系数更为显著。同时，为检验分组回归后组间系数差异的显著性，本章还参照 Efron 和 Tibshirani（1993）的方法，采用 bootstrap 重复 1000 次计算得到的经验 P 值均在 1%的水平上显著异于零，说明 *DIGI* 在各组之间存在显著差异。

表 5-11　基于公司特征的异质性检验

变量	(1)	(2)	(3)	(4)
	国有企业	非国有企业	管理层能力高	管理层能力低
DIGI	1.2806***	0.3769	0.4076	1.7602***
	(3.58)	(1.13)	(1.33)	(3.78)
SIZE	1.2271***	0.9305***	1.0240***	1.2223***
	(20.98)	(12.46)	(17.18)	(16.32)
LEV	-1.4557***	-0.2012	-1.2603***	-0.6085
	(-3.51)	(-0.41)	(-3.22)	(-1.11)
ROA	-1.2475	1.1736	1.3544	0.6087
	(-0.94)	(0.85)	(1.04)	(0.43)
GROWTH	-0.3394**	-0.2905**	-0.3388***	-0.1888
	(-2.56)	(-1.96)	(-2.95)	(-0.91)
CF	2.4622***	-1.3153	1.1822	-0.3758
	(2.82)	(-1.32)	(1.50)	(-0.31)
SD	-0.1450***	-0.2056***	-0.1244***	-0.2372***
	(-5.08)	(-5.19)	(-4.33)	(-5.38)
LNAGE	0.0961	0.0348	0.2327	0.2847
	(0.46)	(0.14)	(1.18)	(1.10)
STATE			0.3147**	0.5912***
			(2.10)	(3.32)
INDEP	0.5472	-2.4993*	2.3580*	-2.8731**
	(0.47)	(-1.80)	(1.92)	(-2.12)
BOARD	1.2170***	0.4997	1.4593***	0.3966
	(3.83)	(1.18)	(4.21)	(1.06)
MANSHARE	-8.5685	1.4519***	1.0346*	2.1209***
	(-1.38)	(3.11)	(1.70)	(3.35)

续表

变量	(1)	(2)	(3)	(4)
	国有企业	非国有企业	管理层能力高	管理层能力低
LNGDPP	-0.0718 (-0.34)	0.7792** (2.32)	0.4482** (2.02)	-0.0539 (-0.19)
MARKET	1.1390*** (3.08)	-0.9897* (-1.94)	-0.3711 (-0.98)	1.3971*** (3.01)
Intercept	-25.7516*** (-10.74)	-21.9399*** (-6.05)	-26.0262*** (-10.28)	-24.3351*** (-7.78)
Year fixed effects	Yes	Yes	Yes	Yes
Industry fixed effects	Yes	Yes	Yes	Yes
Observations	3486	1929	3035	2374
R^2	0.3449	0.3652	0.3023	0.4035
Diff-DIGI (P value)	0.005***		0.000***	

注：括号内为 t 统计量；*、**、*** 分别代表 10%、5%和 1%的显著水平。

5.5.2.2 基于行业特征的异质性检验

（1）碳风险。企业在碳监管方面所面临的政策不确定性风险被称为“碳风险”（Kim et al.，2015；Wu & Tian，2022）。当碳风险较高时，企业运营成本会大幅增加，银行、机构投资者也会相应减少对这类企业的贷款和投资（Jung et al.，2018；He et al.，2019；Krueger et al.，2020）。为缓解这一不利影响，企业往往会通过改善碳信息披露的方式向外部投资者传递信息（Stanny & Ely，2008），降低投资者的预期风险，以达到降低融资成本的期望（李力等，2019）。因此，碳风险较高的企业更可能会通过数字化转型来提升碳信息披露水平。由于公司层面的碳排放数据难以获得，我们参照现有研究，利用公司所在行业的碳排放量来测度碳风险（Nguyen & Phan，2020），并根据 2010 年环保部公布的《上市公司环境信息披露指南》，结合证监会 2001 年行业分类标准设定高碳风险行业①。然后，根据公司是否属于高碳风险行业进行分组检验，结果见表 5-12 第（1）、第（2）列。

① 借鉴 Wu 和 Tian（2022）的方法，我们将重污染行业设定为高碳风险行业，其中重污染行业包括：B（采掘业）、C0（食品、饮料）、C1（纺织、服装、皮毛）、C3（造纸、印刷）、C4（石油、化学、塑胶、塑料）、C6（金属、非金属）、C8（医药、生物制品）、D（电力、煤气及水的生产与供应业）。

（2）行业竞争。行业竞争越激烈时，企业越需要通过加强环境信息披露来提高社会声誉、传递积极信号，以赢得各类利益相关者的青睐，从而获得竞争优势（Lang & Sul，2014）。基于此，我们预期所处行业竞争越激烈的企业越可能会通过数字化转型来提升碳信息披露水平，并利用企业所处行业的赫芬达尔—赫希曼指数（HHI）来衡量行业竞争状况，然后根据中位数进行分组检验，回归结果如表 5-12 第（3）、第（4）列所示。

从表 5-12 可以看出，相较于碳风险较低、行业竞争较弱的分组，在碳风险较高、行业竞争较强的分组中，*DIGI* 的系数更为显著。同时，为检验分组回归后组间系数差异的显著性，本章采用 bootstrap 重复 1000 次计算得到的经验 P 值均在 1%的水平上显著异于零，说明 *DIGI* 在各组之间存在显著差异。

表 5-12 基于行业特征的异质性检验

变量	（1）	（2）	（3）	（4）
	碳风险高	碳风险低	行业竞争强	行业竞争弱
DIGI	1. 7006***	0. 6174**	1. 2816***	0. 3103
	（3. 20）	（2. 20）	（3. 54）	（0. 85）
SIZE	1. 1731***	1. 1357***	0. 9908***	1. 2693***
	（21. 81）	（12. 58）	（15. 36）	（19. 91）
LEV	-0. 4651	-2. 0404***	-1. 3669***	-0. 7885*
	（-1. 25）	（-3. 41）	（-2. 95）	（-1. 88）
ROA	-0. 6411	0. 6782	1. 2988	-1. 6986
	（-0. 59）	（0. 39）	（0. 97）	（-1. 31）
GROWTH	-0. 2813**	-0. 2018	-0. 3532**	-0. 2263
	（-1. 99）	（-1. 49）	（-2. 44）	（-1. 61）
CF	0. 9684	0. 6238	0. 3374	1. 2427
	（1. 05）	（0. 67）	（0. 36）	（1. 34）
SD	-0. 2013***	-0. 1460***	-0. 1973***	-0. 1000***
	（-5. 99）	（-4. 63）	（-6. 48）	（-2. 84）
LNAGE	-0. 3494*	0. 7470***	0. 3769	0. 0292
	（-1. 66）	（3. 22）	（1. 63）	（0. 14）
STATE	0. 1354	1. 2494***	0. 3341**	0. 5537***
	（0. 97）	（6. 41）	（2. 15）	（3. 34）

续表

变量	(1)	(2)	(3)	(4)
	碳风险高	碳风险低	行业竞争强	行业竞争弱
INDEP	-2.5040**	6.7677***	-1.9160	1.2235
	(-2.32)	(4.44)	(-1.43)	(1.03)
BOARD	1.0060***	1.2279***	1.7304***	0.1151
	(3.16)	(2.93)	(4.72)	(0.33)
MANSHARE	1.4436***	1.1423	2.1352***	0.8940
	(2.95)	(1.46)	(3.37)	(1.57)
LNGDPP	0.0489	1.0609***	0.1027	0.5124**
	(0.24)	(3.08)	(0.37)	(2.38)
MARKET	0.9652***	-2.0903***	0.3741	0.5565
	(2.98)	(-3.24)	(0.84)	(1.49)
Intercept	-22.5669***	-35.6502***	-22.0290***	-30.4816***
	(-9.93)	(-9.44)	(-7.42)	(-12.06)
Year fixed effects	Yes	Yes	Yes	Yes
Industry fixed effects	Yes	Yes	Yes	Yes
Observations	3656	1754	2617	2797
R^2	0.2956	0.3935	0.2731	0.4190
Diff-DIGI (P value)	0.000***		0.000***	

注：括号内为 t 统计量；*、**、*** 分别代表 10%、5%和 1%的显著水平。

5.5.2.3 基于地区特征的异质性检验

（1）碳规制强度。企业承受的外部碳规制压力越大，说明企业碳信息披露受到的关注度越高，会使企业减排表现与碳信息披露之间的关系更加密切（He et al.，2019）。此时，企业会利用数字技术带来的便利更加详细地披露碳信息，以向政府和社会公众等利益相关者传递企业环境表现良好的信号。我们采用两种方法度量地区碳规制强度。首先，本章使用各年度省级政府工作报告中“减碳”关键词的词频总数来衡量①。该指标数值越大表明地方政府越重视“减碳”，并会实施更加严格的碳规制政策，本章根据这一指标的中位数进行分组检验，回归结果如表 5-13 的第（1）、第（2）列所示。其次，我们使用当地是否纳入“低

① “减碳”关键词包括二氧化碳、低碳、减排、节能、能耗、环境保护、生态、绿色。

碳城市”试点政策来衡量。国家发展和改革委员会分别于 2010 年、2012 年和 2017 年分三批开展了低碳省区和低碳城市的试点工作。加入试点后，当地致力于调整能源结构、提升能源利用效率和推动城市发展的全面低碳化，这也意味着当地企业将面临更大的碳规制强度，分组回归结果如表 5-13 第（3）、第（4）列所示。

（2）制度环境。较好的外部制度环境可以为企业数字化转型提供基础保障，更好地发挥提升碳信息披露质量的作用，我们从财政科技支出和知识产权保护两个角度进行讨论。首先，企业往往由于转型成本高、资金回收周期长、经济效益不显著等原因缺乏推进数字化转型的动力，而地方财政科技支出通过甄选符合资助条件的高效率高潜能企业，以财政补贴、财政贴息等方式向这些企业注入资金，有效改善了企业的财务状况（Czarnitzki et al.，2011；Howell，2017），进而缓解了企业数字化创新的资金困境。我们以省级政府财政科技支出与一般公共预算收入的比值来衡量财政科技支出强度，并根据这一指标的中位数进行分组检验，回归结果如表 5-13 第（5）、第（6）列所示。其次，地方对知识产权的保护力度越大，越有助于明确数据权利、保障商业数据权属，降低企业数字化创新成果被模仿和窃取的风险，进而鼓励更多的企业参与数字化转型。因此，本章使用各省份技术市场成交合同金额与各省当年地区生产总值的比值来衡量地区知识产权保护水平，并根据这一指标的中位数进行分组检验，回归结果如表 5-13 第（7）、第（8）列所示。

从表 5-13 可以看出，相较于碳规制强度较弱、制度环境较差的分组，在碳规制强度较高、制度环境较好的分组中，*DIGI* 的系数更为显著。同时，为检验分组回归后组间系数差异的显著性，本章采用 bootstrap 重复 1000 次计算得到的经验 P 值至少在 10%的水平上显著异于零，说明 *DIGI* 在各组之间存在显著差异。

表 5-13 基于地区特征的异质性检验

变量	(1)	(2)	(3)	(4)	(5)	(6)	(7)	(8)
	政府碳规制强	政府碳规制弱	低碳城市试点	无低碳城市试点	财政科技支出高	财政科技支出低	知识产权保护程度高	知识产权保护程度低
DIGI	1.2124***	0.5087	1.4265***	-0.1592	1.1177***	0.7890*	1.1673***	0.5567
	(3.26)	(1.45)	(4.30)	(-0.46)	(3.48)	(1.84)	(3.37)	(1.45)
SIZE	1.1002***	1.1643***	1.3189***	0.9246***	1.3151***	0.8978***	1.2454***	1.0000***
	(17.78)	(17.47)	(19.26)	(15.12)	(18.39)	(15.16)	(19.62)	(15.01)

续表

变量	(1)	(2)	(3)	(4)	(5)	(6)	(7)	(8)
	政府碳规制强	政府碳规制弱	低碳城市试点	无低碳城市试点	财政科技支出高	财政科技支出低	知识产权保护程度高	知识产权保护程度低
LEV	−0.6225	−1.5338***	−1.2161**	−1.1878***	−1.6838***	−0.8930**	−1.4378***	−0.9197**
	(−1.47)	(−3.28)	(−2.41)	(−3.01)	(−3.22)	(−2.26)	(−2.99)	(−2.25)
ROA	−0.0771	0.2142	0.6671	−0.8929	−1.1162	0.4396	−0.7836	−0.1705
	(−0.06)	(0.15)	(0.47)	(−0.71)	(−0.77)	(0.35)	(−0.58)	(−0.13)
GROWTH	−0.3059**	−0.3374**	−0.5283***	−0.1490	−0.3793**	−0.1948	−0.5541***	−0.0565
	(−2.12)	(−2.32)	(−3.86)	(−1.08)	(−2.52)	(−1.56)	(−4.40)	(−0.42)
CF	0.2701	0.8293	1.4035	1.1291	−0.1065	2.0919**	1.0962	0.8400
	(0.30)	(0.85)	(1.38)	(1.34)	(−0.11)	(2.41)	(1.11)	(0.95)
SD	−0.1849***	−0.1524***	−0.0955***	−0.2474***	−0.0533	−0.2696***	−0.0835***	−0.2954***
	(−5.36)	(−4.86)	(−3.21)	(−6.73)	(−1.58)	(−8.81)	(−2.78)	(−8.34)
LNAGE	−0.3357	0.4132*	0.3472	−0.1731	0.3104	−0.0713	−0.1027	0.4128*
	(−1.47)	(1.94)	(1.46)	(−0.81)	(1.30)	(−0.34)	(−0.46)	(1.94)
STATE	0.1277	0.7669***	0.2210	0.5146***	0.3219*	0.4539***	0.1440	0.5942***
	(0.79)	(4.73)	(1.28)	(3.41)	(1.81)	(3.09)	(0.83)	(3.73)
INDEP	−0.3714	1.3266	1.6108	−2.3240*	2.3157	−2.3405**	0.8773	−1.5345
	(−0.29)	(1.06)	(1.24)	(−1.91)	(1.60)	(−2.13)	(0.67)	(−1.29)
BOARD	1.1454***	0.8634**	1.3138***	0.6386*	0.8926**	1.1889***	0.3237	1.8097***
	(3.22)	(2.37)	(3.53)	(1.81)	(2.23)	(3.66)	(0.85)	(5.31)
MANSHARE	0.9401	1.7414***	1.6790**	1.2869**	1.4431**	0.8258	1.3176*	1.3203**
	(1.55)	(2.71)	(2.29)	(2.28)	(2.25)	(1.32)	(1.84)	(2.37)
LNGDPP	−0.1047	0.8053***	0.6955**	−0.3251	0.0245	−0.5304**	0.3445	0.0121
	(−0.43)	(3.04)	(2.50)	(−1.40)	(0.08)	(−2.24)	(1.30)	(0.04)
MARKET	0.8772**	−0.0975	−0.5305	1.2213***	2.2079***	0.0243	1.5320***	0.1283
	(2.32)	(−0.21)	(−1.07)	(3.63)	(3.37)	(0.07)	(3.37)	(0.33)
Intercept	−20.6466***	−32.4241***	−34.8727***	−13.5045***	−32.1325***	−10.1027***	−29.6324***	−21.4338***
	(−7.49)	(−11.33)	(−11.51)	(−5.18)	(−10.19)	(−3.77)	(−10.14)	(−6.74)
Year fixed effects	Yes	Yes	Yes	Yes	Yes	Yes	Yes	Yes
Industry fixed effects	Yes	Yes	Yes	Yes	Yes	Yes	Yes	Yes
Observations	2910	2502	2817	2597	2699	2711	2841	2574
R^2	0.3374	0.3577	0.3719	0.3334	0.3635	0.3452	0.3692	0.3378

续表

变量	(1)	(2)	(3)	(4)	(5)	(6)	(7)	(8)
	政府碳规制强	政府碳规制弱	低碳城市试点	无低碳城市试点	财政科技支出高	财政科技支出低	知识产权保护程度高	知识产权保护程度低
Diff-DIGI (P value)	0.004***		0.000***		0.084*		0.018**	

注：括号内为 t 统计量；*、**、*** 分别代表 10%、5%和 1%的显著水平。

5.6 本章小结

数字技术能够为经济社会绿色发展提供网络化、数字化、智能化的技术手段，正向引导企业碳信息管理和碳减排活动，从而推动中国绿色低碳发展。在此背景下，本章利用 2008~2019 年中国沪深两市 A 股上市公司数据，通过构建企业碳信息披露评价指标体系，对企业数字化转型与碳信息披露质量之间的关系进行了实证检验。研究结果表明，企业数字化转型显著提高了碳信息披露质量，并且主要表现在计划层和执行层碳信息披露质量的提升。在采用“宽带中国”试点政策作为工具变量、以国家级大数据综合试验区的设立构建双重差分模型进行外生冲击检验、使用熵平衡匹配法缓解样本选择偏误问题、改变关键变量的测度方式等一系列稳健性检验后，基本结论依然成立。机制检验发现，企业数字化转型对碳信息披露质量的提高作用主要通过降低运营成本和改善公司治理来实现。此外，企业数字化转型对碳信息披露质量的影响在企业、行业和地区层面还表现出异质性特征：在国有企业、管理层能力较低的企业，高碳风险行业、竞争较激烈的行业，以及碳规制强度较大、制度环境较好的地区，企业数字化转型对碳信息披露质量的提高作用较为明显。

基于上述研究发现，本章的现实启示意义在于：

第一，对于微观企业而言，首先要充分把握数字化转型机遇，建设基础数字技术平台，推进 5G、云计算、物联网、大数据、人工智能等技术规模化集成应用，面向不同环节、不同产品开展碳排放数据监测，规范碳数据管理和核算，建立碳排放数据管理体系，从而有效地降低碳信息披露成本。特别是对于国有企业而言，更要充分发挥数字化转型带动作用。同时，企业也应当利用数字技术提高与利益相关者的信息透明度，通过完善公司治理来更好地发挥数据助力企业减碳的资源价值。

第二，对于政府部门而言，要做好数字经济发展的顶层设计和体制机制建设，综合运用数据、人才、资金、试点等一揽子政策工具，如增加财税金融资源对数字减碳方向的投放，加强科技专项引导（如研发补助、项目奖励等方式）；健全知识产权保护体系，充分保障企业数据安全和知识产权；优化“新基建”区域布局，不断完善信息技术基础设施建设，进一步降低数字技术推广成本、分担企业数字化改造风险，引导更多的企业参与到数字化浪潮当中，以更好地发挥数字技术应用对企业碳信息披露质量的提升作用。

6 数字化转型与企业漂绿

6.1 引言

习近平同志提出的“绿水青山就是金山银山”“建设生态文明、推动绿色低碳循环发展”，关乎高质量发展目标的实现。在绿色发展的背景下，企业不仅要关注经济效益，还要承担相应的环境责任（Li et al.，2021）。环境信息公开是企业接受社会监督、履行节能环保责任的关键环节，也是环境治理的重要机制之一。2008年，证监会发布《上市公司环境信息披露指引》，鼓励上市公司披露环境信息，强制污染性企业披露环境信息。2021年，生态环境部先后出台《企业环境信息依法披露管理办法》和《企业环境信息依法披露格式规则》，进一步规范环境信息披露的内容和技术规范。虽然环境信息披露的相关制度对环境信息披露内容和方式等提供了指导，但企业在披露环境信息的过程中存在“漂绿”行为。“漂绿”指企业对自身的环境保护行为进行粉饰或虚假宣传，抑或选择性地发布有利环境信息，掩盖不利环境信息，以树立企业良好的环境形象，是一种形式上顺应环境责任需要而实质上采取敌对行为的环境责任应对策略（Delmas & Montes-Sancho，2010；Leonidou & Leonidou，2011；Lyon & Maxwell，2011）。相较于西方国家，我国对企业漂绿行为的关注较晚，直至2009年《南方周末》发布企业环境漂绿榜，“漂绿”一词才正式进入大众视野。但企业环境漂绿问题却长期存在，《南方周末》在2009~2014年连续发布漂绿榜单，并在2022年再次重启漂绿榜，其中不乏特斯拉、三元食品等知名企业。

企业漂绿行为会导致一系列问题。首先，漂绿行为会误导消费者（Martínez et al.，2020），消费者对漂绿产品或服务的错误感知会抑制他们继续采取削减环境影响的行为（Lewandowska et al.，2017）。其次，漂绿产品或服务会弱化消费者对相关产品的绿色合法性感知，破坏市场的竞争秩序，丧失对同类绿色产品的信任，减少绿色产品需求（Lewandowska et al.，2017）。从漂绿企业自身来看，从事漂绿的公司可能会失去客户的信任，声誉受到损害，导致销售额和利润的下降（Delmas & Burbano，2011）。此外，漂绿企业可能面临一系列法律后果，如罚款或诉讼。上市企业漂绿行为被披露会加剧投资者对风险的感知，造成短期内的股价下跌（Du，2015；Guo et al.，2017）。从长远来看，企业采取漂绿行为进行印象管理而非真实的绿色投资，会导致企业的资源浪费，影响企业可持续性的价值创造（Lyon & Montgomery，2013）。抑制企业漂绿行为，关乎消费者的合法权益、企业可持续的价值创造，也关系到中国特色社会主义市场经济的完善和高质量发展目标的实现。

鉴于漂绿行为带来的负面影响，学者们就如何抑制漂绿行为进行了研究。一系列外部因素，如市场竞争、媒体关注、大众监督和顾客压力等会影响企业的漂绿行为（Arouri et al.，2021；Butt et al.，2021；Delmas & Burbano，2011；Parguel et al.，2011）。从企业内部来看，公司的财务特征和公司治理特征对企业漂绿行为具有差异化的影响（Delmas & Burbano，2011；Kim & Lyon，2015）。然而，鲜有文献系统、全面考察企业数字化转型对漂绿行为的影响。

本章采用2011~2020年中国沪深A股上市的重污染公司数据，实证分析数字化转型对企业漂绿行为的影响。研究结果表明，数字化转型对企业漂绿行为具有显著的负向影响，企业数字化转型的程度越高，对企业漂绿行为的抑制作用越明显。这一结果在采用滞后项分析、工具变量法、熵平衡匹配、替换关键变量测度和固定效应模型等多种稳健性测试方法后依然成立。拓展性研究表明，企业数字化转型通过改善信息透明度和提升企业绿色创新水平两个渠道抑制企业漂绿行为。研究还发现，数字技术应用、智能制造和现代化信息系统等三个数字化转型维度对企业漂绿具有显著负向影响，而互联网商业模式则不具备这一作用。分样本回归结果发现，企业具有较强的技术实力或企业位于市场化水平较低的地区时，数字化转型对于企业漂绿行为的抑制作用更为显著。

本章的研究贡献可总结为以下三点：首先，本章研究拓展了有关数字化转型的非经济后果的研究。已有文献较多关注数字化转型对资本市场和企业财务及经营绩效等影响的经济后果的研究。在非经济后果的研究方面，学者主要关注数字化转型对于企业社会责任和ESG表现的影响（Kong & Liu，2023；Shang et al.，2023）。受到这些研究启发，本章进一步关注数字化转型对于企业漂绿行为的影响及可能的传导机制。其次，本章丰富了有关企业漂绿行为影响因素的研究。已有文献主要关注企业面临的外部正式与非正式的制度压力对其漂绿行为的影响，在企业内部因素方面聚焦于公司治理因素和企业财务特征。本章结合数智时代背景，从企业数字化转型这一独特视角研究其对企业漂绿行为的影响。最后，本章还具有一定的现实意义。企业应当充分理解数字化转型的积极作用，充分挖掘数字化转型在企业可持续价值创造方面所发挥的作用。此外，政策制定者应当注意完善数字经济和绿色经济发展政策的顶层设计，实现数字化转型和绿色经济的协调发展。

本章的后续内容安排如下：第 2 节为理论分析与研究假设推导；第 3 节为研究设计，包括数据来源与样本选择、模型设定与变量定义；第 4 节为实证结果分析，包括描述性统计、相关性分析、回归结果分析和稳健性检验；第 5 节是拓展性研究，包括数字化转型不同维度对于企业漂绿行为的抑制作用、数字化转型抑制企业漂绿行为的作用渠道，以及企业内外部因素对数字化转型抑制企业漂绿行为作用的差异化影响；第 6 节是本章小结。

6.2 理论分析与研究假设

根据已有文献，企业漂绿的主要原因包括企业对外报告机制不完善、内部 ESG 治理机制不足和缺乏可靠的数据库。企业数字化的相关研究表明，数字化转型通过影响组织层面的特征，进而影响企业对外部环境的反应和行为（Vial, 2019）。根据这一逻辑，本节认为数字化转型可以通过以下两种机制影响企业的漂绿行为：

首先，数字化转型可以缓解信息不对称，进而抑制企业的漂绿行为。根据信息不对称理论，漂绿可以被看作由于企业和利益相关者之间的信息不对称而导致的逆向选择和道德风险的结果。数据仓库、区块链和云计算的应用打破了不同部门和流程之间的数据隔离，有助于更好地记录和跟踪企业运营，缩小了企业内外部信息使用者的信息差距（Li，2020）。数字化转型使企业能够高效地收集和记录非财务数据，及时识别环境风险并编制准确的环境报告（Jiang et al.，2023；Kong & Liu，2023；Xu et al.，2023）。企业内部沟通的低效率是导致企业内部信息透明度低的重要原因。例如，营销部门与产品开发、生产或包装等部门之间沟通不畅的公司更有可能进行漂绿（Delmas & Burbano，2011）。而数字化转型能促进组织结构扁平化（Goldfarb & Tucker，2019；Vial et al.，2019），增进组织内部沟通与交流。数据孤岛的消失、数据传递效率提升以及组织结构的调整，都有助于建立一个更透明的内部信息环境，减少由于内部沟通效率低下而导致的漂绿行为。此外，信息透明度的提升限制了管理层的机会主义行为，减轻漂绿行为等代理问题的负面影响（McAfee & Brynjolfsson，2012；Goldstein et al.，2021）。数字化转型可以进一步提升信息传递能力，使企业通过多个渠道与利益相关者进行互动和沟通（He & Zhang，2022；Lai et al.，2023）。利益相关者可以获得目标公司更多的信息，更好地参与和改善公司治理（Manita et al.，2020；Yermack et al.，2017；Zhu，2019）。伴随利益相关者参与度的提升，企业需要更多地关注利益相关者的信息需求，并减少漂绿行为，避免漂绿行为曝光和审查的增加可能导致的对企业更严格的环境监管（Delmas & Burbano，2011；Lee & Raschke，2023）。综上所述，数字化转型提高了企业信息透明度，加强了利益相关者的监督，限制了管理层机会主义倾向，最终能减少企业的漂绿行为。

其次，企业数字化转型可以通过促进绿色创新来缓解企业漂绿现象。与夸大和选择性披露企业环境实践相比，绿色创新反映了企业在环境保护方面的实际参与，并对企业的漂绿行为产生负面影响（Zhang et al.，2023）。数字化转型可以显著促进技术改进和工艺创新（Liu et al.，2023）。具体来说，企业生产工艺中的绿色创新提高了能源效率，转变了企业的能源结构，从而降低了企业生产成本，减轻了企业采取漂绿行为的财务压力（Goldfarb & Tucker，2019）。此外，数字化转型使企业能够以更低的成本记录价值链上的环境信息，通过大数据和人工智能等技术，准确识别组织内的环境保护缺陷，通过有效的绿色创新进行应对（Lai et al.，2023）。绿色创新也带来绿色生产率的提升和企业声誉的改善，抑制了企业进行漂绿的动机。数字化转型还增加了企业与客户之间的沟通，帮助企业更好地识别客户绿色需求，针对性地开展绿色创新来实现可持续的价值创造。总之，数字化转型通过缓解资源错配、降低生产成本和准确识别绿色需求，促进企业的绿色创新，从而降低企业的漂绿程度（Peattie & Ratnayaka，1992）。

基于以上分析，本章提出以下假设：

H6-1：数字化转型抑制企业的漂绿行为。

6.3 研究设计

6.3.1 数据来源与样本选择

考虑到公司运营及其行业特征与环境问题的相关性，本章以 2011~2020 年 A 股重污染行业上市公司为研究样本。重污染行业根据我国生态环保部 2009 年《上市公司环境信息披露指南》中确定的 16 类行业进行界定，具体见表 6-1。本

节按照如下流程对初始样本进行筛选：①剔除在样本期间被 ST 和 *ST 处理的上市公司样本；②剔除财务数据和公司治理数据缺失的样本。为消除极端值的干扰，本章对所有连续变量在前后两端进行 1% 的 Winsorize 缩尾处理，最终获得 6732 个公司—年度观测值。企业环境信息披露、企业财务状况和公司治理的数据来源于国泰安（CSMAR）数据库。环境绩效数据通过上市公司的年度报告手工收集和整理。数字化转型的测度通过对上市公司的年度报告开展文本分析的方式获得。上市公司的年度报告来自深圳证券交易所和上海证券交易所的网站。

表 6-1 重污染行业类别与证监会行业代码

重污染行业类别	证监会行业代码	重污染行业类别	证监会行业代码
火电	D44	钢铁	C40/C43
水泥	C30	电解铝	C33-37
煤炭	B06	冶金	C31-C33
化工	C20/C23-C24/C26/C29	石化	C25
建材	C28/C29/E48	造纸	C22
酿药	C15	制药	C26/C27
发酵	C13/C14	纺织	C17/C18
制革	C19	采矿	B07-B10

6.3.2 模型设定与变量定义

为考察企业数字化转型对企业漂绿行为的影响，本章设定如下模型：

$$GWL_{i,t} = \beta_0 + \beta_1 DIGI_{i,t} + X_{i,t} + \sum Industry + \sum Year + \varepsilon_{i,t} \tag{6-1}$$

其中，模型（6-1）下标 i 为公司；t 为年份；被解释变量为企业漂绿水平（*GWL*）；β_0 表示截距项；β_1 为解释变量数字化转型（*DIGI*）的待估参数，若 β_1 显著为负，表明数字化转型能够有效抑制企业的漂绿行为，研究假设 H6-1 成立。$X_{i,t}$ 表示控制变量集，*Industry*、*Year* 分别表示行业和年度固定效应，$\varepsilon_{i,t}$ 为随机扰动项。

关于本章的解释变量——数字化转型水平（*DIGI*），本章参考已有研究（Chen & Srinivasan，2023；赵宸宇等，2021）的研究，利用文本分析法构建解释变量。首先，从上市公司年度报告的管理层讨论与分析板块，利用 python 软件抓取有关数字技术、互联网商业模式、智能制造以及信息系统等与数字化转型相关的关键词构建特征词库。其次，利用 python 软件的“jieba”分词功能，分析和统计上市公司年报中数字化转型关键词的词频。最后，对获得的词频取自然对数，以此度量上市公司的数字化转型水平（*DIGI*）。

关于被解释变量，本章根据 Walker 和 Wan（2012）和黄溶冰等（2020）的研究构建企业漂绿行为的度量指标。首先，已有研究指出公司可能选择性地披露环境信息（Delmas & Montes-Sancho，2010）。例如，企业可能在披露积极环境信息的同时，掩盖负面环境信息；鉴于企业在某些特定领域缺乏任何积极主动的行动，企业也可能故意忽视披露某些方面的环境信息。据此，本章构建企业环境信息选择性披露程度（*GWLS*）的度量，计算方式如模型（6-2）所示。环境信息选择性披露程度是企业实际披露的环境事项与可以披露的环境事项的比值。其次，企业可能对披露的环境信息进行操纵（Laufer，2003；Lyon & Maxwell，2011）。企业为了回应环境问题，可能采取象征性的披露方式而非采取实质性的举措。因此，本章构建环境信息披露操纵水平的度量（*GWLE*），计算方式如模型（6-3）所示。环境信息披露操纵水平是企业象征性环境披露事项的数量与企业环境信息披露事项总数的比值。随后，计算企业环境信息选择性披露程度和环境信息披露操纵水平乘积的算术平均值作为企业漂绿水平（*GWL*）的代理变量，计算方式如模型（6-4）所示。*GWL* 取值越大，代表企业漂绿水平越高。构建漂绿度量指标的环境信息披露指数见附录 2。

$$GWLS = 100\times(1 - No.\ of\ disclosed\ events / No.\ of\ disclosable\ events) \tag{6-2}$$

$$GWLE = 100\times(No.\ of\ symbolic\ disclosures / No.\ of\ disclosed\ events) \tag{6-3}$$

$$GWL = \sqrt{GWLS\times GWLE} \tag{6-4}$$

借鉴已有研究（Delmas & Burbano，2011；Kim & Lyon，2015；Yu et al.，2020；Zhang et al.，2023），本章研究选取的控制变量包括：①公司财务特征变量，具体有公司规模（*SIZE*）、企业成长性（*GROWTH*）、财务杠杆（*LEV*）、盈利能力（*ROA*）和公司年龄（*AGE*）；②公司治理特征变量，具体有董事会独立性（*INDEP*）、董事会规模（*BOARD*）、CEO 两职合一（*DUAL*）和股权集中度（*TOP*1）。各变量定义见表 6-2。

表 6-2　变量定义及说明

变量类型	变量名称	变量符号	变量定义
因变量	企业漂绿水平	*GWL*	漂绿水平是一个由选择性披露程度和表述性操纵程度组成的指标，参考黄溶冰等（2020）研究构建。构建方式详见附录 2

续表

变量类型	变量名称	变量符号	变量定义
自变量	数字化转型水平	*DIGI*	基于文本分析和词频统计获得的数字化转型词频的自然对数
控制变量	公司规模	*SIZE*	公司总资产的自然对数
	财务杠杆	*LEV*	总负债/总资产
	盈利能力	*ROA*	净利润/总资产
	企业成长性	*GROWTH*	营业收入增长率
	公司年龄	*AGE*	公司成立年数加 1 后取自然对数
	董事会独立性	*INDEP*	独立董事人数/董事会人数
	董事会规模	*BOARD*	董事会人数的自然对数
	CEO 两职合一	*DUAL*	董事长和总经理两职合一时取值为 1，否则为 0
	股权集中度	*TOP*1	第一大股东持有股票数/公司总股本

6.4 实证结果分析

6.4.1 描述性统计

表 6-3 为本章研究所用样本的描述性统计。企业漂绿水平（*GWL*）的均值为 78.756，显示出企业整体的漂绿水平较高；其标准差为 16.733，漂绿水平取值区间介于 25.82~98.319，表明样本企业间的漂绿水平存在较大差异，也说明在抑制企业漂绿行为方面具有较大的改进空间。企业数字化转型水平（*DIGI*）介于 0~4.304，均值为 2.171，标准差为 0.974，显示出样本企业的数字化转型水平也存在显著差异。关于控制变量，样本企业在企业年龄（*AGE*）、企业成长性（*GROWTH*）、盈利能力（*ROA*）和财务杠杆（*LEV*）方面存在较大差异。有关公司治理特征变量，样本公司的董事会规模（*BOARD*）和股权集中度（*TOP*1）差异较大。此外，样本公司中，23%的观测值存在 CEO 两职合一（*DUAL*）问题。整体而言，以上控制变量的描述统计结果与以前的人研究文献基本一致。

表 6-3　描述性统计结果

变量	N	均值	标准差	最小值	最大值
GWL	6732	78. 756	16. 733	25. 820	98. 319
DIGI	6732	2. 171	0. 974	0. 000	4. 304
SIZE	6732	22. 366	1. 374	18. 37	28. 543
AGE	6732	2. 408	0. 641	1. 099	3. 332
GROWTH	6732	0. 168	0. 625	-0. 719	4. 765
LEV	6732	0. 442	0. 204	0. 060	0. 924
ROA	6732	0. 035	0. 057	-0. 188	0. 195
INDEP	6732	0. 374	0. 061	0. 250	0. 571
DUAL	6732	0. 228	0. 420	0. 000	1. 000
*TOP*1	6732	35. 868	15. 201	9. 090	77. 330
BOARD	6732	2. 343	0. 218	1. 792	2. 944

6. 4. 2　相关性分析

表6-4 为本章研究主要变量的皮尔森相关系数。其中，数字化转型水平（*DIGI*）与企业漂绿水平（*GWL*）在 1%的水平上显著负相关，说明在不考虑其他因素的情况下，数字化转型抑制企业漂绿行为，符合预期。关于控制变量，企业规模（*SIZE*）、财务杠杆（*LEV*）、盈利能力（*ROA*）、董事会规模（*BOARD*）和股权集中度（*TOP*1）与企业漂绿水平（*GWL*）显著负相关，说明公司规模越大、财务杠杆越高、盈利能力越强、董事会规模越大和股权集中度越高，企业漂绿水平越低。企业成长性（*GROWTH*）、董事会独立性（*INDEP*）和 CEO 两职合一（*DUAL*）与企业漂绿水平（*GWL*）显著正相关，说明企业成长性越高、独立董事越多和存在两职合一的情况时，企业漂绿水平越高。

表 6-4　皮尔森相关系数矩阵

变量	*GWL*	*DIGITAL*	*SIZE*	*AGE*	*GROWTH*	*ROA*	*LEV*	*INDEP*	*DUAL*	*TOP1*	*BOARD*
GWL	1										
DIGI	-0. 189***	1									
SIZE	-0. 432***	0. 206***	1								
AGE	-0. 186***	-0. 051***	0. 386***	1							
GROWTH	0. 056***	-0. 013	-0. 069***	0. 034***	1						
LEV	-0. 055***	0. 125***	0. 011	-0. 176***	0. 008	1					
ROA	-0. 137***	-0. 015	0. 458***	0. 342***	0. 020*	-0. 429***	1				
INDEP	0. 060***	0. 039***	-0. 046***	-0. 068***	-0. 010	0. 019	-0. 060***	1			
DUAL	0. 096***	0. 069***	-0. 201***	-0. 242***	0. 019	0. 017	-0. 122***	0. 107***	1		
TOP1	-0. 135***	0. 031**	0. 312***	-0. 030**	-0. 009	0. 083***	0. 080***	0. 009	-0. 061***	1	
BOARD	-0. 140***	-0. 010	0. 271***	0. 150***	-0. 037***	-0. 045***	0. 017	-0. 234***	-0. 129***	0. 033***	1

注：*、**、***分别代表 10%、5%和 1%的显著水平。

所有控制变量的相关系数都比较小，说明多重共线性问题并不严重。此外，本节还进一步利用方差膨胀因子（VIF）进行了多重共线性的诊断，各变量的 VIF 最大值为 1.877，均值为 1.285，远低于多元回归模型的经验法则 10.00（Kennedy，1998），说明回归模型中的各变量之间不存在严重的共线性问题。

6.4.3 基准回归结果

表 6-5 报告了模型（6-1）的回归结果。其中，第（1）列仅包括自变量，并控制年度和行业固定效应。数字化转型水平（*DIGI*）的回归系数为-2.498，在 1%的置信水平上显著（*t* 值为-11.576）。第（2）列中，进一步控制公司财务特征。数字化转型水平（*DIGI*）的回归系数为-0.744 且在 1%的置信水平上显著（*t* 值为-3.518）。第（3）列进一步控制公司治理对企业漂绿行为的影响，数字化转型水平（*DIGI*）的回归系数为-0.797 且在 1%的置信水平上显著（*t* 值为-3.775）。以上结果表明，数字化转型程度对企业漂绿水平具有显著的负向影响。关于回归结果的经济含义，以第（3）列结果的回归系数为例，数字化转型水平每提高 1%，企业漂绿水平下降 0.797%。综上所述，企业数字化转型无论在统计意义还是在经济含义上，均对企业漂绿行为具有抑制作用。

表 6-5 数字化转型与企业漂绿水平的回归结果

变量	(1)	(2)	(3)
	GWL	*GWL*	*GWL*
DIGI	-2.498***	-0.744***	-0.797***
	(-11.576)	(-3.518)	(-3.775)
SIZE		-4.840***	-4.593***
		(-27.627)	(-25.143)
AGE		(0.313)	(0.314)
		(-0.984)	(-0.963)
GROWTH		0.219	0.191
		(0.783)	(0.683)
LEV		1.830	1.996*
		(1.614)	(1.763)

续表

变量	(1)	(2)	(3)
	GWL	*GWL*	*GWL*
ROA		−8.743** (−2.470)	−8.437** (−2.387)
INDEP			9.319*** (3.183)
DUAL			0.698 (1.633)
*TOP*1			−0.032** (−2.533)
BOARD			−3.451*** (−4.051)
Constant	81.758*** (68.727)	193.132*** (50.173)	194.306*** (44.557)
YEAR	Yes	Yes	Yes
INDUSTRY	Yes	Yes	Yes
N	6732	6732	6732
R-squared	0.200	0.306	0.311

注：括号内为 t 统计量；*、**、*** 分别代表 10%、5%和 1%的显著水平。

控制变量的回归结果与已有文献较为一致。规模较大的公司可能面临更强的媒体和公众监督，从而降低漂绿的动机（Luo et al., 2012）。另一个可能的原因是，由于大公司筹集资金和应对风险的能力更强，它们更有可能进行绿色创新（Brandt & Li，2003）而非采取象征性的环境信息披露或操纵环境信息披露。财务杠杆率较高的公司会采取更多漂绿行为；而更好的盈利能力有助于抑制企业漂绿行为，避免漂绿行为的负面影响。更大的董事会规模为公司提供了更多的专业知识，并增加了董事会共谋的难度，降低了企业漂绿的可能性。更高的股权集中度有助于约束管理层的机会主义行为，进而避免企业采取漂绿行为。

6.4.4 稳健性检验

为了增强结果的可靠性，依次进行如下稳健性检验：第一，使用滞后一期的数字化转型水平作为因变量以消除数字化转型发挥作用存在的时滞性。第二，采用工具变量法以消除遗漏变量可能导致的内生性问题对本章结论的影响。第三，考虑到样本选择偏差问题，采用熵平衡匹配进行稳健性检验。第四，考虑到代理变量度量偏差问题，对数字化转型程度和企业漂绿水平构造新的度量指标进行稳健性检验。第五，考虑到公司其他特征对企业漂绿的影响，运用固定效应模型进行稳健性检验。稳健性检验的结果与基准回归分析的结果保持一致。

6.4.4.1　滞后项分析

考虑到企业数字化转型的实施需要一定的时间才能发挥作用，因此其在抑制企业漂绿行上可能存在一定的时间延迟。对此，本章采用滞后一期的数字化转型水平（*LAGDIGI*）作为解释变量并重新估计模型（6-1），结果如表 6-6 所示。滞后一期的数字化转型水平（*LAGDIGI*）的回归系数在 5%的置信水平上显著为负，说明考虑了数字化转型发挥作用的时滞性后，数字化转型依然显著抑制企业的漂绿行为，进一步支持本章研究结论。

表 6-6　滞后项分析结果

变量	(1)	(2)	(3)
	GWL	*GWL*	*GWL*
LAGDIGI	-2.242***	-0.476**	-0.501**
	(-9.206)	(-1.975)	(-2.087)
SIZE		-4.808***	-4.598***
		(-23.414)	(-21.843)
AGE		-0.817**	-0.835**
		(-2.011)	(-2.026)
GROWTH		0.149	0.082
		(0.452)	(0.249)
LEV		1.786	2.072
		(1.379)	(1.602)
ROA		-8.555**	-8.491**
		(-2.163)	(-2.150)
INDEP			10.261***
			(3.190)
DUAL			0.428
			(0.885)
TOP1			-0.034**
			(-2.348)

续表

变量	(1)	(2)	(3)
	GWL	GWL	GWL
BOARD			-4.047*** (-4.324)
Constant	79.492*** (50.269)	189.930*** (41.820)	192.719*** (37.920)
YEAR	Yes	Yes	Yes
INDUSTRY	Yes	Yes	Yes
N	5427	5427	5427
R-squared	0.243	0.337	0.342

注：括号内为 t 统计量；*、**、*** 分别代表 10%、5%和 1%的显著水平。

6.4.4.2 工具变量法

本章的研究不存在反向因果关系问题。然而，由于遗漏变量导致的内生性问题会影响模型的稳健性，即模型中可能遗漏既影响数字化转型又影响企业漂绿行为的变量。因此，本章采用工具变量法来进行检验，消除遗漏变量偏误带来的内生性问题。参照宋德勇等（2022）的做法，本章采用与样本企业相同行业的其他公司的数字化转型水平的年度均值作为工具变量（*DIGI_IV*）。一方面，公司可以感知到业内同行的数字化转型水平，并相应地调整自身的数字化转型的策略。换言之，行业的数字化转型水平与企业的数字化转型水平相关。另一方面，行业的数字化水平不能直接影响特定企业的漂绿行为。因此，选择的工具变量满足外生性和相关性的要求。基于此，本章采用两阶段最小二乘法（2SLS）进行回归，结果如表 6-7 所示。

表 6-7 工具变量法回归结果

变量	(1)	(2)
	DIGI	GWL
DIGI_IV	0.067*** (45.33)	
DIGI		-5.660*** (-13.620)

续表

变量	(1)	(2)
	DIGI	*GWL*
SIZE	0.201***	-3.987***
	(20.960)	(-19.380)
AGE	-0.2243***	-2.077***
	(-12.530)	(-6.050)
GROWTH	0.009	0.767**
	(0.580)	(2.550)
LEV	0.348	3.855***
	(0.540)	(3.200)
ROA	0.890***	-1.856
	(4.420)	(-0.490)
INDEP	0.221	12.261***
	(1.310)	(3.850)
DUAL	0.097***	1.137**
	(3.930)	(2.410)
*TOP*1	-0.002***	-0.029**
	(-3.210)	(-2.160)
BOARD	-0.039	-2.706***
	(-0.800)	(-2.930)
Constant	-2.609***	185.984***
	(-12.270)	(45.380)
YEAR	Yes	Yes
INDUSTRY	Yes	Yes
N	6732	6732
R-squared	0.213	0.118
F	293.110	

注：括号内为 *t* 统计量；*、**、*** 分别代表 10%、5%和 1%的显著水平。

表 6-7 的第一阶段回归结果显示，工具变量 *DIGI_IV* 的估计系数在 1%的水平上显著为正，与理论预期一致。同时，弱工具变量检验的 Crag-Donald F 统计量为 293.11，远大于 10%的水平上的阈值 16.38，拒绝了存在弱工具变量的原假设。第二阶段的回归结果表明，企业数字化转型（*DIGI*）的系数依然在 1%的水

平上显著为负，表明在控制了遗漏变量偏误可能导致的内生性问题后，企业数字化转型仍然与企业的漂绿行为显著负相关，进一步支持了研究假设 H6-1。

6.4.4.3　熵平衡匹配

虽然基准回归分析表明数字化转型水平抑制了企业的漂绿行为，但这种关系可能受到样本选择偏差问题的干扰。数字化转型通常需要更好的资源禀赋、资金实力和治理水平，因而数字化转型水平不同的企业可能本身就存在差异，进而导致企业的漂绿水平存在差异。为缓解这一问题对基本结论的影响，本章采用熵平衡匹配法加以缓解。熵平衡匹配法（Entropy Balancing，EB）最早由 Hainmueller（2012）提出，相较于倾向得分匹配法（Propensity Score Matching，PSM），熵平衡匹配通过对处理组观测与控制组观测的各个协变量的一阶矩、二阶交叉矩和三阶矩进行多维度调整，从而实现精确匹配，更适合用于处理高维度数据。鉴于此，本章首先根据数字化转型水平（*DIGI*）的行业年度中位数构建分组变量（*DIGI_DUM*），构建 logit 模型并同时选取模型（6-1）中的所有控制变量作为协变量进行回归。表 6-8 列示出熵平衡匹配的平衡性测试结果，可以看出在匹配前处理组和控制组特征变量的差距较大，在匹配后差距缩小，说明数据的平衡效果较好。

表 6-8　平衡性测试结果

变量	处理组			控制组（匹配前）			控制组（匹配后）		
	均值	方差	偏度	均值	方差	偏度	均值	方差	偏度
SIZE	22.610	1.986	0.776	22.150	1.702	0.8	22.610	1.987	0.774
AGE	2.393	0.427	-0.431	2.422	0.396	-0.697	2.393	0.427	-0.431
GROWTH	0.170	0.324	5.135	0.165	0.452	4.589	0.170	0.324	5.132
LEV	0.439	0.0362	0.139	0.444	0.046	0.136	0.439	0.036	0.140
ROA	0.041	0.003	-0.498	0.029	0.003	-0.726	0.041	0.003	-0.500
INDEP	0.376	0.004	0.929	0.372	0.003	0.959	0.376	0.004	0.929
DUAL	0.254	0.190	1.13	0.205	0.163	1.461	0.254	0.190	1.13
TOP1	36.000	239.900	0.526	35.740	222.800	0.483	35.990	239.900	0.526
BOARD	2.340	0.047	0.249	2.345	0.478	0.267	2.340	0.472	0.249

随后，我们用匹配后的样本重新估计模型（6-1），回归结果如表 6-9 所示，可以看到，数字化转型水平（*DIGITAL_EBM*）的估计系数依然显著为负，表明在使用配对方法控制样本选择性偏差后，数字化转型水平与企业漂绿行为依然显著负相关，进一步支持了本章的研究结论。

表 6-9 熵平衡匹配样本的回归结果

变量	(1)
	GWL
DIGITAL_EBM	-0.833* (-1.911)
SIZE	-4.990*** (22.739)
AGE	0.249 (0.675)
GROWTH	0.291 (0.962)
LEV	1.753 (1.304)
ROA	-12.831*** (-3.215)
INDEP	7.281** (2.259)
DUAL	0.615 (1.277)
*TOP*1	0.018 (-1.277)
BOARD	-4.092*** (-4.292)
Constant	201.442*** (39.508)
YEAR	Yes
INDUSTRY	Yes
N	6372
R-squared	0.307

注：括号内为 t 统计量；*、**、*** 分别代表 10%、5%和 1%的显著水平。

6.4.4.4 替换解释变量与被解释变量

本节使用自变量与因变量的替代性指标来估计模型，以消除由于变量度量偏差可能导致的内生性问题（Jennings et al.，2022）。

首先，进行数字化转型的替代指标检验。通过文本挖掘数字化转型相关关键词的频率，并依此计算得出的数字化转型水平的度量指标可能存在偏差。这主要是因为上市公司可能只在实施数字化转型当年在年度报告中详细解释了其数字化转型的相关举措，因此年报中包含了较多的数字化转型关键词，但之后年份的年度报告包含的数字化转型相关的关键词可能较少。为减少该问题带来的测度偏差，参考张永珅等（2021）、夏常源等（2022）等的研究方法，本章采用数字化技术无形资产与无形资产总额的比值（*DIGI_INT*）来测度企业数字化转型水平，其中数字化技术无形资产是指上市公司财务报告附注披露的年末无形资产明细项中包含"网络""软件""客户端""管理系统""智能平台""云计算""物联网""云平台"等关键词的无形资产，同时对筛选出的明细项目进行人工复核。数字化转型水平（*DIGI_INT*）数值越大，表明企业数字化转型水平越高。以该指标度量的数字化转型水平的回归结果如表 6-10 第（1）列所示，数字化转型水平（*DIGI_INT*）的估计系数在 1%的置信水平上显著为负，说明企业拥有的数字化转型的无形资产占比越高，企业漂绿程度越低，进一步支持了本章的研究结论。

其次，进行企业漂绿水平的替代指标检验。参照 Walker 和 Wan（2012）和 Yu 等（2020）的研究，我们用企业环境信息披露与环境绩效的脱钩行为作为企业漂绿行为的代理变量，具体的测度方式如模型（6-5）所示。

$$GW_{it}=\frac{(D_{it}-\overline{D}_t)}{\sigma_{D_t}}-\frac{(P_{it}-\overline{P}_t)}{\sigma_{P_t}} \tag{6-5}$$

其中，GW_{it} 是企业 i 在年份 t 的漂绿得分。D_{it} 和 P_{it} 分别是企业 i 在年份 t 的环境信息披露得分和环境绩效得分。$\overline{D}_t$ 和 $\overline{P}_t$ 是所有企业在年份 t 的环境信息披露及环境绩效得分的均值，σ_{D_t} 和 σ_{P_t} 则为所有企业在年份 t 的环境信息披露与环境绩效得分的标准差。GW_{it} 的值越大，代表企业的漂绿水平越高，漂绿问题越严重。

利用标准化后的企业环境信息披露与环境绩效之间的差异作为替代解释变量，对模型（6-1）重新回归，结果如表 6-10 第（2）列所示。数字化转型水平（*DIGI*）的估计系数在 1%的水平上显著为负，说明企业数字化转型水平越高，企业漂绿程度越低，进一步支持了本章的研究结论。

表 6-10　替换解释变量与被解释变量的回归结果

变量	(1)	(2)
	GWL	*GW*
DIGI_INT	−0.409***	
	(−3.167)	

续表

变量	(1)	(2)
	GWL	*GW*
DIGI		-0.127*** (-6.704)
SIZE	-4.806*** (-22.111)	0.270*** (16.811)
AGE	0.597 (1.597)	-0.041 (-1.434)
GROWTH	-0.005 (-0.017)	0.000 (0.009)
LEV	1.089 (0.809)	0.032 (0.330)
ROA	-7.173* (-1.752)	0.285 (0.950)
INDEP	11.727*** (3.451)	-0.343 (-1.386)
DUAL	0.291 (0.597)	-0.032 (-0.867)
*TOP*1	-0.016 (-1.086)	0.002** (2.069)
BOARD	-3.642*** (-3.707)	0.093 (1.282)
Constant	190.723*** (36.283)	-5.944*** (-15.340)
YEAR	Yes	Yes
INDUSTRY	Yes	Yes
N	4745	6667
R-squared	0.307	0.169

注：括号内为 t 统计量；*、**、***分别代表 10%、5%和 1%的显著水平。

6.4.4.5 固定效应模型

考虑到未包含在模型中的公司特征可能会对企业漂绿行为产生影响，为消除模型设定带来的偏误，采用固定效应模型来重新估计模型（6-1），结果如表 6-

11 所示。数字化转型水平（*DIGI*）的估计系数在 1%的水平上显著为负，说明企业数字化转型水平越高，企业漂绿程度越低，进一步支持了本章的研究结论。

表 6-11 固定效应模型回归结果

变量	(1)	(2)	(3)
	GWL	*GWL*	*GWL*
DIGI	-0.574***	-0.564***	-0.552**
	(-2.635)	(-2.578)	(-2.521)
SIZE		-0.709*	-0.860**
		(-1.719)	(-2.064)
AGE		-6.006***	-5.551***
		(-6.186)	(-5.512)
GROWTH		-0.210	-0.217
		(-0.810)	(-0.835)
LEV		-1.139	-1.206
		(-0.358)	(-0.379)
ROA		0.855	0.674
		(0.550)	(0.432)
INDEP			3.772
			(1.402)
DUAL			0.240
			(0.499)
*TOP*1			0.034
			(1.507)
BOARD			2.814***
			(3.381)
Constant	89.422***	122.290***	116.178***
	(29.321)	(12.590)	(11.758)
YEAR	Yes	Yes	Yes
FIRM	Yes	Yes	Yes
N	6732	6732	6732
R-squared	0.707	0.730	0.730

注：括号内为 *t* 统计量；*、**、*** 分别代表 10%、5%和 1%的显著水平。

6.5 拓展性研究

6.5.1 数字化转型各维度对企业漂绿行为的影响

为了深入了解不同类型数字化转型对企业漂绿行为的影响，本章参照赵宸宇等（2021）的研究，将数字化转型相关词汇划分为数字技术应用、互联网商业模式、智能制造和现代信息系统，统计数字化转型每个维度的词频并取自然对数作为自变量。随后，我们以四个子维度的词频取值作为自变量对模型（6-1）进行重新估计，回归结果如表6-12所示。四个维度的数字化转型中，互联网商业模式对企业漂绿行为没有显著影响，其余三个维度的数字化转型水平的估计系数至少在5%的水平上显著为负，表明其对企业漂绿行为具有明显的抑制作用。究其原因，主要是由于数字技术和信息系统对于收集、储存、分析、汇报环境信息以及信息传输和对外沟通方面具有积极作用。而智能制造技术则在降低环境负面影响、促进绿色创新、提升生产效率等方面发挥了积极作用，致使企业采取实质性的环保行为而非环境漂绿。

表6-12 细分数字化转型各维度对企业漂绿行为的回归结果

变量	(1)	(2)	(3)	(4)
	GWL	*GWL*	*GWL*	*GWL*
*DIGI*1	-0.106** (-2.487)			
*DIGI*2		-0.008 (-0.343)		
*DIGI*3			-0.072** (-2.465)	
*DIGI*4				-0.210*** (-5.602)
SIZE	-4.736*** (-26.741)	-4.765*** (-26.868)	-4.679*** (-25.939)	-4.656*** (-26.243)

续表

变量	(1)	(2)	(3)	(4)
	GWL	*GWL*	*GWL*	*GWL*
AGE	-0. 114 (-0. 354)	-0. 139 (-0. 429)	-0. 182 (-0. 563)	-0. 267 (-0. 825)
GROWTH	0. 183 (0. 656)	0. 178 (0. 637)	0. 203 (0. 727)	0. 145 (0. 520)
LEV	1. 860 (1. 641)	1. 937* (1. 709)	2. 077* (1. 831)	1. 907* (1. 687)
ROA	-9. 019** (-2. 553)	-8. 928** (-2. 526)	-8. 496** (-2. 402)	-7. 914** (-2. 242)
INDEP	8. 846*** (3. 020)	9. 045*** (3. 086)	9. 063*** (3. 095)	8. 967*** (3. 068)
DUAL	0. 632 (1. 479)	0. 626 (1. 461)	0. 650 (1. 521)	0. 641 (1. 503)
*TOP*1	-0. 031** (-2. 436)	-0. 031** (-2. 455)	-0. 031** (-2. 432)	-0. 033*** (-2. 612)
BOARD	-3. 476*** (-4. 078)	-3. 460*** (-4. 056)	-3. 511*** (-4. 117)	-3. 433*** (-4. 035)
Constant	196. 056*** (45. 345)	196. 686*** (45. 453)	194. 939*** (44. 520)	194. 978*** (45. 160)
INDUSTRY	Yes	Yes	Yes	Yes
YEAR	Yes	Yes	Yes	Yes
N	6732	6732	6732	6732
R-squared	0. 310	0. 309	0. 310	0. 312

注：括号内为 t 统计量；*、**、***分别代表 10%、5%和 1%的显著水平。

6. 5. 2 影响机制分析

前文基准回归检验结果表明，企业数字化转型水平越高，对企业漂绿行为的抑制作用越强。为进一步验证这一作用，本章采用中介效应模型来验证“信息透明度”和“绿色创新”在数字化转型影响企业漂绿水平中发挥的机制作用，模型设定如下：

$$GWL_{i,t} = \beta_0 + \beta_1 DIGI_{i,t} + X_{i,t} + \sum Industry + \sum Year + \varepsilon_{i,t} \tag{6-6}$$

$$MEDIATOR_{i,t} = \rho_0 + \rho_1 DIGI_{i,t} + X_{i,t} + \sum Industry + \sum Year + \varepsilon_{i,t} \quad (6-7)$$

$$GWL_{i,t} = \mu_0 + \mu_1 MEDIATOR_{i,t} + \mu_2 DIGI_{i,t} + X_{i,t} + \sum Industry + \sum Year + \varepsilon_{i,t} \quad (6-8)$$

其中，中介变量（*MEDIATOR*）包括信息透明度（*lnIC*）和绿色创新（*INNO*）两个变量。具体检验步骤如下：在模型（6-6）中 β_1 显著的前提下，使用模型（6-7）检验企业数字化转型水平（*DIGI*）对中介变量（*MEDIATOR*）的影响。若系数 ρ_1 显著，则用模型（6-8）同时加入企业数字化转型水平（*DIGI*）与中介变量（*MEDIATOR*）对企业漂绿水平（*GWL*）进行回归分析。若系数 μ_1 显著且 μ_2 不显著，则为完全中介效应，表明数字化转型对企业漂绿行为的影响仅依赖于该中介渠道；但若系数 μ_1 和系数 μ_2 都显著，且 μ_1 的绝对值小于 β_1 的绝对值，则为部分中介效应，表明数字化转型对企业漂绿行为的影响通过该渠道发挥部分中介作用。

6.5.2.1 信息透明度

信息不对称理论和委托代理理论认为，企业与利益相关者之间存在的严重信息不对称容易产生逆向选择和道德风险等问题（Jenson & Meckling，1976），这也是企业漂绿的重要成因（Delmas & Burbano，2011；Meznar & Nigh，1995）。因此，本节首先检验企业数字化转型是否可以通过降低信息不对称来抑制企业漂绿行为。区块链等数字化技术的使用，提升了企业记录和追踪活动的准确性和可靠性；数据仓库使企业能够存储海量数据；大数据和人工智能技术也使企业能够挖掘更多非结构化、非标准化的数据，提取有用信息，使企业对于环境业绩的评估更为准确。此外，数字化转型加速了组织内部信息沟通，使企业各部门之间的沟通更为灵活和及时，增加了各部门间的互相监督，有利于抑制企业内部的机会主义行为（Goldstein et al.，2021；McAfee & Brynjolfsson，2012）。可见，数字化转型有利于提升企业内部信息透明度。数字化转型便于企业通过多种渠道发布信息，通过多种数字化平台与利益相关者开展互动。利益相关者的参与进一步强化了公司治理和对企业的监督，降低了企业采取漂绿行为的动机，提升了企业改进环境可持续性的承诺。综上所述，信息透明度的改善有利于抑制企业漂绿行为。参考已有研究（Kong & Liu，2023），采用迪博内部控制指数中的信息透明度子维度的自然对数作为信息透明度的代理变量。该指数越大，说明信息透明度的水平越高。中介效应检验的回归结果如表 6-13 所示。

表 6-13 第（2）列的回归结果显示，数字化转型水平（*DIGI*）的系数在 1%的水平上显著为正，说明企业数字化转型能够显著提升信息透明度。第（3）列结果显示，数字化转型水平（*DIGI*）与企业漂绿水平（*GWL*）在 5%的水平上显

著负相关，且估计系数的绝对值小于第（1）列中 *DIGI* 的系数绝对值（0.658），且信息透明度（*lnIC*）的估计系数在 1%的水平上显著为负，说明信息透明度在企业数字化转型与企业漂绿行为之间存在部分中介效应。

表 6-13　信息透明度的中介效应检验的回归结果

变量	(1)	(2)	(3)
	GWL	*lnIC*	*GWL*
DIGI	-0.658***	0.650***	-0.523**
	(-3.118)	-7.029	(-2.478)
lnIC			-0.208***
			(-7.470)
SIZE	-4.617***	0.650***	-4.481***
	(-24.866)	-7.999	(-24.121)
AGE	-0.749**	-0.474***	-0.848**
	(-2.245)	(-3.244)	(-2.549)
GROWTH	0.168	-0.212*	0.124
	(0.600)	(-1.729)	(0.444)
LEV	1.787	-3.427***	1.074
	(1.585)	(-6.941)	(0.953)
ROA	-6.850*	3.722**	-6.075*
	(-1.955)	(2.426)	(-1.740)
INDEP	8.732***	2.951**	9.346***
	(3.024)	(2.333)	(3.248)
DUAL	0.556	-1.030***	0.341
	(1.302)	(-5.507)	(0.801)
*TOP*1	-0.031**	0.008	-0.029**
	(-2.433)	(1.400)	(-2.314)
BOARD	-3.697***	0.623*	-3.567***
	(-4.395)	(1.691)	(-4.258)
Constant	195.746***	13.383***	198.532***
	(43.784)	(6.836)	(44.434)
INDUSTRY	Yes	Yes	Yes
YEAR	Yes	Yes	Yes

续表

变量	(1)	(2)	(3)
	GWL	*lnIC*	*GWL*
N	6732	6732	6732
R-squared	0.342	0.248	0.347

注：括号内为 *t* 统计量；*、**、*** 分别代表 10%、5%和 1%的显著水平。

6.5.2.2 绿色创新

绿色创新反映了企业实质性的绿色绩效，可以促使企业开展绿色生产，降低生产活动的环境负外部性影响。鉴于此，本节检验数字化转型是否可以通过绿色创新来抑制企业漂绿行为。已有研究表明，数字化转型赋能企业技术改进和流程创新，可以降低运营成本，提升企业的能源效率，生产效率的提升和成本的下降使企业有更多的资金投入创新（Jeffers et al.，2008；Frynas et al.，2018；Vial et al.，2019；刘淑春等，2021；吴非等，2021；杨震宁等，2021）。数字化转型降低了企业环境信息的收集成本，且便于企业利用大数据和人工智能技术精准识别企业内部价值链上的价值增值活动在环境治理等方面的缺陷和不足，有针对性地开展绿色创新，解决企业环境问题的痛点和难点。此外，企业数字化转型通过多种平台与利益相关者互动，能够更好地识别利益相关者对企业环境问题的关注，通过与外部信息、知识和技术的沟通，构建合作创新网络（Subramaniam & Youndt，2005），将绿色创新导向拓展到企业外部价值链，实现整个价值链条的绿色创新。通过企业实质性的绿色创新活动，企业环境绩效将得以提升，从而有效抑制企业的漂绿动机。根据宋德勇等（2022）的研究，本章从国家知识产权局获取上市公司的绿色专利数据，对绿色专利数加 1 后取自然对数，以此作为企业绿色创新的代理变量。该变量值越大，说明企业绿色创新的水平越高。中介效应检验的回归结果如表 6-14 所示。

表 6-14 绿色创新的中介效应检验的回归结果

变量	(1)	(2)	(3)
	GWL	*INNO*	*GWL*
DIGITAL	−0.598***	0.026**	−0.550**
	(−2.625)	(2.106)	(−2.424)
INNO			−1.889***
			(−7.658)

续表

变量	(1)	(2)	(3)
	GWL	*INNO*	*GWL*
SIZE	-4.550*** (-22.983)	0.243*** (23.074)	-4.090*** (-19.867)
AGE	-0.598* (-1.677)	-0.056*** (-2.971)	-0.705** (-1.984)
GROWTH	0.296 (1.023)	0.003 (0.184)	0.301 (1.046)
LEVER	2.521** (2.054)	-0.315*** (-4.824)	1.926 (1.574)
ROA	-6.251 (-1.608)	0.013 (0.062)	-6.227 (-1.610)
INDEP	7.873** (2.538)	-0.016 (-0.094)	7.843** (2.541)
DUAL	0.54 (1.152)	-0.051** (-2.037)	0.444 (0.952)
*TOP*1	-0.029** (-2.107)	0.001* (1.646)	-0.027* (-1.950)
BOARD	-4.066*** (-4.393)	0.217*** (4.414)	-3.655*** (-3.962)
Constant	194.774*** (41.513)	-5.481*** (-21.943)	184.423*** (37.945)
INDUSTRY	Yes	Yes	Yes
YEAR	Yes	Yes	Yes
N	5783	5783	5783
R-squared	0.328	0.307	0.334

注：括号内为 *t* 统计量；*、**、*** 分别代表 10%、5%和 1%的显著水平。

表 6-14 第（2）列的回归结果显示，数字化转型水平（*DIGI*）的系数在 5%的水平上显著为正，说明企业数字化转型能够显著提升企业绿色创新水平。第（3）列结果显示，数字化转型水平（*DIGI*）与企业漂绿（*GWL*）在 5%的水平上显著负相关，且估计系数的绝对值小于第（1）列中 *DIGI* 的系数绝对值（0.598），且绿色创新（*INNO*）的估计系数在 1%的水平上显著为负，说明绿色

创新在数字化转型与企业漂绿行为之间存在部分中介效应。

6.5.3 异质性分析

考虑到企业内部和所处外部环境的差异，本节进行三组异质性检验，探讨产权性质、市场化水平和企业技术能力对数字化转型对企业漂绿水平影响的差异化效果。

6.5.3.1 产权性质

探讨中国经济问题，应考虑企业所有权的性质。除了利润最大化的目标外（Amess et al.，2015），国有企业还承担了更多的社会责任，政府对其行为施加了额外的监管限制，这可能有助于约束其漂绿行为。此外，国有企业的政治关联性为其获得创新资金支持提供了一定的隐性担保（Fei et al.，2011），有助于国有企业通过绿色创新减少漂绿行为。与国有企业相比，非国有企业在资源和禀赋方面存在显著差异，例如它们为创新活动开展外部融资的能力一般弱于国有企业。产权的异质性可能导致数字化转型对企业漂绿行为的不同影响。本节使用所有权的性质将样本分为国有企业和非国有企业，并进行分组回归，结果如表 6-15 所示。其中，数字化转型水平（*DIGI*）的系数在两列中都在 1%的水平上显著为负。然而，组间差异检验的经验 P 值不显著，未能确认数字化转型对企业漂绿行为的抑制作用在国有企业与非国有企业之间存在显著差异。

表 6-15 基于产权性质的分组回归结果

变量	(1)	(2)
	国有企业	非国有企业
DIGI	-0.970***	-0.877***
	(-2.637)	(-3.146)
SIZE	-4.802***	-3.408***
	(-17.994)	(-11.460)
AGE	-1.306*	-0.145
	(-1.665)	(-0.324)
GROWTH	0.084	0.577
	(0.233)	(1.515)
LEV	4.955***	-0.479
	(2.599)	(-0.310)

续表

变量	(1)	(2)
	国有企业	非国有企业
INDEP	9.646*	8.136**
	(1.937)	(2.074)
ROA	-1.552	-17.911***
	(-0.257)	(-3.461)
DUAL	-2.136**	1.112**
	(-2.063)	(2.183)
*TOP*1	-0.022	0.013
	(-1.021)	(0.746)
BOARD	-4.210***	-2.238*
	(-3.051)	(-1.770)
Constant	199.771***	176.962***
	(30.497)	(24.557)
INDUSTRY	Yes	Yes
YEAR	Yes	Yes
N	2535	3099
R-squared	0.362	0.286

注：括号内为 t 统计量；*、**、***分别代表 10%、5%和 1%的显著水平。

6.5.3.2 企业技术能力

企业的技术能力可能从两个方面影响数字化转型与企业漂绿的关系。一家进行较多研发投资的企业可以采用尖端技术来减少废物排放和提高能源利用效率，这将利于企业环境绩效的改善，抑制企业漂绿行为。此外，拥有更多研发投资的企业会形成采用新技术的积极氛围。先前的创新经验为企业提供了更高水平的技术应用广度和深度，这有助于企业通过业务运营促进数字化转型，最终加强数字化转型对企业漂绿行为的抑制作用。本节根据《高新技术企业认定指引》，将样本企业分为高新技术企业和非高新技术企业，并进行分组回归，结果如表 6-16 所示。其中，数字化转型水平（*DIGI*）的系数仅在第（1）列即高新技术企业样本中在 5%的置信水平上显著为负，说明当企业自身具有较高的技术水平时，能够发挥数字化转型对企业漂绿行为的抑制作用。而当企业技术水平较低时，则难以很好地挖掘数字化转型在抑制企业漂绿行为方面的积极效果。

表 6-16　基于企业技术水平的分组回归结果

变量	(1)	(2)
	高新技术企业	非高新技术企业
DIGI	-0.794** (-2.466)	-0.474 (-1.424)
SIZE	-5.164*** (-20.761)	-3.913*** (-12.480)
AGE	-1.510*** (-3.126)	0.068 (0.131)
GROWTH	-0.042 (-0.138)	0.899* (1.727)
LEV	3.177* (1.895)	1.287 (0.731)
INDEP	-0.775 (-0.175)	18.574** (4.207)
DUAL	1.171* (1.747)	0.218 (0.346)
*TOP*1	0.001 (0.071)	-0.062*** (-3.014)
BOARD	-3.265** (-2.477)	-5.565*** (-4.112)
ROA	1.708 (0.306)	-8.644 (-1.540)
Constant	208.954*** (34.637)	183.244*** (27.44)
INDUSTRY	Yes	Yes
YEAR	Yes	Yes
N	2836	2836
R-squared	0.328	0.33

注：括号内为 *t* 统计量；*、**、*** 分别代表 10%、5%和 1%的显著水平。

6.5.3.3　市场化水平

中国各省在地理位置、资源禀赋和国家政策方面的差异导致了市场化进程的明显不平衡。市场化程度高的特点是信息透明度高，利益相关者能有效参与公司

治理。由于环境更加透明，位于市场化程度较高地区的公司迫于监督压力和透明的信息环境而可能更少采取漂绿行为。因此，考虑到市场化水平发挥的替代效应，数字化转型对企业漂绿行为的抑制作用可能较小。根据王小鲁等（2016）的研究，将样本企业分为市场化水平高和市场化水平低两组，并进行分组回归，结果如表 6-17 所示。其中，数字化转型水平（*DIGI*）的系数仅在第（2）列即位于市场化水平较低地区的企业样本中在 5%的水平上显著为负，说明当企业所处地区市场化水平较低时，数字化转型对企业漂绿行为的抑制作用更明显。而当企业所处地区市场化水平较高时，良好的市场环境替代了数字化转型抑制企业漂绿行为的作用。

表 6-17　基于地区市场化水平的分组回归结果

变量	(1)	(2)
	市场化水平高	市场化水平低
DIGI	-0.115 (-0.291)	-0.655** (-2.329)
SIZE	-4.538*** (-10.798)	-4.543*** (-19.994)
AGE	-2.715*** (-4.333)	0.729* (1.647)
GROWTH	-0.255 (-0.512)	0.338 (1.112)
LEV	5.522** (2.446)	-0.032 (-0.022)
ROA	-25.293*** (-3.625)	2.134 (0.446)
INDEP	9.763* (1.905)	8.523** (2.172)
DUAL	1.169* (1.730)	0.296 (0.443)
*TOP*1	-0.082*** (-3.509)	-0.003 (-0.173)
BOARD	-3.459** (-2.014)	-3.870*** (-3.424)

续表

变量	(1)	(2)
	市场化水平高	市场化水平低
Constant	196.430***	190.623***
	(20.120)	(35.275)
INDUSTRY	Yes	Yes
YEAR	Yes	Yes
N	1972	3700
R-squared	0.315	0.344

注：括号内为 *t* 统计量；*、**、*** 分别代表 10%、5%和 1%的显著水平。

6.6 本章小结

本章以 2010~2020 年中国重污染上市公司为样本，研究了数字化转型与企业漂绿行为之间的关系。实证结果表明，数字化转型显著缓解了企业的漂绿现象。机制分析表明，数字化转型对企业漂绿行为的负面影响主要通过提高信息透明度和促进企业绿色创新来实现。此外，对于技术能力较强的企业和位于市场化水平较低地区的企业，数字化转型抑制企业漂绿行为的作用更为明显。

本章从环境信息披露的视角丰富了企业数字化转型的非经济后果的文献。此外，本章研究结合数智时代特点，将有关企业漂绿行为影响因素的研究维度拓展到企业的数字化转型的战略调整。

有关本章的管理启示：在微观层面，企业应在其环境保护实践中充分探索数字化转型的价值。具体地，企业应加强对环境信息的监测、记录和报告，以便以更低的成本和更有力的利益相关方的参与来更好地管理环境问题。此外，企业应利用数字化转型促进绿色创新，这有助于提高企业的环境绩效，通过实质性的环境行为抑制企业漂绿活动。在宏观层面，政策制定者应通过更好的政策设计促进数字经济和绿色经济的融合。首先，各级政府应促进数字基础设施的区域建设，以鼓励低成本的企业数字化转型。其次，应实施严格的知识产权保护，以更好地保护企业的数字资产和绿色创新。最后，应采用财政激励措施来鼓励企业的创新，通过财政激励措施培养企业的创新氛围。

7 数字化转型与企业牛鞭效应

7.1 引言

以数字化、网络化、智能化为核心的新一轮工业革命，正在成为加快产业变革、促进经济增长和提升国际竞争力的关键变量。推动人工智能（Artificial Intelligence）、区块链（Blockchain）、云计算（Cloud Computing）、大数据（Big Data）（以下合称为“ABCD 等技术”）加速创新突破，促进数字技术与实体经济的深度融合已成为我国中长期重大发展战略。2021 年，我国数字经济规模达到 45.5 万亿元，同比名义增长 16.2%，高于 GDP 名义增速 3.4 个百分点，占 GDP 比重达到 39.8%①。由此可见，数字技术对社会经济发展发挥了巨大价值，乘数倍增效应凸显，特别是新冠肺炎疫情暴发后，数字技术对支持抗击疫情和复工复产都大有助益。为打造数字经济新优势，“十四五”规划提出要“加强关键数字技术创新应用”“加快推动数字产业化”和“推进产业数字化转型”。党的二十大报告强调要“加快发展数字经济，促进数字经济和实体经济深度融合，打造具有国际竞争力的数字产业集群”。在此背景下，我国数字化转型指数持续走高，在 2021 年一季度同比增长 207.4%，北京、上海、深圳、广州持续领衔，后位城市竞相提升，说明我国数字化增长动能整体较为强劲②。作为重要的微观经济主体，企业如何驱动自身的数字化转型，并在融合创新的过程中谋求持续竞争优势、实现高质量发展，成为我国持续优化资源配置、加快构建“双循

① 数据来源于《中国数字经济发展报告（2022 年）》。

② 数据来源于腾讯研究院在 2021 腾讯数字生态大会上发布的《数字化转型指数报告 2021——寻找数字化转型的加速度》。

环”新发展格局的关键支撑。本章重点关注的是，数字技术将会如何重塑供应链？

“牛鞭效应”是一个经济学概念，指的是需求信息从终端顾客向原始供应商传递时，因无法实现信息共享而造成信息扭曲并逐级放大，导致供应链上的采购波动大幅高于销售波动（Bray & Mendelson，2012），这一过程在图形上很像一个甩起的牛鞭，故而被形象地称为“牛鞭效应”。牛鞭效应会引起企业生产计划紊乱，库存成本、运输成本和劳动力成本上升，服务水平下降、企业利润损失等一系列负面后果（Lee et al.，1997a，1997b；卢继周等，2017），长期来看会冲击和破坏上下游企业之间的信任程度，给整个供应链带来严重的效率损失。现实中，企业在把握市场需求信息、根据已有信息进行运营决策的能力上良莠不齐，决定企业之间这种结构性差异的一个关键因素就是企业的数字化水平。随着数字化水平的提升，企业能够更好地利用ABCD等技术穿透企业与上下游交易对手之间的边界限制，更精准地把握市场环境的变化、产品的生命周期以及未来增长趋势，同时利用智能化生产线合理安排产能规划，进而控制牛鞭效应。本章正是利用这一作用逻辑展开研究，并试图回答以下问题：①数字化转型对企业牛鞭效应的影响及其背后的传导机制是什么？②这一影响在不同横截面上是否存在明显差异？③数字化转型通过作用于牛鞭效应，会进一步对企业生产效率产生何种影响？

为回答这些问题，本章以2010~2020年中国沪深两市A股上市公司为研究样本，对数字化转型与企业牛鞭效应之间的关系进行了多维度实证检验。研究表明，数字化转型能够显著降低企业的牛鞭效应，并呈现出一定结构异质性特征，即云计算技术和产业互联网实践运用的融合创新可以在更大程度上缓解牛鞭效应。机制检验发现，企业数字化转型程度的提高可以降低企业面临的市场不确定性、增强企业创新能力，进而有助于缓解企业的牛鞭效应。在采取工具变量法、外生冲击检验、排除企业策略性行为等一系列稳健性检验后，基本结论仍然成立。截面分析表明，当数字化转型基础较好、供应链协调成本较高时，数字化转型对企业牛鞭效应的影响更为明显。进一步地，本章发现数字化转型通过降低企业牛鞭效应，促进了生产效率的提升。

本章的边际贡献在于：第一，本章拓展了企业数字化转型的经济后果及影响机制的研究框架。已有研究关注到企业数字化转型对分析师预测、股票流动性、专业化分工、企业出口、经营绩效、生产效率等多方面的影响（Chen et al.，2022；吴非等，2021b；袁淳等，2021；易靖韬和王悦昊，2021；易露霞等，2021；赵宸宇等，2021），而本章研究发现数字化转型会通过降低企业面临的市场不确定性、增强创新能力作用于牛鞭效应，从而拓展了微观企业数字化转型经济后果的研究内容。第二，本章在牛鞭效应影响因素的研究上具有一定增量贡献。以往文献大多从信息共享、市场需求预测、库存管理、管理者过度自信等传统特性的角度探讨了引起牛鞭效应的原因（Aviv，2003；Prajogo & Olhager，2012；Choi et al.，2013；陈长彬等，2016；卢继周等，2017；任莉莉等，2020），对互联网、云计算、大数据等新一代数字技术的关注相对较少，而数字技术与实体经济的深度融合会彻底改变企业的经营模式和供应链管理，成为减轻牛鞭效应的重要途径，本章正是从这一角度对已有文献进行了有益补充。第三，本章研究还具有重要的实践价值。考虑到企业数字化转型对牛鞭效应可能产生非对称效果，本章从"数字技术结构异质性""数字化转型基础""供应链协调成本"等角度探究了数字化转型影响牛鞭效应的结构差异，同时还将研究链条拓展至企业生产效率，对企业根据自身实际情况选择数字化转型的发力点，以及相关部门进行差异化的政策引导提供了重要参考和经验借鉴。

本章的剩余部分安排如下：第2节是理论分析与研究假设的提出；第3节是研究设计，包括样本选择、变量定义与模型设定；第4节是实证结果分析，包括样本描述性统计分析、相关性分析、多元回归分析以及影响机制分析；第5节是拓展性研究；第6节是本章小结。

7.2　理论分析与研究假设

数字技术的全面应用促使企业在组织结构、生产、营销等方面发生了重大变革。首先，企业可以借助ABCD等技术来挖掘、处理各种非标准化、非结构化的海量数据（吴非等，2021b），大幅提升了企业内部信息、数据传递的速度，促使组织向下赋权，使企业的组织结构更加网络化、扁平化（刘政等，2020；戚聿东和肖旭，2020），这有利于增强企业对市场需求的即时响应，提高了企业在供应链上的应变能力和协同能力。其次，在实施数字化转型后，企业可以利用智能化生产线合理安排生产计划，在少品种、大批量生产模式与多品种、小批量生产模式之间自由切换（戚聿东和肖旭，2020）。这种柔性化生产有助于加快存货周转速度，实现运营改善（Lyu et al.，2020；陈剑和刘运辉，2021）。此外，数字化转型也让企业的营销模式日益精细化和精准化（张永珅等，2021）。企业可以利用数字技术对上下游交易对手的产品或服务质量、供需水平、资信状况、履约记录等信息进行深度分析，前瞻性地识别经营环境中的市场波动、快速识别发展机会以及有效应对市场突发状况，降低了对未来需求预测的误差，在此基础上更好地匹配供需（袁淳等，2021），从而能够做出最优的生产、经营决策（如安排生产计划、确定安全库存等）。因此，随着 ABCD 等技术的广泛运用，企业能够更好地把握未经扭曲的下游终端需求信息，进而降低了沟通环节的牛鞭效应。基于上述分析，本章提出以下研究假设：

H7-1：其他条件一定的情况下，企业的数字化转型将显著降低牛鞭效应。

企业面临的市场不确定性是指企业对产品或服务需求量及需求时机变化的不可预测性（Fynes et al.，2004；刘端和王竹青，2017）。已有研究发现，对需求的预测误差是引起牛鞭效应的重要因素（Lee et al.，1997a；Duan et al.，2015），因而提高需求预测准确度可以帮助企业合理制订生产计划、减少安全库存，有助于缓解牛鞭效应（Aviv，2003；Aharon et al.，2009；Duan et al.，2015；张小玲和陆强，2016）。随着 ABCD 等技术与实体经济的融合发展，企业可以凭借数字营销网络对客户的需求量和需求时机进行实时感知、处理分析和预测（戚聿东和肖旭，2020；秦荣生，2021），并通过构建敏捷响应的客户服务体系，实现从订单到交付全流程的按需、精准服务，极大地节约了供需双方的匹配时间，继而减轻因需求预测误差而引发的生产资源浪费、存货积压、服务水平下降等一系列问题（卢继周等，2017）。例如，美的集团以科技领先、数智驱动、用户直达、全球突破为战略主线，通过构建数字化营销体系来实现"以销定产"，很大程度上缩短了订单交付周期、降低了企业面临的市场不确定性。因此，本章提出以下研究假设：

H7-2：其他条件一定的情况下，企业的数字化转型会降低市场不确定性对企业的影响，进而缓解牛鞭效应。

企业创新能力通常贯穿于研发、生产以及营销等活动当中，是企业保持长期竞争力的关键。数字化转型不仅推动了数据、知识等要素在企业内部系统的交流共享，为研发创新提供了新的方法，促进了知识向创新成果的不断转化，还可以通过积累、分析海量数据来提高预测能力，降低了创新过程中的不确定性和成本（吴非等，2021b；张叶青等，2021；郑帅和王海军，2022）。而创新能力的提升一方面有助于企业革新工艺流程、增强产品生产能力以及缩短订单交付周期，以此来减少无效产品库存；另一方面也可以确保产品不断推陈出新，更好地满足客户多样化的需求和偏好，帮助企业在日益激烈的行业竞争中以产品差异化取胜，提高了客户的黏性和忠诚度（张小玲和陆强，2016），进而强化了"供给—需求"两端的衔接，减轻了牛鞭效应。基于上述分析，本章提出以下研究假设：

H7-3：其他条件一定的情况下，企业的数字化转型能够增强创新能力，从而缓解牛鞭效应。

7.3 研究设计

7.3.1 数据来源与样本选择

本章以2010~2020年中国沪深两市A股上市公司为研究对象①，并按照以下流程对初始样本进行筛选：①剔除在样本期间被ST和*ST处理的上市公司样本；②剔除金融类上市公司样本；③剔除创业板上市公司样本，因为这类公司多为高新技术企业，与互联网、大数据、人工智能的联系较为紧密（杨德明和刘泳文，2018）；④剔除计算机、通信和其他电子设备制造业，以及软件和信息技术服务业的上市公司样本（李荣等，2020），因为这类公司的“数字化转型”词频数可能只与公司自身业务相关，而与数字化转型无关；⑤剔除财务数据和公司治理数据缺失的样本，最终得到16705个公司—年度观测值。公司财务数据和治理数据来源于国泰安（CSMAR）数据库，并与WIND数据库、锐思（RESSET）数据库进行了交叉比对；创新专利数据来源于中国研究数据服务平台（CNRDS）。除此之外，为消除极端值的干扰，本章对所有连续变量在前后两端进行1%的Winsorize缩尾处理，并对统计标准误在公司层面进行了聚类（Cluster）调整，数据处理和分析采用Stata16计量分析软件进行。

7.3.2 模型设定与变量定义

为考察数字化转型对企业牛鞭效应的影响（即验证假设H7-1），本章设定如下模型：

$$BULL_{i,\ t} = \beta_0 + \beta_1 DIGI_{i,\ t-1} + Controls + \sum Industry + \sum Year + \varepsilon_{i,\ t} \quad (7-1)$$

其中，模型（7-1）下标 i 为公司，t 为年份，被解释变量为企业牛鞭效应（*BULL*），β_0 表示截距项，β_1 为解释变量企业数字化转型（*DIGI*）的待估参数。考虑到企业数字化转型影响至牛鞭效应尚需一定传导时滞，同时为缓解反向因果所引起的内生性问题，参考吴非等（2021b）的方法，本章将 *DIGI* 进行滞后一期处理，若 β_1 显著为负，表明数字化转型能够缓解企业的牛鞭效应，H7-1成立。

---

① 本章选择2010年作为研究样本起点，主要是考虑到2010年后中国数字技术高速发展并得以逐步应用，数字经济规模也呈现出迅速扩张的态势（袁淳等，2021）。

Controls 表示控制变量集，*Industry* 和 *Year* 分别表示行业和年度固定效应，$\varepsilon_{i,t}$ 为随机扰动项。

在检验模型（7-1）的基础上，为进一步验证数字化转型会通过影响企业面临的市场不确定性和企业创新能力，进而作用于牛鞭效应（即验证假设H7-2 和 H7-3），本章借鉴温忠麟等（2004）提出的中介效应检验方法构建了如下模型：

$$MEDIATOR_{i,\ t} = \rho_0 + \rho_1 DIGI_{i,\ t-1} + Controls + \sum Industry + \sum Year + \varphi_{i,\ t} \tag{7-2}$$

$$BULL_{i,\ t} = \theta_0 + \theta_1 Mediator_{i,\ t} + \theta_2 DIGI_{i,\ t-1} + Controls + \sum Industry + \sum Year + \epsilon_{i,\ t} \tag{7-3}$$

其中，中介变量（*MEDIATOR*）包括两组：第一组用来刻画市场不确定性，包括基于线性趋势方程预测基础上得到的指标 *DUN*1 和基于非线性趋势方程预测基础上得到的指标 *DUN*2 两个变量；第二组用来测度企业创新能力（*Patentall*）。具体检验步骤如下：在模型（7-1）中 β_1 显著的前提下，使用模型（7-2）检验企业数字化转型（*DIGI*）对中介变量（*Mediator*）的影响。若系数 ρ_1 显著，则用模型（7-3）同时加入企业数字化转型（*DIGI*）与中介变量（*Mediator*）对牛鞭效应（*BULL*）进行回归分析。若系数 θ_1 显著且 θ_2 不显著，则为完全中介效应，表明数字化转型对牛鞭效应的影响仅依赖于该中介渠道；但若系数 θ_1 和系数 θ_2 都显著则为部分中介效应，表明数字化转型对牛鞭效应的影响通过该渠道发挥部分中介作用。

关于被解释变量，本章参考 Cachon 等（2007）、任莉莉等（2020）的研究，使用放大比率（生产量波动与需求量波动的比值）来衡量牛鞭效应（*BULL*），生产量波动和需求量波动分别使用三年生产量的标准差和三年需求量的标准差替代。其中，需求量使用主营业务成本作为代理变量，生产量=需求量+本期库存商品-上期库存商品。*BULL* 值越大，表明企业的牛鞭效应越严重，在稳健性检验中，本章还使用了其他方法来测度牛鞭效应。

有关解释变量，借鉴吴非等（2021b）、易露霞等（2021）的研究，本章使用上市公司年报中涉及企业“数字化转型”的特征词词频数来测度企业数字化转型。参照吴非等（2021b）的做法，将企业数字化转型划分为“底层技术”和“实践应用”两大层面，其中“底层技术”层面包括 ABCD 等技术，“实践应用”

层面则是指数字技术在实践当中的具体运用。构建了数字化转型的特征词库①，并基于 Python 对中国沪深两市 A 股上市公司的年度报告文本对特征词进行搜索和匹配，进一步剔除非本公司部分（如年度报告中对公司股东、高管、客户、供应商等的介绍）中出现的特征词，以及剔除特征词前出现"不""没""无"等否定词语的相关表述，最后对符合条件的词频进行计数和加总，最终形成企业数字化转型的综合指标体系。进一步地，考虑到各维度的特征词数量不同，本章借鉴袁淳等（2021）的方法，通过对各维度指标分年度离差标准化处理来消除量纲差异，然后加总得到数字化转型水平变量（*DIGI*），在后续部分还针对不同的细分指标进行了相关研究。

关于企业面临的市场不确定性，借鉴 Showalter（1999）、刘端和王竹青（2017）的方法，本章通过以下两种方法来计算"企业面临的市场不确定性"指标。

第一，在线性趋势方程预测的基础上进行计算。首先，对以下线性销售趋势方程进行回归：

$$SALE_{i,t} = \omega_0 + \omega_1 t + \mu_{i,t} \tag{7-4}$$

其中，*SALE* 为企业当期销售收入，t 为时间趋势项，残差 $\mu_{i,t}$ 反映了不可预测的外部需求冲击。进一步地，本章根据公式（7-5）来计算得到测度指标 *DUN*1，*DUN*1 数值越大，表明企业面临的市场不确定性越高。

$$DUN1_{i,t} = Ln\frac{\sqrt{\mu_{i,t}^2}}{SALE_{i,t}} \tag{7-5}$$

第二，为捕捉企业销售收入可能存在的周期性波动特征，本章在模型（7-4）的基础上增加时间趋势的二次项 t^2 和三次项 t^3，并构建非线性销售趋势方程（7-6），并根据残差 $\tau_{i,t}$ 来构建公式（7-7），计算得到第二个测度指标 *DUN*2，*DUN*2 数值越大，表明企业面临的市场不确定性越高。

$$SALE_{i,t} = \pi_0 + \pi_1 t + \pi_2 t^2 + \pi_3 t^3 + \tau_{i,t} \tag{7-6}$$

---

① 数字化转型的特征词库包括：a. 人工智能技术：人工智能、商业智能、图像理解、投资决策辅助系统、智能数据分析、智能机器人、机器学习、深度学习、语义搜索、生物识别技术、人脸识别、语音识别、身份验证、自动驾驶、自然语言处理。b. 区块链技术：区块链、数字货币、分布式计算、差分隐私技术、智能金融合约。c. 云计算技术：云计算、流计算、图计算、内存计算、多方安全计算、类脑计算、绿色计算、认知计算、融合架构、亿级并发、EB 级存储、物联网、信息物理系统。d. 大数据技术：大数据、数据挖掘、文本挖掘、数据可视化、异构数据、征信、增强现实、混合现实、虚拟现实。e. 数字技术运用：移动互联网、工业互联网、移动互联、互联网医疗、电子商务、移动支付、第三方支付、NFC 支付、智能能源、B2B、B2C、C2B、C2C、O2O、网联、智能穿戴、智慧农业、智能交通、智能医疗、智能客服、智能家居、智能投顾、智能文旅、智能环保、智能电网、智能营销、数字营销、无人零售、互联网金融、数字金融、Fintech、金融科技、量化金融、开放银行。

$$DUN2_{i,t} = Ln\frac{\sqrt{\tau_{i,t}^2}}{SALE_{i,t}} \tag{7-7}$$

关于企业创新能力，借鉴陈文哲等（2021）、林志帆和刘诗源（2022）等研究，本章使用上市公司整体专利申请数量加 1 取自然对数来衡量企业创新能力（*Patentall*）。

借鉴张亮亮和李强（2019）、任莉莉等（2020）、李荣等（2020）的研究，本章选取的控制变量包括：公司规模（*Size*）、财务杠杆（*Lev*）、盈利能力（*ROA*）、发展能力（*Growth*）、应收账款周转天数（*ACC*）、营业毛利率（*GM*）、公司现金流（*CF*）、固定资产比率（*FA*）、公司年龄（*Lnage*）、产权性质（*State*）、董事会独立性（*Indboard*）、董事会规模（*Board*）以及数字化转型同群效应（*DIGI_Indus*）。此外，本章还控制了行业和年度虚拟变量，模型各变量定义见表 7-1。

表 7-1 变量定义及说明

变量类型	变量名称	变量符号	变量定义
因变量	牛鞭效应	*BULL*	生产量波动/需求量波动
自变量	数字化转型水平	*DIGI*	上市公司年报中涉及企业“数字化转型”的特征词词频数经过分年度离差标准化处理后的总和
中介变量	企业面临的市场不确定性	*DUN1*	销售偏离（$\mu_{i,t}$）的绝对值与销售收入之比的自然对数，$\mu_{i,t}$ 根据线性销售趋势方程（7-4）估计得出
		DUN2	销售偏离（$\tau_{i,t}$）的绝对值与销售收入之比的自然对数，$\tau_{i,t}$ 根据非线性销售趋势方程（7-6）估计得出
	企业创新能力	*Patentall*	上市公司整体专利申请数量加 1 取自然对数
控制变量	公司规模	*Size*	公司年末总资产取自然对数
	财务杠杆	*Lev*	总负债/总资产
	盈利能力	*ROA*	净利润/总资产
	发展能力	*Growth*	营业收入增长率
	应收账款周转天数	*ACC*	应收账款平均占用额×计算期天数/营业收入
	营业毛利率	*GM*	（营业收入-营业成本）/营业成本
	公司现金流	*CF*	经营活动产生的现金流量净额/总资产

续表

变量类型	变量名称	变量符号	变量定义
控制变量	固定资产比率	*FA*	固定资产/总资产
	公司年龄	*Lnage*	公司成立年数加 1 后取自然对数
	产权性质	*State*	虚拟变量，公司为国有控股取值为 1，否则为 0
	董事会独立性	*Indboard*	独立董事人数/董事会人数
	董事会规模	*Board*	董事会人数的自然对数
	数字化转型同群效应	*DIGI_Indus*	同行业同年度企业数字化转型水平的均值
	行业固定效应	*Industry*	行业虚拟变量
	年度固定效应	*Year*	年度虚拟变量

7.4 实证结果分析

7.4.1 描述性统计

表 7-2 的变量描述性统计结果显示，牛鞭效应（*BULL*）的均值为 1.0987，中位数为 1.0021，均大于 1，说明当前牛鞭效应现象在我国上市公司中确实存在。数字化转型（*DIGI*）的平均值为 0.0180，在 0~1.2392 的范围内波动，说明各个样本公司数字化转型程度存在较大差异。其他变量的数据分布总体合理，与以往研究相近（张亮亮和李强，2019；任莉莉等，2020；李荣等，2020）。

表 7-2 描述性统计结果

变量名称	均值	标准差	最小值	25 分位数	中位数	75 分位数	最大值
BULL	1.0987	0.4222	0.2710	0.9726	1.0021	1.1027	3.7338
DIGI	0.0180	0.0577	0.0000	0.0000	0.0000	0.0114	1.2392
*DUN*1	0.0742	1.5052	-4.0249	-0.8483	0.0000	1.0424	4.1586

续表

变量名称	均值	标准差	最小值	25 分位数	中位数	75 分位数	最大值
DUN2	0.0730	1.4914	-3.9733	-0.8117	0.0000	1.0060	4.1765
Patentall	2.9900	1.5304	0.0000	1.9459	2.9957	4.0073	6.9976
Size	22.5275	1.3219	19.6502	21.6277	22.3682	23.3125	26.1709
Lev	0.4780	0.2051	0.0542	0.3212	0.4790	0.6319	0.9346
ROA	0.0318	0.0604	-0.2655	0.0105	0.0299	0.0580	0.2000
Growth	0.1493	0.4640	-0.5756	-0.0466	0.0759	0.2203	3.0733
ACC	68.1004	74.0708	0.3068	16.6079	46.3007	90.3017	411.5389
GM	0.4823	0.6356	-0.0090	0.1630	0.2919	0.5278	4.6712
CF	0.0481	0.0697	-0.1583	0.0090	0.0474	0.0889	0.2409
FA	0.2416	0.1743	0.0019	0.1042	0.2097	0.3471	0.7152
Lnage	2.9362	0.3110	1.6094	2.7726	2.9957	3.1355	3.4965
State	0.4969	0.5000	0.0000	0.0000	0.0000	1.0000	1.0000
Board	2.1549	0.1965	1.6094	2.0794	2.1972	2.1972	2.7081
Indboard	0.3732	0.0530	0.3333	0.3333	0.3333	0.4286	0.5714
DIGI_Indus	0.0223	0.0301	0.0000	0.0058	0.0130	0.0308	0.3727

7.4.2 相关性分析

表 7-3 是主要变量的 Pearson 相关系数分析。可以看到，牛鞭效应（*BULL*）与数字化转型（*DIGI*）之间的相关系数在 5%的水平上显著为负，初步验证了研究假设 H7-1，但还需要进一步通过多元回归分析做出更为严谨的证明。各控制变量之间相关系数的绝对值均不超过 0.5，同时进一步利用方差膨胀因子（VIF）进行了多重共线性的诊断，各变量的 VIF 值最大为 1.55，平均为 1.29，远低于多元回归模型的经验法则 10.00（Kennedy，1998），说明回归模型中的各变量之间不存在严重的共线性问题。

表 7-3 皮尔森相关系数矩阵

变量	BULL	DIGI	DUN1	DUN2	Patentall	Size	Lev	ROA	Growth	ACC	GM	CF	FA	Lnage	State	Board	Indboard	DIGI_Indus
BULL	1																	
DIGI	-0.0179**	1																
DUN1	0.0430***	-0.0506***	1															
DUN2	0.0394***	-0.0447***	0.9600***	1														
Patentall	-0.0200**	0.0400***	-0.2378***	-0.2288***	1													
Size	-0.0603***	0.0481***	-0.5336***	-0.5186***	0.3647***	1												
Lev	-0.0564***	-0.0416***	-0.2276***	-0.2207***	0.1436***	0.4115***	1											
ROA	-0.0099	-0.0035	-0.1670***	-0.1702***	0.0708***	0.0651***	-0.3502***	1										
Growth	-0.0236***	-0.0037	-0.0733***	-0.0700***	0.0295***	0.0427***	0.0387***	0.1822***	1									
ACC	0.0543***	0.0625***	0.1678***	0.1678***	0.0762***	-0.1432***	-0.0226***	-0.1829***	-0.0935***	1								
GM	0.0612***	0.0132*	0.0717***	0.0704***	-0.1155***	-0.0661***	-0.2668***	0.3035***	0.0450***	-0.0164**	1							
CF	-0.0118	-0.0016	-0.1557***	-0.1572***	0.0415***	0.0672***	-0.1955***	0.3880***	0.0311***	-0.1950***	0.1915***	1						
FA	-0.0336***	-0.1525***	-0.0473***	-0.0467***	-0.0751***	0.0284***	0.0087	-0.0830***	-0.0643***	-0.1910***	-0.1229***	0.2385***	1					
Lnage	-0.0248***	0.0099	0.0633***	0.0652***	-0.0364***	0.0771***	0.0852***	-0.0462***	-0.0159**	-0.0853***	0.0174**	-0.0064	-0.0528***	1				
State	-0.0290***	-0.0990***	-0.1062***	-0.0982***	0.0521***	0.2539***	0.2173***	-0.0791***	-0.0493***	-0.1459***	-0.1253***	-0.0342***	0.1632***	0.1303***	1			
Board	-0.0263***	-0.0317***	-0.1375***	-0.1302***	0.0672***	0.2339***	0.1281***	0.0109	-0.0222***	-0.0819***	-0.0279***	0.0326***	0.1368***	-0.0004	0.2405***	1		
Indboard	0.0148*	0.0423***	0.0196**	0.0160**	0.0218**	0.0510***	0.0161**	-0.0098	0.0007	0.0057	0.0055	-0.0053	-0.0395***	-0.0183**	-0.0277***	-0.4905***	1	
DIGI_Indus	0.0025	0.3686***	0.0057	0.0063	0.0282***	-0.0529***	-0.0926***	0.0080	0.0145*	0.1225***	0.0334***	-0.0082	-0.2018***	0.0118	-0.1127***	-0.0577***	0.0235***	1

注：*、**、***分别代表10%、5%、1%的显著水平。

7.4.3 基准回归结果

表 7-4 报告了数字化转型对企业牛鞭效应的检验结果。第（1）列仅纳入了控制变量集，数字化转型（*DIGI*）的回归系数为-0.1744 且在 1%的统计水平上显著；第（2）列进一步加入行业固定效应，以捕捉所有不随时间变化的行业特征，*DIGI* 的回归系数为-0.1420 且在 1%的统计水平上显著；第（3）列进一步加入年度固定效应，*DIGI* 回归系数（-0.1373）的绝对值有所缩小，这可能是因为部分影响牛鞭效应的因素被年度虚拟变量吸收所致，但依旧在 1%的统计水平上显著，这说明数字化转型水平越高，企业牛鞭效应越弱，支持了本章的研究假设 H7-1。

表 7-4　数字化转型与企业牛鞭效应的回归结果

变量	(1)	(2)	(3)
	BULL	*BULL*	*BULL*
DIGI	-0.1744***	-0.1420***	-0.1373***
	(-3.79)	(-3.16)	(-3.04)
Size	-0.0097**	-0.0039	-0.0012
	(-2.23)	(-0.80)	(-0.25)
Lev	-0.0789***	-0.0745***	-0.0852***
	(-2.86)	(-2.62)	(-2.96)
ROA	-0.2170***	-0.2133***	-0.2301***
	(-2.72)	(-2.65)	(-2.85)
Growth	-0.0147***	-0.0141***	-0.0140***
	(-2.99)	(-2.85)	(-2.86)
ACC	0.0002***	0.0002**	0.0002**
	(2.83)	(2.34)	(2.48)
GM	0.0384***	0.0409***	0.0414***
	(3.87)	(3.56)	(3.59)
CF	-0.0133	-0.0226	-0.0123
	(-0.21)	(-0.37)	(-0.20)
FA	-0.0641**	-0.0178	-0.0239
	(-2.23)	(-0.53)	(-0.71)

续表

变量	(1)	(2)	(3)
	BULL	*BULL*	*BULL*
Lnage	-0.0265	-0.0189	-0.0015
	(-1.40)	(-0.93)	(-0.07)
State	0.0005	0.0183	0.0149
	(0.05)	(1.55)	(1.24)
Board	0.0020	0.0116	0.0071
	(0.07)	(0.40)	(0.24)
Indboard	0.1303	0.1351	0.1330
	(1.35)	(1.40)	(1.38)
DIGI_Indus	-0.0745	-0.1739	-0.1709
	(-0.66)	(-0.83)	(-0.77)
Constant	1.3775***	1.3546***	1.2792***
	(12.73)	(8.42)	(7.94)
Industry	No	Yes	Yes
Year	No	No	Yes
Observations	16705	16705	16705
Adj R^2	0.0115	0.0238	0.0243

注：括号内为 t 统计量；*、**、***分别代表10%、5%、1%的显著水平。

7.4.4 基于数字化转型口径的分解检验

为精细化“数字化转型—企业牛鞭效应”的分析，本章参照吴非等（2021b）的做法，将企业数字化转型分解为“底层技术”和“实践应用”两大层面，其中“底层技术”层面设置了人工智能（*AI*）、区块链（*BD*）、云计算（*CC*）、大数据（*DT*）4个分项指标，“实践应用”层面以数字技术在实践当中的具体运用为依据设置指标（*ADT*），并将上述五个指标进行分年度离差标准化处理（袁淳等，2021）。从表7-5第（1）~第（5）列可以看出，云计算（*CC*）和数字技术实践应用（*ADT*）对牛鞭效应（*BULL*）的影响至少在5%的统计水平上显著，其他底层技术则不显著。第（6）列将五个指标放入同一个方程进行回归，所得结果不变。此外，本章还检验了云计算（*CC*）和数字技术实践应用（*ADT*）对牛鞭效应的联合影响，发现多变量联合检验的P值在1%的统计水平上显著。可能的原因在于：第一，在云计算技术下，企业可以采用分布式技术来低成本、高质量地收集、存储海量供应链数据，高效地管理、分析大数据集，更加科学、准确地分析客户需求并做出预测，更好地应对市场不确定性，降低库存资源占用、强化库存协同管理（李佳，2019）。更为重要的是，云计算是物联网发展的基石，物联网能够在供应链上实现数据共享和快速交换，对产品进行物流全产业链跟踪，有助于降低企业在仓储、运输、配送等环节的成本，提高企业在供应链上的运作效率，从而在更大程度上缓解牛鞭效应（Srinivasan & Mahalakshmi，2016）。第二，数字化转型成功的关键在于企业能否将数字化共性技术围绕自身实际应用场景进行改造，因而数字技术实践应用更好的企业可以在更大程度上提高供应链应变能力。

此外，为进一步细化数字化转型“数字技术实践应用”（*ADT*）对牛鞭效应的影响，本章参考相关政策文件和研究报告（如《关于推进“上云用数赋智”行动培育新经济发展实施方案》《2020 年数字化转型趋势报告》等）以及现有文献（田杰棠和闫德利，2020；陈武和陈建安，2022；郑英隆和李新家，2022），我们尝试将“数字技术实践应用”（*ADT*）划分为“产业互联网”和“消费互联网”两类①，并进行分年度离差标准化处理（袁淳等，2021），得到产业互联网（*II*）和消费互联网（*CI*）两个指标。从表 7-5 第（7）、第（8）列可以看出，产业互联网（*II*）的系数在 1%的水平上显著为负，消费互联网（*CI*）的系数不显著，第（9）列将两个指标放入同一个方程进行回归，所得结果不变。可能的原因在于：第一，互联网公司凭借卓越的用户体验和快速的迭代创新，成为消费互联网的主体，而在产业互联网时代，传统企业成为真正的主角（田杰棠和闫德利，2020），而本章试图探讨的更多是传统企业的数字化转型问题。第二，消费互联网更多是为消费者提供更多的便利，无法对产品的形态和质量进行改变，而产业互联网在为消费者提供高质量服务的同时，也能够根据市场需求提供产品定制化服务，并通过智能化生产线合理安排生产计划、提高存货管理效率，从而有助于缓解牛鞭效应。因此，为缓解牛鞭效应，企业在数字化转型过程中应当更加关注于云计算技术和产业互联网实践运用的融合创新，以期在最大限度上促进供应链资源最优配置。

---

① 其中“产业互联网”包括工业互联网、互联网医疗、智能能源、B2B、C2B、网联、智慧农业、智能交通、智能医疗、智能环保、智能电网；“消费互联网”包括移动互联网、移动互联、电子商务、移动支付、第三方支付、NFC 支付、B2C、C2C、O2O、智能穿戴、智能客服、智能家居、智能投顾、智能文旅、智能营销、数字营销、无人零售、互联网金融、数字金融、Fintech、金融科技、量化金融、开放银行。

表 7-5　数字化转型与企业牛鞭效应：基于数字化转型口径的分解检验

变量	(1)	(2)	(3)	(4)	(5)	(6)	(7)	(8)	(9)
	BULL	*BULL*	*BULL*	*BULL*	*BULL*	*BULL*	*BULL*	*BULL*	*BULL*
AI	-0.0960 (-0.61)					-0.0104 (-0.08)			
BD		-0.1513 (-1.55)				-0.1175 (-1.22)			
CC			-0.3313*** (-2.87)			-0.3054*** (-2.69)			
DT				-0.1178 (-0.39)		0.0051 (0.02)			
ADT					-0.1428** (-2.12)	-0.1154* (-1.75)			
II							-1.2030*** (-2.83)		-1.2023*** (-2.82)
CI								-0.0210 (-0.13)	-0.0111 (-0.07)
Size	-0.0017 (-0.37)	-0.0017 (-0.37)	-0.0015 (-0.32)	-0.0018 (-0.37)	-0.0014 (-0.31)	-0.0012 (-0.25)	-0.0013 (-0.28)	-0.0018 (-0.37)	-0.0013 (-0.27)
Lev	-0.0837*** (-2.91)	-0.0840*** (-2.92)	-0.0834*** (-2.90)	-0.0838*** (-2.91)	-0.0847*** (-2.95)	-0.0846*** (-2.94)	-0.0834*** (-2.90)	-0.0837*** (-2.91)	-0.0834*** (-2.90)
ROA	-0.2259*** (-2.79)	-0.2266*** (-2.80)	-0.2268*** (-2.81)	-0.2258*** (-2.79)	-0.2267*** (-2.80)	-0.2289*** (-2.83)	-0.2236*** (-2.77)	-0.2254*** (-2.79)	-0.2237*** (-2.77)
Growth	-0.0140*** (-2.84)	-0.0140*** (-2.85)	-0.0140*** (-2.85)	-0.0139*** (-2.84)	-0.0140*** (-2.85)	-0.0140*** (-2.85)	-0.0136*** (-2.77)	-0.0139*** (-2.83)	-0.0136*** (-2.77)
ACC	0.0002** (2.46)	0.0002** (2.47)	0.0002** (2.49)	0.0002** (2.47)	0.0002** (2.47)	0.0002** (2.50)	0.0002*** (2.60)	0.0002** (2.47)	0.0002*** (2.61)
GM	0.0418*** (3.62)	0.0417*** (3.62)	0.0416*** (3.61)	0.0418*** (3.62)	0.0414*** (3.59)	0.0414*** (3.58)	0.0419*** (3.63)	0.0417*** (3.62)	0.0418*** (3.63)

续表

变量	(1)	(2)	(3)	(4)	(5)	(6)	(7)	(8)	(9)
	BULL	*BULL*	*BULL*	*BULL*	*BULL*	*BULL*	*BULL*	*BULL*	*BULL*
CF	-0.0135 (-0.22)	-0.0138 (-0.22)	-0.0129 (-0.21)	-0.0136 (-0.22)	-0.0128 (-0.21)	-0.0123 (-0.20)	-0.0128 (-0.21)	-0.0137 (-0.22)	-0.0128 (-0.21)
FA	-0.0199 (-0.59)	-0.0198 (-0.59)	-0.0203 (-0.61)	-0.0196 (-0.58)	-0.0222 (-0.66)	-0.0229 (-0.68)	-0.0227 (-0.67)	-0.0197 (-0.58)	-0.0228 (-0.68)
Lnage	-0.0015 (-0.06)	-0.0017 (-0.07)	-0.0014 (-0.06)	-0.0015 (-0.07)	-0.0014 (-0.06)	-0.0015 (-0.07)	-0.0011 (-0.05)	-0.0015 (-0.07)	-0.0011 (-0.05)
State	0.0159 (1.32)	0.0158 (1.31)	0.0155 (1.29)	0.0159 (1.33)	0.0154 (1.28)	0.0149 (1.24)	0.0152 (1.26)	0.0159 (1.32)	0.0152 (1.26)
Board	0.0066 (0.23)	0.0067 (0.23)	0.0063 (0.21)	0.0066 (0.22)	0.0074 (0.25)	0.0069 (0.23)	0.0077 (0.26)	0.0067 (0.23)	0.0077 (0.26)
Indboard	0.1282 (1.33)	0.1287 (1.33)	0.1347 (1.40)	0.1280 (1.32)	0.1303 (1.35)	0.1361 (1.41)	0.1308 (1.35)	0.1284 (1.33)	0.1308 (1.36)
DIGI_Indus	-0.2363 (-1.08)	-0.2415 (-1.11)	-0.2142 (-0.97)	-0.2346 (-1.08)	-0.1826 (-0.83)	-0.1737 (-0.78)	-0.2297 (-1.05)	-0.2324 (-1.05)	-0.2266 (-1.02)
Constant	1.2918*** (8.01)	1.2923*** (8.01)	1.2854*** (7.97)	1.2924*** (8.01)	1.2842*** (7.98)	1.2785*** (7.94)	1.2779*** (7.92)	1.2922*** (8.02)	1.2776*** (7.93)
Industry	Yes	Yes	Yes	Yes	Yes	Yes	Yes	Yes	Yes
Year	Yes	Yes	Yes	Yes	Yes	Yes	Yes	Yes	Yes
Observations	16705	16705	16705	16705	16705	16705	16705	16705	16705
Adj R^2	0.0240	0.0240	0.0242	0.0240	0.0241	0.0241	0.0244	0.0240	0.0243

注：括号内为 t 统计量；*、**、*** 分别代表 10%、5%、1%的显著水平。

7.4.5 影响机制检验

7.4.5.1 企业面临的市场不确定性

本章预期数字化转型能够降低市场不确定性对企业的影响，从而缓解牛鞭效应。表 7-6 展示了回归检验结果。第（1）、第（2）列以 *DUN*1 作为“企业面临的市场不确定性”的测度变量，第（1）列结果显示，*DIGI* 与 *DUN*1 在 5%的水平上显著负相关，说明数字化转型降低了市场不确定性给企业带来的影响；第（2）列结果显示，*DIGI* 与 *BULL* 在 1%的水平上显著负相关，且其绝对值小于表 7-4 第（3）列中 *DIGI* 系数的绝对值（0.1373），同时 *DUN*1 的系数在 5%的水平上显著为正，说明企业面临的市场不确定性在数字化转型与牛鞭效应之间存在部分中介效应。第（3）、第（4）列以 *DUN*2 作为衡量指标，也可以得出类似的结论。本章还进行了 Sobel 检验，Z 统计量分别达到-2.6307 和-2.0440，至少在 5%的水平上显著，同时，bootstrap 中介效应检验（抽取自助样本 1000 次）也得到了相同的结论。综上所述，“数字化转型—企业面临的市场不确定性—牛鞭效应”的路径得以验证，支持了本章的研究假设 H7-2。

表 7-6 数字化转型、企业面临的市场不确定性与企业牛鞭效应

变量	(1)	(2)	(3)	(4)
	*DUN*1	*BULL*	*DUN*2	*BULL*
DIGI	-0.7947** (-2.10)	-0.1303*** (-2.92)	-0.5877* (-1.71)	-0.1332*** (-2.97)
*DUN*1		0.0089** (2.32)		
*DUN*2				0.0071* (1.80)
Size	-0.7374*** (-27.22)	0.0054 (1.10)	-0.7071*** (-26.10)	0.0038 (0.78)
Lev	-0.8353*** (-6.21)	-0.0777*** (-2.70)	-0.8584*** (-6.33)	-0.0791*** (-2.74)
ROA	-3.2443*** (-11.48)	-0.2013** (-2.53)	-3.3464*** (-11.78)	-0.2065*** (-2.59)
Growth	-0.0411* (-1.73)	-0.0137*** (-2.76)	-0.0292 (-1.23)	-0.0138*** (-2.80)

续表

变量	(1)	(2)	(3)	(4)
	*DUN*1	*BULL*	*DUN*2	*BULL*
ACC	0.0027***	0.0002**	0.0028***	0.0002**
	(8.94)	(2.24)	(9.16)	(2.29)
GM	0.2884***	0.0389***	0.2927***	0.0394***
	(6.50)	(3.38)	(6.92)	(3.41)
CF	-1.9216***	0.0047	-1.8650***	0.0008
	(-9.38)	(0.08)	(-9.23)	(0.01)
FA	-0.1041	-0.0230	-0.0747	-0.0234
	(-0.68)	(-0.68)	(-0.49)	(-0.69)
Lnage	0.3271***	-0.0044	0.3421***	-0.0039
	(4.10)	(-0.19)	(4.53)	(-0.17)
State	-0.0289	0.0151	-0.0162	0.0150
	(-0.59)	(1.26)	(-0.33)	(1.25)
Board	0.2446*	0.0049	0.2507**	0.0053
	(1.96)	(0.17)	(2.00)	(0.18)
Indboard	1.8494***	0.1166	1.7297***	0.1208
	(4.49)	(1.21)	(4.17)	(1.25)
DIGI_Indus	1.0515	-0.1802	0.8624	-0.1770
	(1.48)	(-0.82)	(1.10)	(-0.80)
Constant	14.3637***	1.1518***	13.6844***	1.1827***
	(20.84)	(7.01)	(20.37)	(7.16)
Industry	Yes	Yes	Yes	Yes
Year	Yes	Yes	Yes	Yes
Observations	16705	16705	16705	16705
Adj R^2	0.4347	0.0248	0.4152	0.0246
Sobel 检验	-2.6307***		-2.0440**	
Ind_eff 检验 (P value)	0.021		0.068	

注：括号内为 *t* 统计量；*、**、***分别代表 10%、5%、1%的显著水平。

7.4.5.2 企业创新能力

本章预期数字化转型可以有效增强企业的创新能力，从而缓解牛鞭效应。表 7-7 第（1）列结果显示，*DIGI* 与 *Patentall* 在 10%的水平上显著正相关，说明数

字化转型提高了企业的创新能力。第（2）列结果显示，*DIGI* 与 *BULL* 在 1%的水平上显著负相关，且其绝对值小于基准回归结果中 *DIGI* 系数的绝对值（0.1373），同时 *Patentall* 的系数在 5%的水平上显著为负，说明企业创新能力在数字化转型与牛鞭效应之间存在部分中介效应①。本章还进行了 Sobel 检验，Z 统计量达到-1.7599，在 10%的水平上显著，同时，bootstrap 中介效应检验（抽取自助样本 1000 次）也得到了相同的结论。进一步地，我们还区分了企业发明专利申请量（*Patentinv*）、实用新型专利申请量（*Patentapp*）与外观设计专利申请量（*Patentdes*）三种类型专利，并且均对原始数据加 1 取自然对数处理，回归结果如表 7-7 第（3）~第（8）列所示。可以看出，只有发明专利申请量（*Patentinv*）发挥了部分中介效应，而实用新型专利申请量（*Patentapp*）、外观设计专利申请量（*Patentdes*）并没有发挥中介作用。由于实用新型专利和外观设计专利的申请较为容易，而发明专利的申请难度较大，通常被认为是最能体现实际技术水平的专利（王永钦等，2018）。由此可见，数字化转型通过增加高创新含量的发明申请数量，继而缓解了牛鞭效应。综上所述，“数字化转型—企业创新能力—牛鞭效应”的路径得以验证，支持了本章的研究假设 H7-3。

表 7-7 数字化转型、企业创新能力与企业牛鞭效应

变量	(1)	(2)	(3)	(4)	(5)	(6)	(7)	(8)
	Patentall	*BULL*	*Patentinv*	*BULL*	*Patentapp*	*BULL*	*Patentdes*	*BULL*
DIGI	0.5274*	-0.1348***	0.5974**	-0.1317**	0.0198	-0.1740***	0.8752**	-0.2272***
	(1.95)	(-2.67)	(2.52)	(-2.54)	(0.06)	(-2.91)	(2.07)	(-2.84)
Patentall		-0.0073**						
		(-2.06)						
Patentinv				-0.0077**				
				(-2.02)				
Patentapp						-0.0075**		
						(-2.05)		
Patentdes								-0.0022
								(-0.39)
Size	0.5636***	0.0053	0.5601***	0.0038	0.5009***	0.0061	0.3331***	-0.0004
	(25.09)	(0.89)	(22.55)	(0.57)	(21.33)	(0.96)	(8.95)	(-0.05)
Lev	-0.1209	-0.0750**	-0.1927	-0.0792*	-0.0666	-0.0717*	0.0190	-0.0112
	(-0.91)	(-2.05)	(-1.36)	(-1.94)	(-0.49)	(-1.78)	(0.09)	(-0.19)

① 样本内部分上市公司没有披露创新专利申请的具体情况，导致本部分样本存在一定缺失。

续表

变量	(1)	(2)	(3)	(4)	(5)	(6)	(7)	(8)
	Patentall	*BULL*	*Patentinv*	*BULL*	*Patentapp*	*BULL*	*Patentdes*	*BULL*
ROA	1.5131***	-0.1608*	1.1931***	-0.2632**	1.2435***	-0.2431**	1.5500***	-0.1280
	(4.86)	(-1.77)	(3.63)	(-2.57)	(3.66)	(-2.32)	(2.80)	(-0.97)
Growth	-0.0578*	-0.0227***	-0.0351	-0.0230***	-0.0275	-0.0244***	-0.2639***	-0.0224**
	(-1.91)	(-3.72)	(-1.13)	(-3.47)	(-0.94)	(-3.80)	(-5.02)	(-2.36)
ACC	-0.0006*	0.0002***	-0.0002	0.0002**	-0.0004	0.0003***	-0.0033***	0.0002
	(-1.82)	(2.65)	(-0.55)	(2.46)	(-1.18)	(2.63)	(-5.13)	(1.23)
GM	-0.1364***	0.0483***	-0.1204***	0.0494***	-0.2077***	0.0719***	-0.0106	0.0633***
	(-3.66)	(3.81)	(-3.08)	(3.58)	(-4.65)	(4.35)	(-0.19)	(3.44)
CF	0.8410***	-0.1194	0.7355***	-0.0835	0.6111**	-0.0890	0.5594	-0.0647
	(3.55)	(-1.60)	(2.92)	(-1.01)	(2.38)	(-1.11)	(1.31)	(-0.64)
FA	-0.6163***	0.0076	-0.7697***	0.0057	-0.3394**	-0.0244	-0.7324**	-0.0021
	(-3.58)	(0.18)	(-4.36)	(0.13)	(-1.97)	(-0.61)	(-2.44)	(-0.03)
Lnage	-0.2184***	0.0016	-0.2110**	-0.0037	-0.2052**	-0.0071	-0.0257	-0.0231
	(-2.59)	(0.07)	(-2.45)	(-0.14)	(-2.33)	(-0.26)	(-0.18)	(-0.60)
State	0.1175**	0.0190	0.1895***	0.0225	0.0716	0.0242	-0.1230	0.0251
	(2.27)	(1.36)	(3.45)	(1.47)	(1.35)	(1.55)	(-1.48)	(1.19)
Board	0.0890	0.0392	0.1631	0.0455	0.0570	0.0294	-0.0606	0.0696
	(0.69)	(1.35)	(1.23)	(1.46)	(0.44)	(1.02)	(-0.27)	(1.49)
Indboard	-0.0249	0.1805*	0.4719	0.1707	0.0975	0.2111*	-0.1646	0.3733**
	(-0.05)	(1.69)	(1.01)	(1.54)	(0.21)	(1.92)	(-0.23)	(2.39)
DIGI_Indus	-1.7328*	-0.1154	-0.5707	0.1527	-2.3677**	-0.0700	-0.2806	-0.4147
	(-1.85)	(-0.42)	(-0.55)	(0.53)	(-2.09)	(-0.19)	(-0.18)	(-0.82)
Constant	-10.7654***	1.0453***	-11.5680***	1.1097***	-9.8270***	1.1665***	-5.8899***	1.0715***
	(-16.79)	(6.25)	(-17.39)	(5.44)	(-15.01)	(5.69)	(-5.44)	(4.08)
Industry	Yes	Yes	Yes	Yes	Yes	Yes	Yes	Yes
Year	Yes	Yes	Yes	Yes	Yes	Yes	Yes	Yes
Observations	12483	12483	11071	11071	10533	10533	4759	4759
Adj R^2	0.4117	0.0256	0.3634	0.0249	0.4069	0.0285	0.2192	0.0275
Sobel 检验	-1.7599*		-1.8068*		-0.0915		-0.4476	
Ind_eff 检验(P value)	0.091		0.067		0.938		0.692	

注：括号内为 t 统计量；*、**、*** 分别代表 10%、5%、1%的显著水平。

7.4.6 稳健性检验

上述结果均证实了数字化转型能够有效降低企业牛鞭效应。但是，对于这一结论尚需考虑潜在的内生性问题。一是互为因果造成的内生性问题，即由于公司自身存货管理效率较低，为缓解供应链信息扭曲引起的牛鞭效应，公司可能更多地运用“数字技术+”来提高生产经营质效，而本章在模型（7-1）中使用滞后一期的数字化转型作为解释变量，可以在一定程度上缓解这一问题；二是遗漏变量导致的内生性问题，即牛鞭效应可能也会受到其他因素的影响。对此，本章尝试通过以下几种方法加以缓解。

7.4.6.1 工具变量法

首先，本章使用 Hausman-Wu 检验对基本回归模型潜在的内生性问题进行检验，结果表明确实存在内生性问题，进而采取工具变量法加以解决。借鉴赵涛等（2020）、赵宸宇等（2021）的研究，本章选取“宽带中国”战略试点（*BIC*）和地区移动电话数量（*Mobile*）作为数字化转型水平（*DIGI*）的工具变量。其中，为深入落实国家信息化发展战略、推进网络基础设施建设，工业和信息化部、国家发展和改革委员会分别于 2014 年、2015 年和 2016 年分三批共遴选了 120 个“宽带中国”战略试点城市（群）。加入试点城市（群）后，当地致力于推进宽带网络提速、增加宽带网络覆盖范围，为实现数字经济高质量发展提供了坚实的基础（赵涛等，2020）。基于此，本章设置“宽带中国”战略试点虚拟变量（*BIC*），如果当年度样本公司所在地城市被纳入“宽带中国”战略试点名单则取值为 1，否则为 0。基于此，本章采用两阶段最小二乘法（2SLS）进行回归，结果如表 7-8 第（1）、第（2）列所示。

从表 7-8 第一阶段结果可以看出，工具变量 *BIC* 和 *Mobile* 的估计系数均在 5%的水平上显著为正，与预期一致；第二阶段回归结果显示，数字化转型水平（*DIGI*）的系数在 10%的水平上显著为负，说明在控制了内生性问题后，数字化转型与企业牛鞭效应依然显著负相关，进一步支持了研究假设 H7-1。此外，本章还对 2SLS 的估计结果进行了弱工具变量检验和过度识别检验，可以看出 Cragg-Donald Wald F 统计量大于 Stock-Yogo 弱工具变量识别 F 检验在 10%的显著性水平上的临界值，拒绝弱工具变量的原假设；Sargan 统计量为 0.938（P 值为 0.3327），没有拒绝“所有工具变量都外生”的原假设，说明上述工具变量满足外生性条件。综合来看，本章选取的工具变量是合理可靠的。

7.4.6.2 外生冲击检验

2016 年 9 月，工业和信息化部、财政部联合印发《智能制造发展规划（2016—2020 年）》，其中提出要完成加快智能制造装备发展、加强关键共性技术创新、构筑工业互联网基础、推动重点领域智能转型、打造智能制造人才队伍等十大重点任务。在这一规划的支持下，越来越多的企业开始实施数字化转型。基于此，为进一步缓解可能存在的内生性问题，本章借鉴李荣等（2020）的检验方法，首先设置企业分组变量（*Treat*），将2012~2020年一直实施数字化转型的样本作为控制组（*Treat*=0），将2012~2016年未实施数字化转型，2016~2020年实施数字化转型的样本作为处理组（*Treat*=1）；然后设置时间分组变量（*Post*），2016年及之后取值为1，否则为0。此外，本章还控制了公司和年度的固定效应，并构建如下双重差分模型（DID）：

$$BULL_{i,t} = \alpha_0 + \alpha_1(Treat \times Post)_{i,t} + Controls + \sum Firm + \sum Year + \gamma_{i,t} \tag{7-8}$$

回归结果见表7-8的第（3）列。可以看出，交乘项 *Treat*×*Post* 的系数在10%的统计水平上显著为负①，再次验证了本章的基本结论。

表7-8 内生性检验结果

变量	(1)	(2)	(3)
	DIGI	*BULL*	*BULL*
BIC	0.0051** (2.42)		
Mobile	0.0000** (2.33)		
DIGI		-2.9853* (-1.80)	
Treat×*Post*			-0.0614* (-1.73)
Size	0.0047*** (6.19)	0.0139 (1.46)	-0.0281 (-1.23)
Lev	-0.0117** (-2.08)	-0.1203*** (-2.87)	-0.0668 (-0.87)
ROA	-0.0346* (-1.81)	-0.2635** (-2.19)	0.0868 (0.65)
Growth	-0.0005 (-0.46)	-0.0156** (-2.36)	-0.0028 (-0.25)

① *Treat* 和 *Post* 单变量被公司和年度固定效应所吸收。

续表

变量	(1)	(2)	(3)
	DIGI	*BULL*	*BULL*
ACC	0. 0000 (0. 47)	0. 0003 ** (2. 37)	0. 0001 (0. 38)
GM	−0. 0026 * (−1. 70)	0. 0223 * (1. 77)	0. 0026 (0. 13)
CF	0. 0123 (1. 17)	0. 0260 (0. 32)	−0. 0899 (−0. 71)
FA	−0. 0330 *** (−4. 77)	−0. 1259 * (−1. 71)	0. 0516 (0. 42)
Lnage	−0. 0011 (−0. 26)	−0. 0057 (−0. 19)	−0. 1827 (−1. 22)
State	−0. 0091 *** (−4. 48)	−0. 0165 (−0. 88)	0. 0380 (0. 53)
Board	0. 0056 (0. 91)	0. 0175 (0. 48)	0. 1450 (1. 59)
Indboard	0. 0449 (1. 46)	0. 2540 * (1. 68)	0. 2266 (0. 80)
DIGI_Indus	0. 5096 *** (3. 18)	1. 3229 (1. 29)	−0. 3135 (−0. 98)
Constant	−0. 1101 *** (−4. 18)	0. 8919 *** (3. 45)	1. 8877 *** (2. 60)
Industry	Yes	Yes	No
Year	Yes	Yes	Yes
Firm	No	No	Yes
Observations	12314	12314	3115
Cragg-Donald Wald F statistic		25. 82 [19. 93]	
Sargan (P-value)		0. 938 (0. 3327)	

注：括号内为 *t* 统计量；*、**、*** 分别代表 10%、5%和 1%的显著水平。方括号内为在 10%的显著性水平上 Stock-Yogo 弱工具变量识别 F 检验的临界值。

7.4.6.3　熵平衡匹配

熵平衡匹配（Entropy Balancing，EB）最早由 Hainmueller（2012）提出，相较于倾向得分匹配（Propensity Score Matching，PSM），熵平衡匹配通过对处理组观测与控制组观测的各个协变量的一阶矩、二阶交叉矩和三阶矩进行多维度调整，从而实现精确匹配，更适合用于处理高维度数据（佟岩等，2021）。鉴于此，本章设置数字化转型虚拟变量（*DIGI_dum*），在样本期间内进行数字化转型的企业取值为1，一直未进行数字化转型的企业取值为0，并选取模型（7-1）中的所有控制变量作为可能影响数字化转型选择的协变量。此外，借鉴 Hainmueller（2012）的方法，本章在匹配时还考虑了各协变量的高阶变量（二次项和三次项）以及交叉项，并通过剔除二值协变量的二次、三次项以及没有实际意义的协变量交叉项来解决可能的共线性问题。表 7-9 列示出熵平衡匹配的平衡性测试结果，可以看出在匹配前处理组和控制组特征变量的差距较大，在匹配后差距缩小，说明数据的平衡效果较好。表 7-10 第（1）列展示了经过熵平衡匹配后的回归结果，*DIGI* 的回归系数在 5%的水平上显著为负。此外，为确保上述结果的稳健性，本章也采取了倾向得分匹配法，通过“最近邻匹配法”构建控制组，并按 1∶3 的比例进行配对。从表 7-10 第（2）列可以看出匹配后的回归结果与主检验结果基本一致，证明了结论的稳健性。综合来看，在消除企业特征差异的影响后，本章所得基本结论依然成立。

表 7-9　平衡性测试结果

变量	处理组			控制组（匹配前）			控制组（匹配后）		
	均值	方差	偏度	均值	方差	偏度	均值	方差	偏度
Size	22.6200	1.7500	0.4840	22.1500	1.5550	0.7074	22.6200	1.7510	0.4831
Lev	0.4862	0.0408	0.0369	0.4433	0.0459	0.1484	0.4861	0.0409	0.0366
ROA	0.0325	0.0035	-1.3880	0.0291	0.0041	-1.2010	0.0325	0.0035	-1.3880
Growth	0.1514	0.2103	3.8470	0.1406	0.2363	3.6190	0.1514	0.2104	3.8460
ACC	68.5900	5536.0000	2.0610	66.0400	5274.0000	2.2960	68.5800	5535.0000	2.0620
GM	0.4816	0.3882	3.8310	0.4851	0.4713	3.5790	0.4816	0.3882	3.8310
CF	0.0474	0.0048	-0.0483	0.0512	0.0051	-0.1465	0.0474	0.0048	-0.0483
FA	0.2286	0.0281	0.8340	0.2969	0.0363	0.3455	0.2287	0.0281	0.8330
Lnage	2.9310	0.1010	-0.9280	2.9580	0.0779	-1.0210	2.9310	0.1010	-0.9281
State	0.4878	0.2499	0.0490	0.5354	0.2488	-0.1421	0.4878	0.2499	0.0488
Board	2.1580	0.0390	-0.1942	2.1420	0.0370	-0.1887	2.1580	0.0390	-0.1944

续表

变量	处理组			控制组（匹配前）			控制组（匹配后）		
	均值	方差	偏度	均值	方差	偏度	均值	方差	偏度
Indboard	0.3734	0.0028	1.4920	0.3726	0.0028	1.4770	0.3734	0.0028	1.4920
DIGI_Indus	0.0238	0.0010	4.3650	0.0163	0.0005	3.5590	0.0238	0.0010	4.3650

表 7-10　熵平衡匹配和倾向得分匹配回归结果

变量	（1）熵平衡匹配	（2）倾向得分匹配
	BULL	*BULL*
DIGI	−0.1340**	−0.2464***
	(−2.57)	(−2.94)
Size	−0.0085	0.0002
	(−1.33)	(0.04)
Lev	−0.1204***	−0.0907**
	(−3.12)	(−2.41)
ROA	−0.1756*	−0.1739
	(−1.65)	(−1.56)
Growth	−0.0120	−0.0040
	(−1.47)	(−0.42)
ACC	0.0001	0.0002
	(1.02)	(1.56)
GM	0.0422***	0.0375**
	(2.84)	(2.29)
CF	−0.0705	−0.1036
	(−0.77)	(−1.16)
FA	−0.0333	−0.0261
	(−0.74)	(−0.55)
Lnage	−0.0054	0.0241
	(−0.19)	(0.92)
State	0.0254	0.0148
	(1.64)	(0.98)
Board	0.0048	−0.0169
	(0.16)	(−0.39)

续表

变量	(1) 熵平衡匹配	(2) 倾向得分匹配
	BULL	*BULL*
Indboard	0.2812** (1.98)	0.0049 (0.03)
DIGI_Indus	-0.5234 (-1.21)	0.3264 (0.42)
Constant	1.5672*** (6.94)	1.2638*** (5.56)
Industry	Yes	Yes
Year	Yes	Yes
Observations	16705	7877
Adj R^2	0.0297	0.0178

注：括号内为 *t* 统计量；*、**、***分别代表 10%、5%、1%的显著水平。

7.4.6.4 敏感性分析

考虑到企业牛鞭效应会受到多种因素影响，因遗漏变量所导致的内生性问题可能会对基本结论产生影响。本章借鉴 Cinelli 等（2020）的方法，检验遗漏变量需要达到什么强度才会使之前的研究结果发生改变。首先，本章选择盈利能力（*ROA*）作为与可能存在的遗漏变量进行对比的变量（在基准回归中，*ROA* 对 *BULL* 的解释力度相对较高），最后得出的结果为遗漏变量需要达到 *ROA* 强度的多少倍才会影响之前的研究结论。

基于此，我们构建解释力度是 ROA 解释力度相同强度、2 倍强度和 3 三倍强度的遗漏变量，并分别加入基准回归模型中对模型重新进行估计。根据回归结果，加入遗漏变量后，数字化转型变量（*DIGI*）的回归系数 β 值均小于零。这意味着即使加入 ROA3 倍强度的遗漏变量，也不会使数字化转型的估计系数由负转正。此外，本节还考察了数字化转型变量（*DIGI*）的 t 统计量，发现即使加入 ROA 解释力度 3 倍强度的遗漏变量，数字化转型变量（*DIGI*）的 t 统计量依然小于 1.96（95%置信区间临界值）。此外，本部分还使用其他控制变量作为对比变量进行敏感性检验，所得结论基本一致。因此，由遗漏变量所导致的内生性问题并不会影响本部分的基本结论。

考虑到变量测度偏差、企业策略性行为、样本选择偏差、遗漏变量和固定效应等导致的结果偏差，本章研究继续进行以下稳健性检验。

7.4.6.5 更换关键变量的衡量方式

首先，本章采用以下四种方式重新构建企业数字化转型指标：①考虑到不同行业在数字化转型上存在的差异，本章设置了经过行业均值调整的数字化转型变量（*DIGI_Adj*）。②借鉴袁淳等（2021）的方法，对上市公司年度报告中的“管理层讨论与分析”（MD&A）部分的数字化转型相关词汇进行文本分析，并构建相应指标（*DIGI_MD&A*）。③在基本回归分析中，本章采用上市公司年报中涉及“数字化转型”的特征词词频来测度企业数字化转型水平，但公司提及这些特征词可能只是对未来的一种经营计划或长期愿景，而并非企业在当前生产经营中实际应用了数字技术。为缓解这一可能性对本章结论的干扰，我们剔除了上市公司年报“展望部分”涉及的数字化转型特征词，重新构建相应指标（*DIGI_Pre*），因为这部分披露的相关词汇并不是公司当年所进行的数字化转型，而是更多地与公司未来战略相关（赵璨等，2020）。④为了更加直观地考察企业数字化转型的水平，本章还借鉴张永珅等（2021）的方法，利用数字化技术无形资产与无形资产总额的比值（*DIGI_Eco*）来测度数字化转型水平，其中“数字化技术无形资产”是指上市公司财务报告附注披露的年末无形资产明细项中包含“网络”“软件”“客户端”“管理系统”“智能平台”“云计算”“物联网”“云平台”等关键词的无形资产，并对筛选出的明细项目进行人工复核，再对同一家公司同一年度多项“数字化技术无形资产”进行加总。表7-11的第(1)~第(4)列报告了回归结果，无论采用何种方式衡量数字化转型水平，其系数均显著为负。

其次，本章还采用以下四种方式重新构建企业牛鞭效应指标：①保持其他条件不变，重新设定生产量=需求量+本期库存商品、半成品、在产品、产成品之和-上期库存商品、半成品、在产品、产成品之和，构建牛鞭效应指标（*BULL_2*）；②保持其他条件不变，需求量使用营业成本作为代理变量，构建牛鞭效应指标（*BULL_3*）；③保持其他条件不变，需求量使用减去折扣与折让后的主营业务收入净额作为代理变量，构建牛鞭效应指标（*BULL_4*）；④前文对牛鞭效应的测度均是在生产—销售环节中，此处我们将在采购—生产—销售环节中度量牛鞭效应，具体方法是利用采购量波动与需求量波动的比值来构建指标（*BULL_5*），其中采购量=生产量+本期原材料、在途物资之和-上期原材料、在途物资之和，需求量、生产量的定义与前文保持一致。表7-11的第(5)~第(8)列报告了回归结果，无论采用何种方式衡量牛鞭效应，其系数均显著为负。

表 7-11　更换关键变量的测度方式的回归结果

变量	(1)	(2)	(3)	(4)	(5)	(6)	(7)	(8)
	BULL	*BULL*	*BULL*	*BULL*	*BULL_2*	*BULL_3*	*BULL_4*	*BULL_5*
DIGI_Adj	−0.1373*** (−3.04)							
DIGI_MD&A		−0.0258* (−1.88)						
DIGI_Pre			−0.2417*** (−2.66)					
DIGI_Eco				−0.0459* (−1.74)				
DIGI					−0.2373*** (−4.69)	−0.1381*** (−3.07)	−0.0956*** (−3.86)	−0.1967*** (−3.52)
Size	−0.0012 (−0.25)	−0.0011 (−0.23)	−0.0011 (−0.24)	−0.0077 (−0.66)	−0.0091 (−1.50)	−0.0011 (−0.23)	−0.0029 (−0.98)	−0.0036 (−0.60)
Lev	−0.0852*** (−2.96)	−0.0842*** (−2.93)	−0.0849*** (−2.96)	−0.0939* (−1.92)	−0.0510 (−1.45)	−0.0859*** (−2.98)	−0.0282 (−1.58)	−0.1165*** (−3.11)
ROA	−0.2301*** (−2.85)	−0.2264*** (−2.80)	−0.2301*** (−2.85)	−0.1778* (−1.74)	−0.2435** (−2.21)	−0.2279*** (−2.86)	−0.1209*** (−3.12)	−0.3409*** (−3.31)
Growth	−0.0140*** (−2.86)	−0.0140*** (−2.86)	−0.0140*** (−2.85)	−0.0013 (−0.21)	−0.0027 (−0.32)	−0.0143*** (−2.97)	0.0110*** (3.24)	0.0129* (−1.84)
ACC	0.0002** (2.48)	0.0002** (2.48)	0.0002** (2.48)	0.0002 (1.19)	0.0004*** (3.36)	0.0002** (2.47)	0.0001** (2.28)	0.0003*** (2.71)
GM	0.0414*** (3.59)	0.0415*** (3.60)	0.0415*** (3.59)	0.0508*** (2.90)	0.0595*** (3.35)	0.0410*** (3.60)	0.0196*** (3.15)	0.0683*** (3.97)
CF	−0.0123 (−0.20)	−0.0133 (−0.21)	−0.0118 (−0.19)	0.0037 (0.05)	−0.1355 (−1.64)	−0.0110 (−0.18)	−0.0662** (−2.06)	−0.1438* (−1.73)
FA	−0.0239 (−0.71)	−0.0227 (−0.67)	−0.0247 (−0.73)	0.0915 (1.50)	−0.0314 (−0.72)	−0.0242 (−0.72)	−0.0137 (−0.71)	−0.0386 (−0.91)
Lnage	−0.0015 (−0.07)	−0.0016 (−0.07)	−0.0018 (−0.08)	−0.0003 (−0.00)	−0.0126 (−0.50)	−0.0020 (−0.09)	−0.0111 (−0.89)	0.0099 (0.36)
State	0.0149 (1.24)	0.0151 (1.26)	0.0148 (1.24)	0.0348 (1.09)	0.0292* (1.84)	0.0154 (1.30)	0.0135* (1.90)	0.0075 (0.50)

续表

变量	(1)	(2)	(3)	(4)	(5)	(6)	(7)	(8)
	BULL	*BULL*	*BULL*	*BULL*	*BULL_2*	*BULL_3*	*BULL_4*	*BULL_5*
Board	0.0071	0.0064	0.0073	0.0057	0.0046	0.0082	−0.0078	−0.0030
	(0.24)	(0.22)	(0.25)	(0.11)	(0.12)	(0.28)	(−0.47)	(−0.08)
Indboard	0.1330	0.1306	0.1332	0.3239**	0.1315	0.1324	0.0754	0.0725
	(1.38)	(1.35)	(1.38)	(2.19)	(0.99)	(1.38)	(1.30)	(0.60)
DIGI_Indus	−0.1709	−0.2092	−0.1705	−0.2441	−0.0040	−0.1630	−0.0832	−0.3053
	(−0.77)	(−0.96)	(−0.77)	(−1.48)	(−0.01)	(−0.74)	(−0.76)	(−1.14)
Constant	1.0832***	1.0877***	1.0853***	1.1270***	1.3019***	1.0826***	1.1360***	1.2209***
	(9.12)	(9.17)	(9.14)	(2.92)	(8.26)	(9.18)	(16.31)	(8.34)
Industry	Yes	Yes	Yes	Yes	Yes	Yes	Yes	Yes
Year	Yes	Yes	Yes	Yes	Yes	Yes	Yes	Yes
Observations	16705	16705	16705	12432	16705	16705	16705	16705
Adj R^2	0.0243	0.0242	0.0243	0.1634	0.0301	0.0248	0.0372	0.0315

注：括号内为 *t* 统计量；*、**、*** 分别代表 10%、5%和 1%的显著水平。

7.4.6.6 排除企业策略性行为的解释

考虑到上市公司策略性信息披露行为可能会干扰本章的基本结论，借鉴袁淳等（2021）的方法，本章进行了如下稳健性检验：①剔除样本期内出现信息披露违规的公司样本。参考陈西婵和刘星（2021）的研究，将虚假陈述（包括虚构利润、虚列资产和虚假记载）、推迟披露、重大遗漏等违规行为确定为“信息披露违规”。②仅保留深圳证券交易所信息披露考评结果为优秀或良好的公司样本，因为这类公司进行策略性信息披露的可能性较低。表 7-12 的第（1）、第（2）列分别展示了相应的回归结果，数字化转型（*DIGI*）的系数均显著为负。

7.4.6.7 剔除不存在牛鞭效应的样本

在描述性统计结果中，我们发现牛鞭效应（*BULL*）的均值（中位数）为 1.0987（1.0021），均大于 1，这也说明部分样本并不存在牛鞭效应。本章将这部分样本剔除后，重新对模型（7-1）进行回归，从表 7-12 第（3）列可以看到数字化转型（*DIGI*）的系数依然显著为负。

7.4.6.8 控制其他因素的影响

为进一步控制其他因素对基本结论的影响，本章还尝试如下检验：①参考张亮亮和李强（2019）、任莉莉等（2020）等的研究，在基准模型中加入管理者过度自信（*OPT*）、市场化水平（*Index*）、公司与供应商（客户）的地理距离

(*Distance*)①，结果如表 7-12 第（4）列所示；②为进一步减轻企业特定异质性遗漏变量对研究结果的干扰，控制企业个体固定效应（*Firm*），结果如第（5）列所示；③进一步控制城市固定效应（*City*），结果如第（6）列所示；④分别控制行业与年度的交乘项（*Industry×Year*）、城市与年度的交乘项（*City×Year*），以进一步捕捉行业层面政策趋势变化和地区层面政策趋势变化，结果如第（7）、第（8）列所示。可以看出，数字化转型（*DIGI*）的系数均显著为负，说明本章所得基本结论是较为稳健的。

表 7-12　其他稳健性检验

变量	(1)	(2)	(3)	(4)	(5)	(6)	(7)	(8)
	BULL	*BULL*	*BULL*	*BULL*	*BULL*	*BULL*	*BULL*	*BULL*
DIGI	-0.1557***	-0.1378***	-0.2595***	-0.3016***	-0.1912**	-0.1166***	-0.1228***	-0.1237***
	(-2.94)	(-2.72)	(-3.65)	(-2.82)	(-2.47)	(-2.60)	(-2.71)	(-2.62)
Size	-0.0008	-0.0009	-0.0092	0.0113	-0.0329**	-0.0026	-0.0012	-0.0028
	(-0.18)	(-0.20)	(-1.06)	(1.50)	(-2.00)	(-0.54)	(-0.26)	(-0.55)
Lev	-0.0878***	-0.0827***	-0.1489***	-0.1030**	-0.0535	-0.0664**	-0.0813***	-0.0614*
	(-2.91)	(-2.82)	(-3.25)	(-2.10)	(-0.82)	(-2.21)	(-2.77)	(-1.90)
ROA	-0.2515***	-0.2474***	-0.5495***	-0.2741*	-0.1571	-0.2253***	-0.2287***	-0.2189**
	(-3.04)	(-2.88)	(-4.32)	(-1.67)	(-1.37)	(-2.73)	(-2.73)	(-2.40)
Growth	-0.0148***	-0.0137***	0.0603***	0.0120	-0.0025	-0.0164***	-0.0130**	-0.0171***
	(-2.78)	(-2.66)	(-7.60)	(-1.22)	(-0.28)	(-3.33)	(-2.47)	(-3.05)
ACC	0.0002**	0.0002**	0.0006***	0.0004***	0.0004*	0.0002*	0.0002**	0.0001
	(1.97)	(2.46)	(3.82)	(2.89)	(1.92)	(1.92)	(2.45)	(1.50)
GM	0.0393***	0.0389***	0.0969***	0.0862**	0.0504**	0.0396***	0.0422***	0.0361***
	(3.51)	(3.74)	(4.50)	(2.56)	(2.24)	(3.22)	(3.54)	(2.80)
CF	-0.0003	-0.0014	0.0946	-0.1091	-0.0108	0.0017	0.0102	0.0132
	(-0.00)	(-0.02)	(0.92)	(-1.00)	(-0.12)	(0.03)	(0.16)	(0.21)

① 管理者过度自信（*OPT*）使用前三名高管薪酬占管理层薪酬的比重衡量；市场化水平（*Index*）是采用王小鲁等（2017）构建的中国分省份市场化指数衡量；公司与供应商（客户）的地理距离（*Distance*）是借助 CSMAR 数据库提供的上市公司注册地和前五大供应商（客户）注册地，并通过百度地图 API 提取中文地址的经纬度，进而计算得到上市公司与前五大供应商（客户）地理距离的加权平均值，以此作为地理距离（*Distance*）的测度指标。

续表

变量	(1)	(2)	(3)	(4)	(5)	(6)	(7)	(8)
	BULL	*BULL*	*BULL*	*BULL*	*BULL*	*BULL*	*BULL*	*BULL*
FA	-0. 0205 (-0. 57)	-0. 0390 (-1. 13)	-0. 0341 (-0. 60)	0. 0615 (0. 92)	-0. 0108 (-0. 16)	-0. 0286 (-0. 80)	-0. 0240 (-0. 69)	-0. 0156 (-0. 40)
Lnage	-0. 0072 (-0. 29)	0. 0018 (0. 07)	-0. 0051 (-0. 14)	0. 0669** (2. 05)	0. 0455 (0. 42)	-0. 0038 (-0. 16)	-0. 0001 (-0. 00)	-0. 0038 (-0. 15)
State	0. 0114 (0. 90)	0. 0099 (0. 81)	0. 0339* (1. 75)	0. 0128 (0. 71)	0. 0046 (0. 10)	0. 0139 (1. 18)	0. 0173 (1. 42)	0. 0140 (1. 11)
Board	0. 0180 (0. 60)	0. 0349 (1. 22)	0. 0268 (0. 57)	-0. 0163 (-0. 32)	-0. 0302 (-0. 51)	-0. 0161 (-0. 52)	0. 0091 (0. 30)	-0. 0216 (-0. 65)
Indboard	0. 1226 (1. 27)	0. 1758* (1. 88)	0. 1314 (0. 87)	0. 1525 (0. 81)	0. 0325 (0. 20)	0. 1247 (1. 26)	0. 1408 (1. 42)	0. 1068 (0. 99)
DIGI_Indus	-0. 3943* (-1. 67)	-0. 2577 (-1. 14)	-0. 3821 (-1. 23)	-0. 1225 (-0. 16)	-0. 1362 (-0. 70)	-0. 1357 (-0. 61)		-0. 2223 (-0. 94)
OPT				0. 0573 (0. 93)				
Index				-0. 0026 (-0. 59)				
Distance				-0. 0008 (-1. 38)				
Constant	1. 0860*** (8. 80)	1. 0007*** (8. 30)	1. 4002*** (6. 96)	0. 6097** (2. 22)	1. 7838*** (3. 90)	1. 1737*** (9. 89)	1. 0666*** (8. 89)	1. 1959*** (9. 43)
Industry	Yes	Yes	Yes	Yes	No	Yes	Yes	Yes
Year	Yes	Yes	Yes	Yes	Yes	Yes	Yes	Yes
Firm	No	No	No	No	Yes	No	No	No
City	No	No	No	No	No	Yes	No	No
Industry×Year	No	No	No	No	No	No	Yes	No
City×Year	No	No	No	No	No	No	No	Yes
Observations	14709	15420	8928	3668	16455	16692	16649	15558
Adj R^2	0. 0240	0. 0243	0. 0888	0. 0405	0. 1841	0. 0508	0. 0212	0. 0292

注：括号内为 t 统计量；*、**、***分别代表 10%、5%、1%的显著水平。

7.5 拓展性研究

7.5.1 数字化转型基础的异质性分析

企业数字化转型需要大规模投资智能制造、加快建设智能现场、搭建基础数字技术平台，而政策、资金、人才、研发、制度环境等要素是实现这一过程的重要保障。基于此，本章将分别讨论这些要素如何影响数字化转型对牛鞭效应的缓解作用。

7.5.1.1 政策基础

国有企业数字化转型受到了政府充分的重视和支持。2020 年 8 月，国务院国资委办公厅印发《关于加快推进国有企业数字化转型工作的通知》，系统明确国有企业数字化转型的基础、方向、重点和举措，包括加快关键核心技术攻关、制定数字化转型规划和路线图、实行数字化转型“一把手负责制”等，对发挥国有企业在新一轮科技革命和产业变革浪潮中的引领作用具有指导意义。因此，更大的政策支持力度会帮助国有企业面对转型“阵痛期”可能面临的各种困难与需求，从而更好地发挥降低牛鞭效应的作用，本章根据产权性质（*State*）这一变量将全样本划分为政策基础较好组（国有企业）和政策基础较差组（民营企业），分组检验结果见表 7-13 第（1）、第（2）列。

7.5.1.2 资金基础

大范围应用数字技术、建设数字化基础设施需要大量的资金支持，而融资约束较强的企业可能无法满足数字化转型所需的高成本、高风险、长周期的投入。因此，本章借鉴鞠晓生等（2013）的研究，采用 SA 指数来测度公司所面临的融资约束，并按照行业年度中位数进行分组（当 SA 指数大于等于行业年度中位数时表明资金基础较差），回归结果见表 7-13 第（3）、第（4）列。

7.5.1.3 人才基础

随着数字化转型的不断深入，培养、吸纳一批高技能人才队伍，对于企业打造数字化发展平台、强化数字化竞争优势至关重要（戚聿东和肖旭，2020；赵宸宇等，2021）。因此，本章参考潘毛毛和赵玉林（2020）的方法，采用上市公司中拥有硕士学历的员工人数与员工总数的比值来衡量高技能人才占比，并按照行业年度中位数进行分组（当高技能人才占比大于等于行业年度中位数时表明人才

基础较好），回归结果见表 7-13 第（5）、第（6）列[①]。

7.5.1.4 研发基础

企业在研发领域增加投入，能够为数字化转型奠定良好的基础（吴非等，2021b）。例如，当研发投入较多时，企业能够围绕实际应用场景，加速突破新型网络、大数据分析等数字化共性技术以及 5G、人工智能、区块链等前沿技术，全面打造数字化转型技术体系。因此，本章根据上市公司“与数字化转型无关的研发投入”与营业收入之比的行业年度中位数进行分组（当研发投入占比大于等于行业年度中位数时表明研发基础较好），回归结果见表 7-13 第（7）、第（8）列[②]。

7.5.1.5 制度环境基础

较好的地区知识产权保护水平有助于明确数据权利、保障商业数据权属，降低企业数字化创新成果被模仿和窃取的风险，从而提高企业数字化转型的积极性（赵宸宇等，2021）。基于此，借鉴冯根福等（2021）的研究，本章使用各省份技术市场成交合同金额与各省当年地区生产总值的比值衡量地区知识产权保护水平[③]，并按照年度中位数进行分组（当知识产权保护水平大于等于年度中位数时表明制度环境基础较好），回归结果见表 7-13 第（9）、第（10）列。

从表 7-13 可以看出，相较于在数字化转型基础较差的分组，在数字化转型基础较好的分组中，数字化转型水平（*DIGI*）的系数更为显著。同时，本章还采用自抽样法（bootstrap）重复 1000 次计算得到的经验 P 值至少在 10%的水平上显著异于零，说明数字化转型水平在各组之间存在显著差异。

7.5.2 供应链协调成本的异质性分析

较高的供应链协调成本会让企业间难以实现信息共享，导致市场信息被扭曲并逐级放大，从而引发牛鞭效应（Prajogo & Olhager，2012）。而数字化转型可以提高企业信息收集、处理和分析的能力，帮助其更好地应对供应链协调成本带来的不利影响。考虑到供应链协调成本难以直接观测和刻画，本章选取供应链集中度、行业竞争状况和供应链地理距离三个方面来提供供应链协调成本影响数字化转型与牛鞭效应相关关系的间接证据。

---

① 本章通过上市公司年报、企业官方网站等渠道手工收集和整理了各家公司拥有硕士学历的员工人数，但由于部分上市公司并未公开披露这一数据，致使样本数有所减少。

② 为了更加精确地估计企业研发能力、研发素养对数字化转型的积极作用，我们采用与数字化转型无关的研发支出来衡量企业研发基础的强弱。具体地，本章利用上市公司财务报表公布的“研发支出明细科目”，根据前文构建的数字化转型特征词库手工筛选出与数字化转型无关的研发投入项目，并采用加总后的数值与营业收入的比值来衡量企业研发能力。感谢匿名审稿专家的宝贵意见。

③ 各省份技术市场成交合同金额的数据来源于国家统计局（https：//data. stats. gov. cn/）。

表 7-13　数字化转型基础的异质性分析

变量	(1)	(2)	(3)	(4)	(5)	(6)	(7)	(8)	(9)	(10)
	政策基础较好	政策基础较差	资金基础较好	资金基础较差	人才基础较好	人才基础较差	研发基础较好	研发基础较差	制度环境基础较好	制度环境基础较差
DIGI	-0.2604***	-0.1008**	-0.1896***	-0.0892	-0.1585***	-0.0230	-0.1699***	-0.0872	-0.1508**	-0.1254**
	(-2.81)	(-1.97)	(-2.78)	(-1.49)	(-3.08)	(-0.25)	(-3.28)	(-1.05)	(-2.29)	(-2.06)
Size	-0.0070	0.0095	0.0056	-0.0078	0.0010	-0.0068	-0.0013	-0.0011	0.0024	-0.0076
	(-1.14)	(1.22)	(0.81)	(-1.23)	(0.17)	(-0.97)	(-0.19)	(-0.21)	(0.38)	(-1.08)
Lev	-0.0516	-0.1343***	-0.0605	-0.1156***	-0.1017***	-0.0553	-0.0910**	-0.0589	-0.0998***	-0.0747*
	(-1.13)	(-3.58)	(-1.46)	(-2.90)	(-2.86)	(-1.17)	(-2.49)	(-1.40)	(-2.76)	(-1.75)
ROA	-0.1203	-0.3411***	-0.1838*	-0.3086***	-0.1653*	-0.3306**	-0.3238***	-0.0968	-0.2026*	-0.2825**
	(-1.01)	(-3.14)	(-1.80)	(-2.70)	(-1.76)	(-2.42)	(-2.96)	(-0.91)	(-1.80)	(-2.47)
Growth	-0.0156**	-0.0135*	-0.0306***	0.0002	-0.0108	-0.0202***	-0.0095	-0.0180**	-0.0111*	-0.0142*
	(-2.52)	(-1.76)	(-4.01)	(0.02)	(-1.63)	(-2.61)	(-1.49)	(-2.43)	(-1.72)	(-1.86)
ACC	0.0002*	0.0002	0.0001	0.0003**	0.0002**	0.0002	0.0002*	0.0001	0.0002**	0.0002
	(1.73)	(1.46)	(1.15)	(2.45)	(2.19)	(1.06)	(1.94)	(1.09)	(2.14)	(1.45)
GM	0.0286*	0.0548***	0.0537***	0.0364***	0.0383***	0.0479**	0.0206	0.0858***	0.0423**	0.0371**
	(1.73)	(3.53)	(3.09)	(2.66)	(3.12)	(2.15)	(1.52)	(3.71)	(2.55)	(2.51)
CF	-0.0583	0.0121	0.0165	-0.0430	-0.0704	0.1101	-0.0331	-0.0347	-0.0163	0.0027
	(-0.73)	(0.13)	(0.16)	(-0.56)	(-0.94)	(1.06)	(-0.41)	(-0.37)	(-0.23)	(0.03)
FA	-0.0627	0.0336	-0.0095	-0.0189	-0.0361	-0.0084	-0.0674	0.0704	-0.0194	-0.0372
	(-1.50)	(0.60)	(-0.18)	(-0.44)	(-0.90)	(-0.16)	(-1.60)	(1.41)	(-0.44)	(-0.72)

续表

变量	(1)	(2)	(3)	(4)	(5)	(6)	(7)	(8)	(9)	(10)
	政策基础较好	政策基础较差	资金基础较好	资金基础较差	人才基础较好	人才基础较差	研发基础较好	研发基础较差	制度环境基础较好	制度环境基础较差
Lnage	0.0084	-0.0096	-0.0192	-0.0069	-0.0007	0.0030	-0.0248	0.0460**	-0.0013	0.0040
	(0.20)	(-0.35)	(-0.61)	(-0.18)	(-0.02)	(0.09)	(-0.76)	(2.11)	(-0.04)	(0.12)
State			-0.0080	0.0232*	0.0117	0.0212	0.0169	0.0125	0.0223	0.0028
			(-0.38)	(1.66)	(0.76)	(1.21)	(1.03)	(0.80)	(1.29)	(0.18)
Board	0.0079	-0.0042	-0.0390	0.0585	0.0331	-0.0398	-0.0091	0.0346	0.0180	-0.0013
	(0.21)	(-0.10)	(-0.91)	(1.48)	(0.92)	(-0.83)	(-0.23)	(0.88)	(0.45)	(-0.03)
Indboard	0.1817	0.1204	0.1854	0.0749	0.1931*	0.0467	0.0969	0.1822	0.3226**	-0.1547
	(1.41)	(0.79)	(1.41)	(0.54)	(1.77)	(0.29)	(0.76)	(1.34)	(2.25)	(-1.28)
DIGI_Indus	0.4489	-0.5192*	-0.2156	0.0195	-0.1856	-0.2232	-0.0287	-0.5550	-0.3940	0.0148
	(1.14)	(-1.90)	(-0.77)	(0.06)	(-0.59)	(-0.73)	(-0.11)	(-1.30)	(-1.35)	(0.04)
Constant	1.3115***	1.2987***	1.2111***	1.4196***	1.2217***	1.4198***	1.4868***	0.9088***	1.1772***	1.4602***
	(6.43)	(5.12)	(5.94)	(5.44)	(6.16)	(6.62)	(7.49)	(3.82)	(5.76)	(6.10)
Industry	Yes	Yes	Yes	Yes	Yes	Yes	Yes	Yes	Yes	Yes
Year	Yes	Yes	Yes	Yes	Yes	Yes	Yes	Yes	Yes	Yes
Observations	8300	8405	8358	8347	10822	5883	10394	6311	8540	8165
Adj R^2	0.0255	0.0263	0.0251	0.0279	0.0235	0.0368	0.0260	0.0296	0.0316	0.0159
Diff-DIGI (P-value)	0.002***		0.012**		0.006***		0.070*		0.096*	

注：括号内为 t 统计量；*、**、***分别代表10%、5%、1%的显著水平。

（1）供应链集中度。供应链集中度的提高有助于整合上下游资源，给供应商（客户）、公司带来稳定的关系租金（Dyer & Singh，1998），从而有效降低了公司在采销活动中面临的不确定性、减少了交易成本（薛爽等，2018）。因此，数字化转型对牛鞭效应的抑制作用在供应链集中度越低时会越明显。本章使用上市公司向前五大供应商（客户）采购（销售）比例之和的均值刻画供应链集中度（*Scii*），即（向前五大供应商采购比例+向前五大客户销售比例）/2，并按照行业年度中位数进行分组（当 *Scii* 大于等于行业年度中位数时表明企业的供应链集中度较高），回归结果见表 7-14 第（1）、第（2）列。

（2）行业竞争状况。行业竞争状况会影响上下游企业的交易对手选择范围，进而影响供应链协调成本（Acemoglu et al.，2010）。行业竞争激烈时，供应商、客户可以在众多交易对象提供的产品及服务中进行选择，这种较强的议价能力会抬高供应链协调成本，而袁淳等（2021）认为数字化转型能够通过降低外部交易成本来缓解这一问题。本章参考张亮亮和李强（2019）的做法，采用企业所处行业的赫芬达尔—赫希曼指数（*HHI*）来衡量行业竞争状况，并按照年度中位数进行分组（当 *HHI* 大于等于年度中位数时表明行业竞争程度较低），回归结果见表 7-14 第（3）、第（4）列。

（3）供应链地理距离。经济主体间的地理邻近性能够有效节约交易成本，缓解信息不对称问题（Coval & Moskowitz，2001；Malloy，2005）。企业越临近客户，信息交流成本越低，可以更加了解客户需求，并进行合理的生产安排；与供应商的地理距离越近，则有助于降低运输成本、减少安全库存，从而提高了存货管理效率。因此，与供应商、客户的距离较远的企业更需要数字化信息技术来降低信息搜寻成本和沟通协调的难度，缓解因信息不对称而导致的牛鞭效应。本章根据上市公司、供应商、客户注册地址的经纬度信息计算供应链地理距离，并按照行业年度中位数构建分组变量（*Distance_G*）（当供应链地理距离大于等于行业年度中位数时取值为 1，否则为 0），回归结果见表 7-14 第（5）、第（6）列①。

从表 7-14 可以看出，相较于在供应链集中度较高、行业竞争程度较低、供应链地理距离较小的分组，在供应链集中度较低、行业竞争程度较高、供应链地理距离较大的分组中，数字化转型水平（*DIGI*）的系数更为显著。同时，本章还采用自抽样法（bootstrap）重复 1000 次计算得到的经验 P 值至少在 10%的水平上显著异于零，说明数字化转型水平在各组之间存在显著差异。

① 由于许多上市公司并未披露前五大供应商（客户）的情况，导致本部分样本存在较多缺失。

表 7-14 供应链协调成本的异质性分析

变量	(1) 供应链集中度较高	(2) 供应链集中度较低	(3) 行业竞争程度较低	(4) 行业竞争程度较高	(5) 供应链地理距离较大	(6) 供应链地理距离较小
DIGI	-0.1024	-0.2006***	-0.0709	-0.2141***	-0.2680**	-0.4303
	(-1.50)	(-3.01)	(-1.11)	(-3.16)	(-2.23)	(-1.62)
Size	0.0017	-0.0055	0.0016	-0.0024	0.0091	0.0117
	(0.24)	(-1.01)	(0.35)	(-0.27)	(0.95)	(1.10)
Lev	-0.1110***	-0.0452	-0.1430***	-0.0328	-0.0002	-0.1892**
	(-3.17)	(-1.04)	(-4.28)	(-0.73)	(-0.00)	(-2.58)
ROA	-0.1105	-0.4120***	-0.2117**	-0.2608**	0.0724	-0.6705***
	(-1.18)	(-2.81)	(-2.09)	(-2.07)	(0.38)	(-2.70)
Growth	-0.0103	-0.0200**	-0.0192***	-0.0110	0.0026	-0.0182
	(-1.52)	(-2.41)	(-2.69)	(-1.52)	(0.13)	(-1.32)
ACC	0.0002*	0.0003**	0.0001	0.0003**	0.0003	0.0006**
	(1.65)	(2.15)	(0.93)	(2.28)	(1.58)	(2.28)
GM	0.0360**	0.0500***	0.0597***	0.0347**	0.0747**	0.0999**
	(2.38)	(3.25)	(3.93)	(2.23)	(2.04)	(2.50)
CF	-0.0999	0.1314	-0.1210	0.0807	-0.0958	-0.1154
	(-1.26)	(1.30)	(-1.58)	(0.85)	(-0.55)	(-0.96)
FA	-0.0341	0.0036	-0.0157	-0.0303	0.0712	0.0637
	(-0.79)	(0.07)	(-0.38)	(-0.60)	(0.80)	(0.70)
Lnage	0.0009	-0.0003	0.0156	-0.0187	-0.0153	0.1417***
	(0.03)	(-0.01)	(0.79)	(-0.44)	(-0.40)	(3.07)
State	0.0384**	-0.0085	0.0053	0.0211	0.0086	0.0155
	(2.15)	(-0.60)	(0.37)	(1.14)	(0.37)	(0.56)
Board	-0.0176	0.0329	0.0754**	-0.0592	-0.0698	0.0167
	(-0.38)	(1.04)	(2.47)	(-1.19)	(-0.90)	(0.24)
Indboard	0.0615	0.2311**	0.0620	0.2063	0.2191	0.1643
	(0.43)	(2.06)	(0.52)	(1.40)	(0.76)	(0.68)
DIGI_Indus	-0.0276	-0.3645	-0.1152	-0.2487	0.6304	-1.2178
	(-0.09)	(-1.13)	(-0.44)	(-0.39)	(0.56)	(-1.24)
Constant	1.1889***	1.3511***	1.0767***	1.2699***	0.3220	0.3711
	(5.66)	(6.65)	(6.00)	(6.97)	(0.92)	(1.17)

续表

变量	(1)	(2)	(3)	(4)	(5)	(6)
	供应链集中度较高	供应链集中度较低	行业竞争程度较低	行业竞争程度较高	供应链地理距离较大	供应链地理距离较小
Industry	Yes	Yes	Yes	Yes	Yes	Yes
Year	Yes	Yes	Yes	Yes	Yes	Yes
Observations	8634	8071	7025	9680	1837	1838
Adj R^2	0. 0199	0. 0339	0. 0384	0. 0149	0. 0319	0. 0515
Diff-DIGI (P-value)	0. 011**		0. 000***		0. 087*	

注：括号内为 t 统计量；*、**、***分别代表10%、5%、1%的显著水平。

7.5.3 数字化转型影响企业牛鞭效应的经济后果分析

企业通过运用云计算、物联网、大数据等数字技术，对供应链各环节的信息进行收集和分析，实现对产品全生命周期的精细化管理（赵宸宇等，2021），有效降低了信息搜寻成本、协调成本和存货成本，缓解了牛鞭效应，实现对整个供应链资源的最优配置，最终有助于生产效率的提升。基于上述分析，本章拟对“数字化转型—牛鞭效应—生产效率”这一路径进行检验，使用Levinsohn和Petrin（2003）提出的LP法来测算生产效率（*TFP*），并借鉴温忠麟等（2004）提出的中介效应检验方法构建如下回归模型：

$$TFP_{i,t} = \vartheta_0 + \vartheta_1 DIGI_{i,t-1} + Controls + \sum Industry + \sum Year + \sigma_{i,t} \quad (7-9)$$

$$BULL_{i,t} = \beta_0 + \beta_1 DIGI_{i,t-1} + Controls + \sum Industry + \sum Year + \varepsilon_{i,t} \quad (7-10)$$

$$TFP_{i,t} = \gamma_0 + \gamma_1 BULL_{i,t} + \gamma_2 DIGI_{i,t-1} + Controls + \sum Industry + \sum Year + \pi_{i,t} \quad (7-11)$$

表7-15呈现了回归检验结果。第（1）列结果显示，*DIGI* 与 *TFP* 在5%的水平上显著正相关，说明数字化转型显著提高了企业生产效率，与赵宸宇等（2021）的研究结论相一致；第（2）列结果显示，*DIGI* 与 *BULL* 在1%的水平上显著负相关，说明数字化转型降低了企业牛鞭效应；第（3）列结果显示，*DIGI* 与 *TFP* 依然在5%的水平上显著正相关，且其数值小于第（1）列中 *DIGI* 的系数（0. 3920），同时 *BULL* 的系数在1%的水平上显著为负，说明牛鞭效应在数字化转型与企业生产率之间存在部分中介效应。本章还进行了Sobel检验，Z统计量达到1. 9348，在10%的水平上显著，同时，bootstrap中介效应检验（抽取自助样

本 1000 次）也得到了相同的结论。因此，数字化转型通过缓解牛鞭效应提高了企业生产率。

表 7-15 数字化转型、企业牛鞭效应与生产效率的回归结果检验

变量	(1)	(2)	(3)
	TFP	*BULL*	*TFP*
DIGI	0.3920** (2.11)	-0.1373*** (-3.04)	0.3865** (2.08)
BULL			-0.0403*** (-2.93)
Size	0.5604*** (49.28)	-0.0012 (-0.25)	0.5603*** (49.30)
Lev	0.7538*** (11.45)	-0.0852*** (-2.96)	0.7504*** (11.42)
ROA	1.9043*** (13.18)	-0.2301*** (-2.85)	1.8951*** (13.12)
Growth	0.0918*** (7.22)	-0.0140*** (-2.86)	0.0912*** (7.18)
ACC	-0.0020*** (-13.62)	0.0002** (2.48)	-0.0020*** (-13.59)
GM	-0.2448*** (-10.86)	0.0414*** (3.59)	-0.2431*** (-10.82)
CF	1.1648*** (11.42)	-0.0123 (-0.20)	1.1643*** (11.44)
FA	-1.2156*** (-16.19)	-0.0239 (-0.71)	-1.2165*** (-16.25)
Lnage	-0.0943*** (-2.76)	-0.0015 (-0.07)	-0.0943*** (-2.76)
State	0.0330 (1.42)	0.0149 (1.24)	0.0336 (1.45)
Board	-0.0317 (-0.50)	0.0071 (0.24)	-0.0314 (-0.50)
Indboard	-0.0560 (-0.27)	0.1330 (1.38)	-0.0507 (-0.24)

续表

变量	(1)	(2)	(3)
	TFP	*BULL*	*TFP*
DIGI_Indus	-0.9003** (-2.17)	-0.1709 (-0.77)	-0.9072** (-2.19)
Constant	-3.1111*** (-9.25)	1.2792*** (7.94)	-3.0595*** (-9.06)
Industry	Yes	Yes	Yes
Year	Yes	Yes	Yes
Observations	16705	16705	16705
Adj R^2	0.7461	0.0243	0.7463
Sobel 检验	1.9348*		
Ind_eff 检验 (P value)	0.019		

注：括号内为 *t* 统计量；*、**、*** 分别代表 10%、5%、1%的显著水平。

7.6 本章小结

数字技术与实体经济的深度融合正在逐步成为重组全球要素资源、重塑全球经济结构以及改变全球竞争格局的关键力量。本章以 2010~2020 年中国沪深两市 A 股上市公司为研究样本，对数字化转型与企业牛鞭效应之间的关系进行了多维度实证检验。研究表明，数字化转型能够显著缓解企业的牛鞭效应，并呈现出一定结构异质性特征，即云计算技术和产业互联网实践运用的融合创新可以在更大程度上缓解牛鞭效应。机制检验发现，企业数字化转型可以通过降低企业面临的市场不确定性、增强企业的创新能力，从而缓解牛鞭效应。在采取工具变量法、外生冲击检验、排除企业策略性行为等一系列稳健性检验后，基本结论仍然成立。截面分析表明，当数字化转型基础较好、供应链协调成本较高时，数字化转型对企业牛鞭效应的影响更为明显。进一步地，本章发现数字化转型通过降低企业牛鞭效应，还促进了生产效率的提升。

基于上述研究发现，本章的现实启示意义在于：

第一，对微观企业而言，首先要充分把握数字化转型机遇，建设基础数字技术平台，推进5G、云计算、物联网、大数据、人工智能等技术规模化集成应用，畅通数据要素流动，同时也要遵循差异化原则，按照自身情况选择数字化转型的具体路径，尤其是要注重云计算技术和产业互联网实践运用的融合创新；其次要加快建设数字营销网络，最大限度地挖掘需求潜力、消化吸收现有产能，利用数字技术帮助企业进行精准化市场预测、合理安排生产计划以及增强自主创新能力，有效打通供需间信息渠道，提高应对市场冲击时的协同性和快速反应能力，减少“牛鞭效应”，进而赋能企业提质增效。此外，企业在数字化转型过程中也要提升安全防护水平，加强平台、系统、数据等安全管理，加强安全资源储备。

第二，对管理部门而言，首先，要做好数字经济发展的顶层设计和体制机制建设，及时出台相关扶持政策（如政府补贴、税收优惠、引进人才、知识产权保护体系等），运用新型举国体制优势来推进数字技术与实体经济的深度融合、共生与创新，助力实现供应链的高级化和现代化。其次，政府要坚定不移地加大网络基础设施建设，提高数字技术基础研发能力，打好关键核心技术攻坚战，充分释放数字技术对提高供应链效率进而对企业高质量发展所产生的红利优势。最后，政府要根据不同企业的转型基础、不同行业的技术特点以及不同地区的资源禀赋实施差异化扶持政策，特别要发挥国有企业在推动新一代信息技术与制造业深度融合、打造数字经济新优势中的引领作用。

8　数字化转型与审计收费

8.1　引言

外部审计是指由独立且有资质的专业会计师事务所或者审计机构对企业的财务报表进行审查和核实的过程。作为资本市场重要的参与者，外部审计通过出具审计意见，确保财务报告准确性和可靠性，为投资者提供决策支持。站在企业自身的视角，外部审计可以增加企业财务报告的可信度，获取财务报告使用者的信任，进而吸引投资、获得贷款并与各种利益相关者保持积极关系。此外，外部审计还在企业风险管理中发挥重要作用。经过专业培训的外部审计师有能力识别企业内部控制存在的问题，发现财务报告背后潜藏的错误和违规行为，并可以对企业经营过程中存在的风险进行评估，对企业经营中是否遵循了相关法律法规进行判断。被审计企业可以根据审计报告，对自身风险管理框架进行调整，完善自身的抗风险能力，降低出现负面事件的可能。同时，也达到了保护财务报告使用者的权益的目的。

外部审计涉及审计费用收取的问题，整体而言，目前我国会计师事务所收费较低。王鹏程和姚立杰（2023）对境内审计收费和境外审计收费做了详细对比：均值方面，2000~2020 年，境外的审计费用占被审计企业总资产比例为 1.65‰，境内审计费用占比为 0.34‰，境外审计收费约为境内的 4.85 倍；境外的审计费用占被审计企业总收入比例为 4.53‰，境内审计费用占比为 1.65‰，境外约为境内的 2.75 倍；境外的审计费用占被审计企业净利润的比例为 59.19‰，境内审计收费占比为 25.03‰，境外约为境内的 2.36 倍；有关境外和境内审计收费比例的中位数也大致如此。可见，我国审计收费明显低于国外审计收费，其背后的原因主要是行业内低价恶性竞争所致。王鹏程和姚立杰（2023）

的统计结果表明，截至2020年底，境内会计师事务所有9800家，但A股上市公司在2020年初仅有3759家，远少于会计师事务所。2021年，由国际四大会计师事务所审计的境内上市公司数量仅占当年上市公司总数的7.78%。可见我国境内审计市场集中度虽然有上升的趋势，但仍然处于较低水平，除去“国际四大”所占有的市场份额，境内本土所在整个审计市场的竞争态势仍然十分激烈（陈艳萍和杨淑娥，2010）。本土的事务所中，存在众多小型会计师事务所，这些事务所由于缺乏人才、服务同质化，不得不采取低价恶性竞争的策略来保证自己的竞争力和市场份额。

2021年国务院办公厅颁布《国务院办公厅关于进一步规范财务审计秩序促进注册会计师行业健康发展的意见》，其中指出要“从源头有效遏制恶性竞争”。除了需要“看得见的手”帮助整治行业外，研究审计收费的影响因素、挖掘可行的解决方案也至关重要。

鉴于外部审计在提升公司治理能力、建立健全具有中国特色的资本市场以及实现经济高质量发展方面的重要性，审计定价的影响因素成为公司金融领域的热点问题。从宏观层面来看，影响审计收费的因素有审计市场的竞争程度（Raak et al.，2020；王鹏程和姚立杰，2023）和税收监管（郑建明等，2021）等。从微观层面来看，作为审计市场的供给方，审计师事务所的规模、行业专长、专业能力、品牌溢价、审计任期等都会影响审计定价（Bhattacharya et al.，2019；Caneghem，2010；Carson，2007；Choi et al.，2010；Mohd Kharuddin et al.，2017；刘成立，2005；苏文兵等，2010；张晨宇等，2007）。作为审计市场的需求方，被审计公司的规模、业务复杂性、行业特点会影响审计定价（Adnyani，2020；Anderson，1994；Nugroho，2017；Taylor，1981）。此外，被审计公司的公司治理因素，如管理层盲目自信、管理层背景和董事会特征等也会影响审计定价（韩晓宇和张兆国，2021；王珣等，2018；权小锋等，2018）。然而，已有研究较少关注企业数字化转型对审计定价的影响。

随着技术革命和产业变革的深入发展，工业化与信息化深度融合。数字经济作为一种新兴的经济形态，利用信息和数据作为新的生产要素，深刻改变了企业的传统生产方式和商业模式。数字化转型不仅为企业在新形势下提供了成长的机会，也为解决固有问题、处置旧资源、规范组织结构、提高治理效率提供了突破口，赋予企业巨大的竞争力和发展潜力。鉴于此，本章以2010~2022年中国沪深A股上市公司为样本，实证分析企业数字化转型对审计定价的影响。研究结果表明，企业数字化转型对审计定价具有显著负向影响。企业的数字化转型程度越高，降低企业财务报告审计费用的作用越显著。在采用工具变量法、倾向得分匹配和替代衡量指标检验等多种稳健性测试方法后，研究结论依然成立。进一步研究表明，企业数字化转型通过改善公司治理降低审计定价。分样本回归结果发现，相较于非国有企业，国有企业具有更完备的公司治理和较低的审计意见购买动机，可以更好地发挥数字化转型在降低审计收费方面的作用。四大审计公司因良好的声誉具有更高的品牌溢价，且对企业具有更强的外部治理能力，一定程度上替代了数字化转型对审计风险与成本降低的作用，使企业数字化转型只对非四大审计师事务所的定价存在显著负向影响。当高管团队特质差异较大时，导致决策质量和效率偏低，企业数字化转型对于降低审计收费的影响更为显著。管理层稳定性越高，越利于避免管理层短视行为，有利于数字化转型的实施贯彻，从而发挥其降低审计收费的作用。

本章的研究贡献有以下几点：首先，现有文献在研究企业内部因素对审计定价的影响时，主要关注企业的财务特征、业务特点、高管特征等对于审计定价的影响，少有研究关注企业技术革新对审计定价的影响。本章从企业实施数字化转型的战略视角分析其对审计定价的影响，拓展了审计定价影响因素的文献。其次，已有文献更多关注企业数字化转型对于企业财务绩效等的影响，对资本市场参与者的影响主要聚焦于权益投资人和债务投资人。本章探讨企业数字化转型如何影响外部审计师这类重要的资本市场参与者在提供专业服务中的定价行为，厘清企业数字化转型对审计定价的作用路径，深化了对企业数字化转型的治理效应的研究。

本章的后续内容安排如下：第 2 节为理论分析与研究假设；第 3 节为研究设计，包括数据来源与样本选择、模型设计与变量定义；第 4 节为实证结果分析，包括描述性统计、相关性分析、回归结果分析和稳健性检验；第 5 节为拓展性研究，探讨数字化转型对审计定价的作用机制，并考察产权性质、审计师声誉和被审计公司高管特征差异等对企业数字化转型与审计定价作用的差异化的影响；第 6 节是本章小结。

8.2 理论分析与研究假设

企业数字化转型对审计定价的影响机理主要体现为企业数字化转型可以改善公司治理、降低审计风险，进而降低审计定价。首先，从企业营运来看，数据仓库、大数据等数字化技术的实施，提升了企业信息处理的能力与效率（Frynas et al.，2018；Jeffers et al.，2008；Vial et al.，2019；刘淑春等，2021；吴非等，2021；杨震宁等，2021）。企业通过挖掘海量的非结构化数据中所包含的信

息，能够更准确地了解市场趋势和客户需求，有针对性地开展创新（Lai et al.，2023；Liu et al.，2023）。数字化转型对企业价值链进行重塑，利于优化内部业务流程，消除非价值增值作业活动，增强与上下游企业的联系，通过协同作业与创新，增强价值链稳定性，降低市场交易成本（Loebbecke & Picot，2015；Goldfarb & Tucker，2019；Chen et al.，2022）。此外，人工智能技术等的应用，提升了企业重复性和基础性工作的效率，减少错误发生的可能性、降低企业的运营风险的同时，也让企业集中资源进行更多的价值创造活动（Collins et al.，2021；Davenport & Ronanki，2018；Li et al.，2021；Mikalef & Gupta，2021；Syam & Sharma，2018）。生产效率的提升和风险的降低带来企业财务业绩的改善，有效降低了公司开展财务舞弊、盈余管理和粉饰财务报表等行为的动机。其次，从组织结构变革来看，数字化转型有效提高了组织的灵活性（Goldfarb & Tucker，2019；Vial et al.，2019）。数字化转型带来的组织结构的扁平化、平台化和虚拟化加速组织内部信息沟通的准确性和及时性，提升决策效率，降低运营风险（刘柏建和刘孔玲，2022）。数字化转型密切了各项业务流程间的联系，提升了业务流程的透明度，便于组织内部互相监督（Leignel et al.，2016；高万青，2014）。再次，数字化转型的实施提升了企业的内部信息治理能力。区块链等分布式电子记账技术的使用，可以保证企业财务信息记录可靠性，避免财务与交易信息被篡改，降低了信息识别成本（Li et al.，2021）。财务共享、云计算等的实施，帮助打破“信息孤岛”问题，便于企业统一财务数据口径，方便数据收集、分析和共享，降低了财务报告编制的信息成本，提升了财报信息含量，可以避免信息人为操纵、改进内部控制、提升公司治理水平，降低了企业内部的信息不对称，压缩了管理层的机会主义行为空间，降低了管理层和股东代理成本（Jiang et al.，2023；Kong & Liu，2023；Xu et al.，2023）。最后，数字化转型的实施能改善企业外部的利益相关者参与公司治理的水平。企业依托网站、视频公众号、官方微信等数字化平台及时披露信息，拓展了利益相关者获取信息的渠道，增加了企业与利益相关者的互动，利于降低信息不对称，提升信息透明度，强化外部治理水平（He et al.，2022；Lai et al.，2023；Manita et al.，2020；Yermack et al.，2017；Zhu et al.，2019）。从审计服务提供来看，企业数字化转型的实施，能为审计工作及时和全面开展提供所需数据，也能为审计工作提供更灵活的审计工作处理工具、更便捷的审计信息检索平台、更科学的审计工作协调思路、更高效的审计决策流程。例如，在数据库系统和数据分析软件的支持下（Liu，2020），审计师更容易审查公司的控制、活动、流程、技术等方面，能更流畅地与客户公司对接，更全面、更详细地分析潜在的审计风险，便于提升审计效率，降低审计成本。

综上所述，根据信息不对称理论、信号理论，依托数字化转型，企业运营效率提升，经营风险下降，内部控制提升，公司治理水平得以改善，管理层机会主义行为得到抑制。积极信号的传递降低了审计师因信息不对称导致的信息搜集成本。基于风险导向的审计理论，数字化转型带来的信息透明度的提升，降低了企业自身重大错报风险的可能性。此外，数字化转型的实施，能提升审计工作效率，降低控制检查风险的成本。公司治理水平的提升和信息披露质量的改善，导致会计师事务所要求较低的风险溢价。基于以上分析，本节提出如下假设：

H8-1a：企业数字化程度与审计定价负相关。

然而，企业数字化转型过程中也会造成一系列问题，给企业带来风险，进而提升审计收费。

数字化转型作为企业重大的战略决策，实施过程中存在诸多问题。一方面，数字化转型可以重塑企业价值链，对商业模式、业务与流程、相关制度等进行调整，甚至带来新模式、新业态，导致其与原有模式、流程和制度等形成冲突，降低企业运营效率（Jacobides et al.，2018）。另一方面，数字化转型导致的组织架构的调整可能打破各部门间原有的利益平衡，使各部门为谋求自身利益而牺牲企业整体价值最大化。这两方面均会导致运营风险提升，影响审计师对预期风险的判断。此外，数字化转型带来的技术和人才压力也不容忽视。高度复杂的数字系统和专业的数字信息对公司内部用户和外部审计师的技术水平、工作能力、理解能力和适应性提出了更高的要求，员工可能因胜任力问题存在隐性缺勤，提升了审计成本。因此，企业数字化变革往往无法实现预期的收入增长（Gebauer et al.，2020），反而可能会让企业承担更多的管理费用、增加协同难度以及降低研发效率（Jacobides et al.，2018），即存在“数字化悖论”的现象。此外，数字化转型的复杂性可能会滋生企业管理者利用数字技术掩盖盈余管理质量、基于计算机和电子系统进行高科技欺诈的可能性，从而降低会计信息质量，提高审计风险（柯君行，2022）。企业实施数字化转型导致其处于更复杂的业务环境中，数字化转型降低信息不对称的作用无法有效发挥。相反地，管理层作为推动企业数字化转型的关键因素，在数字化转型过程中往往需要进行大量的例外决策。这给予了管理层更多的裁量权，企业内部控制系统可能短时失效，管理层会因信息不对称的道德风险和逆向选择行为损害股东利益和公司价值。内部控制失效，使得审计师面临更高的控制风险；信息不对称的加剧，也导致会计师事务所耗费更多资源控制检查风险，导致更高的风险溢价。成本上升和风险预期提升，都会体现在审计定价中（刘成立和韩新新，2012；潘克勤，2008）。基于此，本节提出如下假设：

H8-1b：企业数字化程度与审计定价正相关。

8.3 研究设计

8.3.1 数据来源与样本选择

本章选取2010~2020年的沪深两市A股上市公司为研究对象，并按照以下程序对初始样本进行筛选：①剔除在样本期间被ST和*ST处理的上市公司样本；②剔除金融类上市公司样本；③剔除破产和收入为负等财务数据异常的上市公司样本；④剔除财务数据和公司治理数据缺失的样本。经过处理，最终获得12286个公司—年度观测值。企业数字化转型通过上市公司财务报告文本分析获得，其他公司财务数据、治理数据和审计收费数据均来源于国泰安（CSMAR）数据库。除此之外，为消除极端值的干扰，本章对所有连续变量在前后两端进行1%的Winsorize缩尾处理。

8.3.2 模型设计与变量定义

为研究企业数字化转型对审计费用的影响，本章设定如下模型：

$$Auditfee_{i,t} = \beta_0 + \beta_1 DIGI_{i,t} + X_{i,t} + \sum Industry + \sum Year + \varepsilon_{i,t} \quad (8-1)$$

其中，下标 i 为公司，t 为年份，被解释变量为审计收费（*Auditfee*），β_0 表示截距项，β_1 为解释变量数字化转型水平（*DIGI*）的待估参数。若 β_1 显著为负（正），表明数字化转型能够降低（提升）审计收费，研究假设H8-1a（b）成立。$X_{i,t}$ 表示控制变量集，*Industry*、*Year* 分别表示行业和年度固定效应，$\varepsilon_{i,t}$ 为随机扰动项。

Auditfee 代表审计收费。首先对CSMAR数据库中沪深A股上市公司审计报告中披露的按季度审计费用每年进行汇总，其次将货币结算单位标准化为人民币，最后对获得的审计费用取自然对数作为被解释变量的代理变量。

DIGI 代表数字化转型。本章参考已有研究（Chen & Srinivasan，2023；吴非等，2021；赵宸宇等，2021）的研究，利用文本分析法构建解释变量。首先，从上市公司年度报告的管理层讨论与分析板块，利用python软件抓取有关数字技术、互联网商业模式、智能制造以及信息系统等与数字化转型相关的种子词构建特征词库。随后，利用python软件的“jieba”分词功能，分析和统计上市公司年报中数字化转型关键词的词频。其次以关键词的文本占比度量上市公司的数字

化转型水平（*DIGI*）。

借鉴已有研究（权小锋等，2018；宋常等，2020；张永珅等，2021），本章研究选取的控制变量包括：①公司财务特征变量，具体有企业收入增长率（*GROWTH*）、财务杠杆（*LEV*）、盈利能力（*ROA*）、营运能力（*ATO*）、经营损失（*LOSS*）；②公司治理特征变量，具体有董事会独立性（*INDEP*）、CEO 两职合一（*DUAL*）、股权集中度（*TOP*1）、股权制衡度（*BALANCE*）、机构投资人持股比例（*INST*）和管理层持股比例（*MSHARE*）。模型还控制公司规模（*SIZE*）、公司年龄（*AGE*）、公司成长性（*TobinQ*）的差异化影响。此外，选择审计意见作为本年度审计决定是否为标准审计意见（*OPINION*）的变量，来控制研究中使用的审计信息的公平性和可信度。各变量定义见表 8-1。

表 8-1　变量定义及说明

变量类型	变量名称	变量符号	变量定义
因变量	审计收费	*Auditfee*	公司当年审计费用的自然对数
自变量	数字化转型水平	*DIGI*	基于文本分析和词频统计获得的数字化转型词频的文本占比×100
控制变量	财务杠杆	*LEV*	总负债/总资产
	盈利能力	*ROA*	净利润/总资产
	营运能力	*ATO*	营业收入/总资产
	收入增长率	*GROWTH*	公司营业收入与去年营业收入比值-1
	经营损失	*LOSS*	如果公司当年利润为负，取值为 1，否则为 0
	公司规模	*SIZE*	公司总资产取自然对数
	董事会独立性	*INDEP*	独立董事人数/董事会人数
	CEO 两职合一	*DUAL*	董事长和总经理两职合一时取值为 1，否则为 0
	股权集中度	*TOP*1	第一大股东持有股票数/公司总股本
	股权制衡度	*BALANCE*	前五大股东持股数/第一大股东持股数量
	机构投资人持股比例	*INST*	机构投资人持股数量/公司总股本
	管理层持股比例	*MSHARE*	管理层持股数量/公司总股本
	公司成长性	*TobinQ*	（年末流通股市值+非流通股市值+长期负债合计+短期负债合计）/年末总资产
	公司年龄	*AGE*	公司成立年数+1 后取自然对数
	审计意见	*OPINION*	当审计意见为标准无保留意见，取值为 1，否则为 0

8.4 实证结果分析

8.4.1 描述性统计

表 8-2 为本章研究所用样本的描述性统计。企业的审计收费（*Auditfee*）的均值为 13.850；其标准差为 0.668，取值介于 11.51~16.90。企业数字化转型水平（*DIGI*）介于 0~0.33，均值为 0.108，标准差为 0.160，显示出样本企业的数字化转型水平也存在显著差异。关于控制变量，样本企业在财务杠杆（*LEV*）、企业盈利能力（*ROA*）、营运能力（*ATO*）、收入增长率（*GROWTH*）、经营损失（*LOSS*）、公司成长性（*TobinQ*）等方面都存在较大差异。关于公司治理特征变量，样本公司在董事会独立性（*INDEP*）、*CEO* 两职合一（*DUAL*）情况、股权集中度（*TOP*1）、股权制衡度（*BALANCE*）、机构投资人持股比例（*INST*）、管理层持股比例（*MSHARE*）等方面也存在较大差异。整体而言，以上控制变量的描述统计结果与前人研究文献基本一致。

表 8-2 描述性统计结果

变量	N	均值	标准差	最小值	中位数	最大值
DIGI	12286	0.108	0.160	0.000	0.046	0.330
Auditfee	12286	13.850	0.668	11.510	13.760	16.900
SIZE	12286	21.850	1.192	19.170	21.680	26.430
LEV	12286	0.420	0.203	0.027	0.417	0.990
ROA	12286	0.040	0.068	-0.398	0.040	0.254
ATO	12286	0.659	0.455	0.050	0.554	3.262
GROWTH	12286	0.190	0.416	-0.750	0.129	4.330
LOSS	12286	0.108	0.310	0.000	0.000	1.000
INDEP	12286	0.356	0.084	0.000	0.333	0.600
DUAL	12286	0.262	0.440	0.000	0.000	1.000

续表

变量	N	均值	标准差	最小值	中位数	最大值
*TOP*1	12286	0. 342	0. 148	0. 081	0. 315	0. 758
BALANCE	12286	0. 738	0. 612	0. 005	0. 573	2. 961
TobinQ	12286	1. 979	1. 293	0. 802	1. 585	17. 73
AGE	12286	1. 925	0. 863	0. 000	2. 079	3. 367
INST	12286	0. 307	0. 243	0. 000	0. 281	0. 887
MSHARE	12286	0. 129	0. 196	0. 000	0. 003	0. 708
OPINION	12286	0. 960	0. 195	0. 000	1. 000	1. 000
SOE	12286	0. 331	0. 471	0. 000	0. 000	1. 000
*Big*4	12286	0. 036	0. 187	0. 000	0. 000	1. 000
GOV	12286	0. 065	1. 027	-2. 259	-0. 153	3. 873

8. 4. 2 相关性分析

表 8-3 为本章研究主要变量的皮尔森相关系数。其中，数字化转型水平（*DIGI*）与审计收费（*Auditfee*）在 1%的水平上显著负相关，说明在不考虑其他因素的情况下，数字化转型能够降低审计收费。关于控制变量，公司营运能力（*ATO*）越强，规模（*SIZE*）越大，股权集中度（*TOP*1）越高，机构投资人持股比例（*INST*）越高，公司年龄（*AGE*）越长，审计收费越高；而当独立董事比例（*INDEP*）越高，不存在 *CEO* 两职合一（*DUAL*）问题，股权制衡度（*BALANCE*）较高，管理层持股比例（*MSHARE*）较高，公司成长性（*TobinQ*）较好时，审计收费较低。个别变量与审计收费的相关系数与常规预期不太一致，还需进一步通过实证模型检验。整体来看，所有控制变量的相关系数都比较小，说明多重共线性问题并不严重。此外，本节还进一步利用方差膨胀因子（VIF）进行了多重共线性的诊断，各变量的 VIF 最大值为 2. 57，均值为 1. 63，远低于多元回归模型的经验法则 10. 00（Kennedy，1998），说明回归模型中的各变量之间不存在严重的共线性问题。

表 8-3　皮尔森相关系数矩阵

变量	*Auditfee*	*DIGI*	*LEV*	*ROA*	*ATO*	*GROWTH*	*LOSS*	*SIZE*	*INDEP*	*DUAL*	*TOP1*	*BALANCE*	*INST*	*MSHARE*	*TobinQ*	*AGE*	*OPINION*
Auditfee	1.000																
DIGI	-0.056***	1.000															
LEV	0.101***	-0.040***	1.000														
ROA	-0.008	0.001	-0.380***	1.000													
ATO	0.017*	0.012	0.147***	0.196***	1.000												
GROWTH	-0.007	0.013	0.021**	0.263***	0.170***	1.000											
LOSS	0.001	-0.002	0.202***	-0.672***	-0.139***	-0.204***	1.000										
SIZE	0.070***	-0.019**	0.442***	0.003	0.067***	0.049***	-0.051***	1.000									
INDEP	-0.059***	0.021**	-0.022**	-0.007	0.016*	-0.010	0.021**	0.128***	1.000								
DUAL	-0.077***	0.007	-0.134***	0.047***	-0.021**	0.021**	-0.007	-0.080***	0.181***	1.000							
TOP1	0.045***	-0.022**	0.067***	0.124***	0.120***	0.041***	-0.100***	0.131***	-0.037***	-0.064***	1.000						
BALANCE	-0.054***	0.023***	-0.162***	0.015*	-0.063***	0.023***	0.015*	-0.114***	0.003	0.066***	-0.700***	1.000					
INST	0.019**	0.014*	0.150***	0.097***	0.106***	0.009	-0.047***	0.478***	0.199***	-0.063***	0.216***	-0.115***	1.000				
MSHARE	-0.122***	0.015*	-0.335***	0.196***	-0.029***	0.052***	-0.097***	-0.219***	0.184***	0.261***	-0.115***	0.261***	-0.281***	1.000			
TobinQ	-0.053***	0.037***	-0.232***	0.121***	-0.036***	0.019**	0.040***	-0.277***	0.081***	0.069***	-0.147***	0.072***	0.153***	0.033***	1.000		
AGE	0.113***	-0.024***	0.376***	-0.259***	-0.038***	-0.077***	0.152***	0.477***	0.153***	-0.155***	-0.101***	-0.159***	0.387***	-0.442***	0.049***	1.000	
OPINION	-0.008	0.003	-0.144***	0.324***	0.073***	0.095***	-0.309***	0.040***	0.065***	0.020**	0.069***	-0.048***	0.069***	0.073***	-0.035***	-0.084***	1.000

8.4.3 基准回归结果

表 8-4 报告了模型（8-1）的回归结果。其中，第（1）列仅包括自变量，并控制年度和行业固定效应。数字化转型水平（*DIGI*）的回归系数为-23.74，在 1%的置信水平上显著（t 值为-6.530）。第（2）列中，进一步控制公司财务特征。数字化转型水平（*DIGI*）的回归系数为-22.06 且在 1%的置信水平上显著（t 值为-6.079）。第（3）列控制公司治理特征等变量对审计收费的影响，数字化转型水平（*DIGI*）的回归系数为-19.25 且在 1%的置信水平上显著（t 值为-5.202）。第（4）列进一步控制审计意见对审计收费的潜在影响，数字化转型水平（*DIGI*）的回归系数为-19.25 且在 1%的置信水平上显著（t 值为-5.202）。以上结果表明，企业数字化转型程度对审计收费具有显著的负向影响。关于回归结果的经济含义，以第（4）列结果的回归系数为例，企业数字化转型水平每提高 1 个百分点，审计收费就下降约 19.25%。综上所述，企业数字化转型无论在统计意义还是在经济含义上，均对审计收费具有负向作用，支持了研究假设 H8-1a。

关于控制变量，董事会独立性越强，机构投资人持股越多，管理层持股比例越高，公司成长性越高，审计收费越低，说明公司治理机制发挥了较好的治理效果，抑制了信息不对称和代理问题等带来的负面影响。此外，当企业的财务杠杆较高、股权集中度较高、股权制衡度较低时，企业面临较高的审计收费。

表 8-4　数字化转型与审计收费的回归结果

变量	(1)	(2)	(3)	(4)
	Auditfee	*Auditfee*	*Auditfee*	*Auditfee*
DIGI	-23.740***	-22.060***	-19.250***	-19.250***
	(-6.530)	(-6.079)	(-5.202)	(-5.202)
LEV		0.385***	0.195***	0.194***
		(12.146)	(5.069)	(5.035)
ROA		0.437***	0.689***	0.697***
		(3.494)	(5.161)	(5.176)
ATO		-0.007	0.000	0.000
		(-0.509)	(0.033)	(0.034)
GROWTH		-0.031*	-0.024	-0.024
		(-2.152)	(-1.591)	(-1.588)

续表

变量	(1)	(2)	(3)	(4)
	Auditfee	*Auditfee*	*Auditfee*	*Auditfee*
LOSS		0.009 (0.370)	0.036 (1.362)	0.034 (1.303)
SIZE			-0.011 (-1.506)	-0.011 (-1.497)
INDEP			-0.261* (-2.312)	-0.261* (-2.309)
DUAL			-0.043** (-3.143)	-0.043** (-3.143)
*TOP*1			0.344*** (5.386)	0.342*** (5.356)
BALANCE			0.044** (2.960)	0.044** (2.922)
INST			-0.119*** (-3.685)	-0.118*** (-3.661)
MSHARE			-0.179*** (-4.790)	-0.179*** (-4.793)
TobinQ			-0.018*** (-3.405)	-0.018*** (-3.428)
AGE			0.102*** (10.237)	0.102*** (10.214)
OPINION				-0.015 (-0.441)
Constant	13.870*** (2002.628)	13.700*** (754.587)	13.850*** (90.936)	13.860*** (89.009)
YEAR	Yes	Yes	Yes	Yes
INDUSTRY	Yes	Yes	Yes	Yes
N	12286	12286	12286	12286
R-squared	0.003	0.014	0.034	0.034

注：括号内为 *t* 统计量；*、**、*** 分别代表 10%、5%和 1%的显著水平。

8.4.4 稳健性检验

为了增强结果的可靠性，依次进行如下稳健性检验：首先，采用工具变量法以缓解遗漏变量可能导致的内生性问题对本章结论的影响。其次，考虑到样本选择偏差问题，采用倾向得分匹配进行稳健性检验。最后，考虑到代理变量度量偏差问题，构造新的度量指标进行稳健性检验。稳健性检验的结果与基准回归分析的结果保持一致。

8.4.4.1 工具变量法

本章的研究不存在反向因果关系问题。然而，由于遗漏变量导致的内生性问题会影响模型的稳健性，即模型中可能存在既影响企业数字化转型水平又影响审计收费的变量。因此，本章采用工具变量法来进行检验，一定程度上解决了遗漏变量带来的内生性问题。参照宋德勇等（2022）的做法，本章采用与样本企业相同行业的其他公司的数字化转型水平的年度均值作为工具变量（*DIGI_IV*）。一方面，公司可以感知到业内同行的数字化转型水平，并相应地调整自身的数字化转型的策略。换言之，行业的数字化转型水平与企业的数字化转型水平相关。另一方面，行业的数字化水平不能直接影响特定企业的审计收费。因此，选择的工具变量满足外生性和相关性的要求。基于此，本章采用两阶段最小二乘法（2SLS）进行回归，结果如表 8-5 所示。

表 8-5 的第一阶段回归结果显示，工具变量 *DIGI_IV* 的估计系数在 1%的水平上显著为正，与理论预期一致。同时，弱工具变量检验的 Crag-Donald F 统计量为 267.56，远大于 10%的水平上的阈值 16.38，拒绝了存在弱工具变量的原假设。第二阶段的回归结果表明，企业数字化转型水平（*DIGI*）的系数依然在 1%的水平上显著为负，表明在控制了遗漏变量偏误可能导致的内生性问题后，企业数字化转型水平仍然与审计收费显著负相关，进一步支持了研究假设 H8-1a。

表 8-5 数字化转型与审计收费的回归结果

变量	(1)	(2)
	DIGI	*Auditfee*
DIGI_IV	1.001***	
	(458.382)	
DIGI		-1.143***
		(-4.225)

续表

变量	(1)	(2)
	DIGI	*Auditfee*
LEV	-0.029***	0.198***
	(-8.097)	(5.002)
ROA	-0.121***	0.832***
	(-6.524)	(5.569)
ATO	0.005	0.017
	(0.929)	(1.195)
GROWTH	0.005*	-0.027
	(1.826)	(-1.565)
LOSS	-0.012***	0.040
	(-4.191)	(1.506)
SIZE	0.003***	-0.017**
	(5.661)	(-2.263)
INDEP	0.016**	-0.318***
	(2.242)	(-2.783)
DUAL	-0.003***	-0.050***
	(-3.074)	(-3.712)
*TOP*1	-0.037***	0.243***
	(-7.275)	(3.776)
BALANCE	-0.004***	0.031**
	(-3.774)	(2.084)
INST	0.014**	-0.078**
	(2.597)	(-2.420)
MSHARE	-0.004**	-0.228***
	(-2.939)	(-6.193)
TobinQ	0.004***	-0.027***
	(6.074)	(-4.329)
AGE	-0.011***	0.101***
	(-6.933)	(9.742)
OPINION	-0.001	-0.018
	(-0.197)	(-0.532)

续表

变量	(1)	(2)
	DIGI	*Auditfee*
Constant	-0.030** (-2.306)	14.297*** (89.663)
YEAR	Yes	Yes
INDUSTRY	Yes	Yes
N	12286	12286
R-squared	0.096	0.065
F	267.555	

注：括号内为 *t* 统计量；*、**、*** 分别代表 10%、5%和 1%的显著水平。

8.4.4.2　倾向得分匹配

虽然基准回归分析表明企业数字化转型降低了审计收费，但这种关系可能受到样本选择偏差问题的干扰。数字化转型通常需要更好的资源禀赋、资金实力和治理水平，因而数字化转型水平不同的企业可能本身就存在差异，进而导致企业面临的审计收费存在差异。为缓解这一问题对基本结论的影响，为确保上述结果的稳健性，本章也采取了倾向得分匹配法（PSM）来缓解可能存在的选择性偏误问题。本章首先根据数字化转型水平（*DIGI*）的行业年度中位数构建分组变量（*DIGI_DUM*），构建 logit 模型并同时选取模型（8 1）中的所有控制变量作为协变量；采用“最近邻匹配法”构建控制组，并按 1∶1 的比例按照无放回抽样进行配对。表 8-6 列示出倾向得分匹配的平衡性测试结果，可以看出在匹配前处理组和控制组特征变量的差距较大，在匹配后差距缩小，说明数据的平衡效果较好。

表 8-6　平衡性测试结果

变量		均值		偏差（%）	偏差绝对值缩小程度（%）	t 检验	
		处理组	控制组			t 值	p 值
LEV	匹配前	0.405	0.425	-9.600		-5.050	0.000
	匹配后	0.406	0.411	-2.400	75.100	-1.090	0.276
ROA	匹配前	0.042	0.040	1.800		0.930	0.353
	匹配后	0.042	0.043	-2.200	-24.200	-1.000	0.319

续表

变量		均值		偏差（%）	偏差绝对值缩小程度（%）	t 检验	
		处理组	控制组			t 值	p 值
ATO	匹配前	0.658	0.675	-3.900		-1.710	0.087
	匹配后	0.658	0.660	-0.400	822.700	-0.220	0.826
GROWTH	匹配前	0.195	0.178	4.600		2.440	0.0150
	匹配后	0.194	0.214	-5.500	-19.800	-2.450	0.0140
LOSS	匹配前	0.106	0.108	-0.400		-0.220	0.822
	匹配后	0.106	0.101	1.700	-285.800	0.760	0.446
SIZE	匹配前	21.860	21.910	-4.100		-2.130	0.0330
	匹配后	21.86	21.90	-3.800	6.600	-1.720	0.0850
INDEP	匹配前	0.371	0.371	-0.800		-0.410	0.679
	匹配后	0.371	0.370	1.500	-83.000	0.670	0.505
DUAL	匹配前	0.288	0.276	2.700		1.440	0.150
	匹配后	0.289	0.291	-0.500	82.200	-0.220	0.826
*TOP*1	匹配前	0.339	0.342	-2.100		-1.120	0.262
	匹配后	0.339	0.340	-0.900	56.500	-0.430	0.669
BALANCE	匹配前	0.749	0.736	2.100		1.090	0.275
	匹配后	0.749	0.743	1.000	54.000	0.440	0.659
INST	匹配前	0.325	0.319	2.400		1.230	0.217
	匹配后	0.325	0.321	1.600	33.800	0.710	0.480
MSHARE	匹配前	0.140	0.135	2.700		1.400	0.163
	匹配后	0.140	0.145	-2.600	3.200	-1.160	0.244
TobinQ	匹配前	2.046	1.945	8.500		4.500	0.000
	匹配后	2.043	2.023	1.700	80.100	0.740	0.459
AGE	匹配前	1.912	1.980	-7.900		-4.150	0.000
	匹配后	1.911	1.905	0.700	90.700	0.330	0.742
OPINION	匹配前	0.965	0.964	0.600		0.310	0.758
	匹配后	0.965	0.962	1.500	-145.500	0.650	0.516

随后，我们用匹配后的样本重新估计模型（8-1），回归结果如表 8-7 所示，可以看到，数字化转型水平（*DIGI*）的估计系数依然显著为负，表明在使用配对方法控制样本选择性偏差后，企业数字化转型水平与审计收费显著负相关，进一

步支持了本章的研究结论。

表 8-7　倾向得分匹配样本的回归结果

变量	(1)	(2)
	Auditfee	Auditfee
DIGI	-15.530** (-2.51)	-14.171** (-2.25)
LEV		0.180*** (4.213)
ROA		0.608** (2.726)
ATO		-0.008 (-0.998)
GROWTH		-0.039*** (-3.091)
LOSS		0.015 (0.734)
SIZE		-0.006 (-1.449)
INDEP		-0.259** (-2.516)
DUAL		-0.064*** (-3.786)
TOP1		0.427*** (9.643)
BALANCE		0.069*** (5.810)
INST		-0.073*** (-4.338)
MSHARE		-0.208*** (-4.017)
TobinQ		-0.028*** (-6.959)

续表

变量	(1)	(2)
	Auditfee	*Auditfee*
AGE		0.109 *** (14.503)
OPINION		0.028 (1.635)
Constant	13.840 *** (189.887)	13.677 *** (117.447)
YEAR	Yes	Yes
INDUSTRY	Yes	Yes
N	5998	5998
R-squared	0.002	0.043

注：括号内为 *t* 统计量；*、**、*** 分别代表 10%、5%和 1%的显著水平。

8.4.4.3 替换解释变量与被解释变量

在本节，使用自变量与因变量的替代性指标来估计模型，以缓解由于变量度量偏差可能导致的内生性问题（Jennings et al.，2022）。

首先，进行数字化转型的替代指标检验。本节通过挖掘数字化转型相关关键词的频率，并依此计算得出的数字化转型水平的度量指标可能存在偏差。这主要是因为上市公司可能只在实施数字化转型当年在年度报告中详细解释了其数字化转型的相关举措，因此年报中包含了较多的数字化转型关键词。但之后年份的年度报告包含的数字化转型相关的关键词可能较少。为缓解该问题带来的测度偏差，参考张永珅等（2021）、夏常源等（2022）等研究的方法，本章采用数字化技术无形资产与无形资产总额的比值（*DIGI_INT*）来测度企业数字化转型水平，其中“数字化技术无形资产”是指上市公司财务报告附注披露的年末无形资产明细项中包含“网络”“软件”“客户端”“管理系统”“智能平台”“云计算”“物联网”“云平台”等关键词的无形资产，同时对筛选出的明细项目进行人工复核。数字化转型水平（*DIGI*）数值越大，表明企业数字化转型水平越高。该指标数据可获得性较好，因此我们将样本扩展到 2008~2022 年。以该指标度量的数字化转型水平的回归结果如表 8-8 所示，数字化转型水平（*DIGI*）的估计系数在 1%的置信水平上显著为负，说明企业拥有的数字化转型的无形资产占比越高，审计收费越低，进一步支持了本章的研究结论。

表 8-8　替换解释变量的回归结果

变量	(1)	(2)	(3)	(4)
	Auditfee	*Auditfee*	*Auditfee*	*Auditfee*
DIGI_INT	−0. 202 ***	−0. 190 ***	−0. 159 ***	−0. 142 ***
	(−14. 600)	(−13. 750)	(−11. 130)	(−10. 000)
LEV		0. 367 ***	0. 294 ***	0. 278 ***
		(17. 220)	(11. 430)	(10. 780)
ROA		−0. 179	0. 178	0. 610 ***
		(−1. 250)	(1. 160)	(3. 920)
ATO		−0. 020 *	−0. 024 *	−0. 021 *
		(−2. 180)	(−2. 560)	(−2. 180)
GROWTH		−0. 029 **	−0. 026 **	−0. 022 *
		(−3. 220)	(−2. 75)	(−2. 330)
LOSS		0. 019	0. 036 *	0. 043 *
		(1. 110)	(2. 010)	(2. 45)
SIZE			−0. 012 **	−0. 042 ***
			(−2. 750)	(−9. 190)
INDEP			−0. 149 *	−0. 199 **
			(−2. 100)	(−2. 820)
DUAL			−0. 041 ***	−0. 021 *
			(−4. 440)	(−2. 28)
*TOP*1			−0. 110 **	0. 183 ***
			(−2. 76)	(4. 320)
BALANCE			−0. 044 ***	0. 015
			(−4. 690)	(1. 540)
INST			−0. 032	−0. 112 ***
			(−1. 520)	(−5. 330)
MSHARE			−0. 388 ***	−0. 200 ***
			(−16. 510)	(−8. 190)
TobinQ			−0. 010 **	−0. 020 ***
			(−3. 210)	(−6. 380)
AGE				0. 137 ***
				(21. 740)

续表

变量	(1)	(2)	(3)	(4)
	Auditfee	*Auditfee*	*Auditfee*	*Auditfee*
OPINION				0. 039 (1. 800)
Constant	13. 280*** (553. 130)	13. 120*** (494. 790)	13. 570*** (137. 900)	13. 780*** (137. 840)
YEAR	Yes	Yes	Yes	Yes
INDUSTRY	Yes	Yes	Yes	Yes
N	40147	39875	35510	35509
R-squared	0. 087	0. 096	0. 106	0. 117

注：括号内为 *t* 统计量；*、**、*** 分别代表 10%、5%和 1%的显著水平。

其次，进行审计收费的替代指标检验。本节用审计收费占总资产比例的自然对数作为替换被解释变量，利用模型（8-1）进行回归，结果如表 8-9 所示。数字化转型水平（*DIGI*）的估计系数在 1%的置信水平上显著为负，进一步支持了本章的研究结论。

表 8-9　替换被解释变量的回归结果

变量	(1)	(2)	(3)	(4)
	Auditfee	*Auditfee*	*Auditfee*	*Auditfee*
DIGI	-1. 060*** (-10. 812)	-1. 058*** (-10. 750)	-1. 072*** (-10. 386)	-1. 071*** (-10. 379)
LEV		0. 000 (0. 054)	-0. 000 (-0. 402)	-0. 000 (-0. 398)
ROA		-0. 002 (-0. 699)	-0. 001 (-0. 321)	-0. 001 (-0. 395)
ATO		-0. 000 (-0. 763)	-0. 000 (-0. 409)	-0. 000 (-0. 466)
GROWTH		-0. 000 (-0. 423)	-0. 000 (-1. 050)	-0. 000 (-1. 115)
LOSS		0. 000 (0. 796)	0. 000 (0. 686)	0. 000 (0. 749)

续表

变量	(1)	(2)	(3)	(4)
	Auditfee	*Auditfee*	*Auditfee*	*Auditfee*
SIZE			0.001*	0.001*
			(2.116)	(2.119)
INDEP			0.006*	0.006*
			(2.017)	(2.006)
DUAL			-0.001*	-0.001*
			(-2.312)	(-2.287)
*TOP*1			0.003	0.003
			(1.474)	(1.416)
BALANCE			-0.000	-0.000
			(-0.485)	(-0.407)
INST			-0.001	-0.001
			(-0.830)	(-0.823)
MSHARE			-0.001	-0.001
			(-0.586)	(-0.755)
TobinQ			0.000	0.000
			(0.387)	(0.404)
AGE			-0.000	0.000
			(-0.209)	(-0.275)
OPINION				0.001
				(0.744)
Constant	0.626***	0.626***	0.613***	0.612***
	(4362.883)	(1229.297)	(118.038)	(117.330)
YEAR	Yes	Yes	Yes	Yes
INDUSTRY	Yes	Yes	Yes	Yes
N	12286	12286	12286	12286
R-squared	0.003	0.008	0.011	0.011

注：括号内为 *t* 统计量；*、**、*** 分别代表 10%、5%和 1%的显著水平。

8.5 拓展性研究

8.5.1 影响机制分析

前文基本检验结果表明，企业数字化转型水平越高，降低审计收费的作用越强。为进一步验证这一作用，本节采用中介效应模型来验证“公司治理”在数字化转型影响审计收费中发挥的机制作用，模型设定如下：

$$Auditfee_{i,t} = \beta_0 + \beta_1 DIGI_{i,t} + X_{i,t} + \sum Industry + \sum Year + \varepsilon_{i,t} \tag{8-2}$$

$$MEDIATOR_{i,t} = \rho_0 + \rho_1 DIGI_{i,t} + X_{i,t} + \sum Industry + \sum Year + \varepsilon_{i,t} \tag{8-3}$$

$$Auditfee_{i,t} = \mu_0 + \mu_1 MEDIATOR_{i,t} + \mu_2 DIGI_{i,t} + X_{i,t} + \sum Industry + \sum Year + \varepsilon_{i,t} \tag{8-4}$$

其中，中介变量（*MEDIATOR*）代表公司治理（*GOV*）。具体检验步骤如下：在模型（8-2）中 β_1 显著的前提下，使用模型（8-3）检验企业数字化转型水平（*DIGI*）对中介变量（*MEDIATOR*）的影响。若系数 ρ_1 显著，则用模型（8-4）同时加入企业数字化转型水平（*DIGI*）与中介变量（*MEDIATOR*）对审计收费（*Auditfee*）进行回归分析。若系数 μ_1 显著且 μ_2 不显著，则为完全中介效应，表明数字化转型对审计收费的影响仅依赖于该中介渠道；但若系数 μ_1 和系数 μ_2 都显著，且 μ_1 的绝对值小于 β_1 的绝对值，则为部分中介效应，表明企业数字化转型对审计收费的影响通过该渠道发挥部分中介作用。

数字化转型改善了公司的治理结构和信息环境，缓解了管理层与股东之间的利益冲突（祁怀锦等，2022）。由于管理层是公司信息披露的实施者，而数字化转型代理成本的降低会使管理层更加重视公司的长远发展，从而改善内部控制，提升公司治理水平。借鉴已有研究（王文兵等，2018；张敬文和田柳，2020；沈华玉等，2019；严若森等，2018；顾乃康和周艳利，2017），本节使用成分分析（PCA）构建公司治理指数。指数中包含的变量包括衡量公司治理体系中涉及的各个方面的公司治理水平，即高管薪酬、管理层持股比率、独立董事的比例、董事会规模、机构投资人持股比例、股权制衡度和 CEO 两职合一。该指标得分越高，公司治理水平越高。相关变量数据来自 CSMAR 数据库。中介效应检验的回归结果如表 8-10 所示。

表 8-10 第（2）列的回归结果显示，数字化转型水平（*DIGI*）的系数在 1%

的水平上显著为正，说明企业数字化转型能够显著提升公司治理水平。第（3）列结果显示，数字化转型水平（*DIGI*）与审计收费（*Auditfee*）在1%的水平上显著负相关，且估计系数的绝对值小于第（1）列中 *DIGI* 的系数（-19.250）的绝对值，且公司治理指数（*GOV*）的估计系数在1%的水平上显著为负，说明公司治理在企业数字化转型与审计收费之间存在部分中介效应。基于 Sobel 检验的 Z 统计量结果进一步确定了该结果的稳健性。

表 8-10　公司治理的中介效应的回归结果

变量	(1)	(2)	(3)
	Auditfee	*GOV*	*Auditfee*
DIGI	-19.250***	27.131***	-17.862***
	(-5.202)	(4.812)	(-4.834)
GOV			-0.049***
			(-8.425)
LEV	0.194***	-0.124*	0.188***
	(5.035)	(-2.085)	(4.895)
ROA	0.697***	-0.917***	0.653***
	(5.176)	(-4.391)	(4.859)
ATO	0.000	0.050*	0.003
	(0.034)	(2.327)	(0.203)
GROWTH	-0.024	0.025	-0.023
	(-1.588)	(1.073)	(-1.505)
LOSS	0.034	-0.019	0.033
	(1.303)	(-0.470)	(1.273)
SIZE	-0.011	0.040***	-0.009
	(-1.497)	(3.568)	(-1.238)
INDEP	-0.261*	-0.029	-0.262*
	(-2.309)	(-0.164)	(-2.327)
DUAL	-0.043**	0.014	-0.042**
	(-3.143)	(0.661)	(-3.093)
TOP1	0.342***	-0.436***	0.322***
	(5.356)	(-4.407)	(5.052)

续表

变量	(1)	(2)	(3)
	Auditfee	*GOV*	*Auditfee*
BALANCE	0.044**	-0.053*	0.041**
	(2.922)	(-2.278)	(2.766)
INST	-0.118***	0.230***	-0.107***
	(-3.661)	(4.601)	(-3.328)
MSHARE	-0.179***	0.272***	-0.166***
	(-4.793)	(4.695)	(-4.446)
TobinQ	-0.018***	0.009	-0.018***
	(-3.428)	(1.095)	(-3.358)
AGE	0.102***	-0.200***	0.092***
	(10.214)	(-12.944)	(9.215)
OPINION	-0.015	0.035	-0.013
	(-0.441)	(0.667)	(-0.391)
Constant	13.860***	-0.340	13.840***
	(89.009)	(-1.407)	(89.150)
YEAR	Yes	Yes	Yes
INDUSTRY	Yes	Yes	Yes
N	12286	12400	12286
R-squared	0.034	0.028	0.039

注：括号内为 t 统计量；*、**、*** 分别代表 10%、5%和 1%的显著水平。

8.5.2 异质性分析

考虑到企业内部和所处外部环境的差异，本节进行四组异质性检验，探讨产权性质、管理层特质、管理层稳定性和审计师专业能力对企业数字化转型和审计收费之间关系的差异化效果。

8.5.2.1 产权性质

探讨中国经济问题，应考虑企业所有权的性质。国有企业和非国有企业的资源禀赋和治理机制存在显著差异（宋常等，2020）。国有企业是区域发展的关键成员，是政府实现特定经济目标的重要支撑力量；国有企业除了利润最大化目标（Amess et al.，2015），还需要承担相应的政策目标。企业数字化转型作为一项重要的国家发展战略，需要国有企业发挥带头作用，积极进行数字化转型。因此，国有企业的数字化转型可能因成熟度更高而更好地发挥降低审计收费的作用。与非国有企业相比，国有企业受到更清晰、更系统、更科学、更规范的监管，其公司治理更好，运营风险更小。此外，由于企业管理层的绩效主要由政府和专业机构等行政机构来评估，管理层缺乏向审计公司提供高额审计费用从而购买“理想”审计意见的动机（何威风和刘巍，2015），在与企业谈判时更有议价能力。这些都可能降低数字化转型对降低审计收费发挥的作用。本节使用所有权的性质将样本分为国有企业和非国有企业，并进行分组回归，回归结果如表 8-11 所示。数字化转型水平（*DIGI*）的估计系数在国有企业与非国有企业样本中均显著为负，但在非国有企业样本中的显著性更高且系数绝对值更大，说明企业数字化转型对降低审计收费的作用在非国有企业中更显著。

表 8-11 基于产权性质的分组回归结果

变量	(1)	(2)
	国有企业	非国有企业
DIGI	-17.400**	-19.200***
	(-2.621)	(-4.305)
LEV	0.0168	0.223***
	(0.071)	(0.047)
ROA	0.263	0.769***
	(0.290)	(0.154)
ATO	-0.0548*	0.0338
	(0.022)	(0.018)
GROWTH	0.00814	-0.0411*
	(0.031)	(0.018)
LOSS	-0.0337	0.0650*
	(0.045)	(0.033)
SIZE	-0.0158	0.000589
	(0.012)	(0.009)
INDEP	-0.487*	-0.0471
	(0.211)	(0.138)
DUAL	0.0556	-0.0428**
	(0.035)	(0.015)

续表

变量	(1)	(2)
	国有企业	非国有企业
TOP1	0.249*	0.224**
	(0.111)	(0.084)
BALANCE	0.0127	0.0478**
	(0.032)	(0.017)
INST	-0.0788	-0.118**
	(0.060)	(0.040)
MSHARE	-0.933**	-0.0962*
	(0.319)	(0.040)
TobinQ	-0.0241*	-0.0105
	(0.012)	(0.006)
AGE	0.125***	0.0782***
	(0.021)	(0.012)
OPINION	-0.0872	-0.0180
	(0.071)	(0.039)
Constant	14.29***	13.52***
	(0.265)	(0.202)
YEAR	Yes	Yes
INDUSTRY	Yes	Yes
N	3895	8125
R-squared	0.0194	0.0230

注：括号内为 *t* 统计量；*、**、***分别代表 10%、5%和 1%的显著水平。

8.5.2.2 管理层特质

团队成员之间特质的差异会对企业的治理、决策和营运产生影响。Lau & Murnighan（1998）认为团队成员之间特质的差异会导致管理层的分裂，阻碍管理层的交流（Tuggle & Jonhson，2010），降低决策效率，给公司业绩带来负面影响（Kaczmarek et al.，2012；Zhou et al.，2015）。因此数字化转型也可能改善管理层断层导致的代理问题，降低审计师收费。然而，也有学者认为，管理层之间的特质差异和背景多样性，利于发挥管理层多元化的背景优势，增强管理团队才能，提升决策效果。在这种情况下，企业数字化转型降低审计收费的作用可能会因为管理层治理能力的优势带来的替代效果而被弱化。本节研究从国泰安数据库获得高管个人信息，分别对高管年龄、职业背景和教育水平进行测量并构建异质性指数 Mage 和 Medu。异质性指数取值介于 0~1，数值越高表示高管的三个特征的差异越大。随后我们利用异质性指数的均值进行分组，分组回归结果如表 8-12 所示。有关年龄特质，数字化转型水平（*DIGI*）的估计系数仅在年龄差距较小的组内显著且系数绝对值更大；类似地，在教育背景方面，数字化转型水平（*DIGI*）的估计系数在教育背景差异较小的样本中更为显著，且系数绝对值更大。这可能是由于年龄差距和教育背景差异较小的高管团队成员在概念认知、文化认同、思维方式和行为习惯等方面更加一致，高层管理团队的相互认可在一定程度上避免了矛盾和冲突，更有利于决策过程的顺利高效。高质量、高效的决策有利于提高公司的运营、管理和治理水平，使其配合审计工作，从而在更大程度上降低审计风险。

表 8-12　基于管理层特质差异的分组回归结果

变量	(1)	(2)	(3)	(4)
	年龄差别大	年龄差别小	教育背景差别大	教育背景差别小
DIGI	-4.912 (-0.963)	-2.106*** (-3.919)	-8.857** (-2.013)	-21.09*** (-3.108)
LEV	0.200*** (3.534)	0.161** (2.645)	0.240*** (4.781)	0.081 (1.077)
ROA	0.485* (2.413)	0.563** (2.656)	0.665*** (3.804)	0.368 (1.359)
ATO	-0.023 (-1.116)	0.010 (0.459)	-0.026 (-1.396)	0.020 (0.768)
GROWTH	-0.018 (-0.812)	-0.016 (-0.696)	-0.021 (-1.085)	-0.006 (-0.215)
LOSS	-0.029 (-0.758)	0.051 (1.251)	0.041 (1.206)	-0.027 (-0.508)
SIZE	-0.013 (-1.196)	-0.006 (-0.547)	-0.015 (-1.591)	0.004 (0.294)
INDEP	-0.213 (-1.284)	-0.434* (-2.430)	-0.145 (-0.993)	-0.763*** (-3.390)
DUAL	-0.079*** (-4.016)	-0.003 (-0.128)	-0.022 (-1.230)	-0.075** (-2.749)

续表

变量	(1)	(2)	(3)	(4)
	年龄差别大	年龄差别小	教育背景差别大	教育背景差别小
*TOP*1	0.279**	0.399***	0.452***	0.168
	(2.892)	(4.059)	(5.442)	(1.342)
BALANCE	0.025	0.072**	0.060**	0.032
	(1.129)	(3.049)	(3.110)	(1.095)
INST	-0.193***	-0.079	-0.177***	-0.059
	(-4.026)	(-1.559)	(-4.247)	(-0.901)
MSHARE	-0.212***	-0.186**	-0.206***	-0.170*
	(-4.041)	(-3.022)	(-4.352)	(-2.180)
TobinQ	-0.024**	-0.010	-0.014*	-0.024*
	(-3.188)	(-1.247)	(-2.067)	(-2.275)
AGE	0.105***	0.105***	0.139***	0.046*
	(7.148)	(6.626)	(10.732)	(2.289)
OPINION	-0.038	0.005	0.018	-0.099
	(-0.786)	(0.084)	(0.416)	(-1.441)
Constant	13.921***	13.746***	13.698***	14.044***
	(58.887)	(57.516)	(67.455)	(46.166)
YEAR	Yes	Yes	Yes	Yes
INDUSTRY	Yes	Yes	Yes	Yes
N	4735	5592	6771	3556
R-squared	0.044	0.029	0.047	0.022

注：括号内为 *t* 统计量；*、**、***分别代表10%、5%和1%的显著水平。

8.5.2.3 管理层稳定性

高级管理团队的稳定性是指高级管理团队在一定时期内保持不变的程度，包括高级管理团队成员的稳定性和规模的稳定性（于东智和池国华，2004）。但从本质上讲，它反映了成员之间的信任和默契程度，是高层管理团队凝聚力的体现（Amason，1996）。高管团队的稳定性可能从以下几个方面影响企业数字化转型降低审计风险的作用。首先，基于经济人假说，当高管们相信他们可以通过在企业更长时间的工作而获得相对延迟的收益时，能更好地保证个人与组织的目标一致性，避免短视行为，因此对于数字化转型的实施可能更倾向于一致支持，以获得数字化转型实施后因企业业绩提升而带来的收益的增长。其次，高层管理团队的稳定性所体现的相互认同和目标一致，有利于提高决策效率，抓住机遇，获得竞争优势。同时，高管团队的稳定性反映了信任、融洽关系、凝聚力和归属感。因此，稳定的高级管理团队成员更有信心采取转型措施，更加关注企业的长期发展，从而提高决策质量，实现企业的战略目标。业绩的提升和战略目标的实现，有利于降低审计收费。基于已有研究（Crutchley et al.，2002），本节以高管人数的变化和成员的变化来度量高管团队的稳定性。其中，高管人数是指年度报告披露的高管总数，包括董事长、董事、总经理、副总经理等，不包括外部董事和独立董事。当高管团队的规模保持不变时，高管团队的稳定性通过在整个样本期内保留的高管人数来衡量。根据 Crutchley 等（2002）、于东智和池国华（2004）的实践，利用模型（8-5）来计算获得高管团队的稳定性度量。其中，*Mstable* 表示高管团队的稳定性，取值范围为 0~1，数值越大表示高管团队的稳定性越强。M_t 是公司在第 t 年的高管总人数，$\#(S_t/S_{t-1})$ 表示在第 t 年在职但在第 $t+1$ 年离职的高管人数，$\#(S_{t+1}/S_t)$ 表示在 t 年未在职但在 $t+1$ 年加入的高管人数。

$$Mstable_{t,t+1}=\frac{M_t-\#(S_t/S_{t-1})}{M_t}\times\frac{M_{t+1}}{M_t+M_{t+1}}+\frac{M_{t+1}-\#(S_{t+1}/S_t)}{M_{t+1}}\times\frac{M_t}{M_t+M_{t+1}} \tag{8-5}$$

根据模型（8-5）估计获得管理层稳定性的度量后，利用管理层稳定性的均值将样本分为稳定性高的组和稳定性低的组，并进行分组回归，回归结果如表 8-13 所示。数字化转型水平（*DIGI*）的估计系数仅在高管团队稳定性高的企业样本中显著，说明当企业具有稳定的高管团队时，可能更利于保证数字化转型的实施和长期效果，也更利于提升企业决策质量，进而降低审计收费。

表 8-13　基于管理层稳定性的分组回归结果

变量	(1)	(2)
	管理层稳定性高	管理层稳定性低
DIGI	-16.280***	-7.902
	(-3.458)	(-1.231)
LEV	0.168**	0.221***
	(3.116)	(3.302)
ROA	0.556**	0.557*
	(2.975)	(2.309)
ATO	-0.012	0.000
	(-0.636)	(0.018)

续表

变量	(1)	(2)
	管理层稳定性高	管理层稳定性低
GROWTH	0.012 (0.578)	-0.058* (-2.082)
LOSS	0.022 (0.601)	0.023 (0.488)
SIZE	-0.018 (-1.787)	0.003 (0.271)
INDEP	-0.374* (-2.377)	-0.331 (-1.669)
DUAL	-0.049** (-2.580)	-0.021 (-0.854)
*TOP*1	0.325*** (3.622)	0.420*** (3.825)
BALANCE	0.066** (3.159)	0.029 (1.129)
INST	-0.114* (-2.566)	-0.166** (-2.881)
MSHARE	-0.198*** (-3.888)	-0.190** (-2.810)
TobinQ	-0.013 (-1.811)	-0.022* (-2.391)
AGE	0.107*** (7.732)	0.109*** (6.166)
OPINION	-0.023 (-0.506)	-0.003 (-0.051)
Constant	14.004*** (0.218)	13.548*** (0.270)
YEAR	Yes	Yes
INDUSTRY	Yes	Yes
N	6277	3948
R-squared	0.031	0.043

注：括号内为 *t* 统计量；*、**、*** 分别代表 10%、5%和 1%的显著水平。

8.5.2.4 审计师专业能力

审计师的专业能力可以显著提高审计的效率和质量（Brazel & Agoglia, 2007），并且有能力的审计师能提供更专业的服务、具有更好的品牌声誉，这对审计费用有重大影响。企业的专业能力与其议价能力密切相关，专业能力较弱的企业议价能力相对较低。在数字化转型带来的审计风险和成本降低后，专业能力较弱的公司可能更愿意并能够提供更低的审计费用，以开展竞争和确保审计项目的安全。而对于专业能力更强的审计师事务所，由于其品牌溢价效果和更强的谈判能力，企业数字化转型对审计收费的降低作用可能被削弱。基于邓芳等（2017）的研究，本节以是否为国际四大会计师事务所（*Big*4）作为专业能力的代理变量。当企业选择国际四大会计师事务所时，*Big*4 取值为 1；反之，取值为 0。随后，以专业能力进行分组回归，结果如表 8-14 所示。企业数字化转型水平（*DIGI*）的估计系数仅在雇佣非四大国际会计师事务所的企业样本中显著为负，说明当企业数字化转型水平高时，由于审计风险和成本的降低，专业能力相对较弱的会计师事务所的审计收费下降更为明显。而对于四大国际会计师事务所，在企业数字化转型后，尽管数字化转型在一定程度上确实能节省成本，会计师事务所也确实收取了比以往更少的费用，但与高水平专业知识相关的品牌溢价仍然存在，四大国际会计师事务所开展的审计项目相对更复杂，这仍然需要审计师为承受更高的风险做好准备。因此，企业数字化转型对四大国际会计师事务所的审计收费的降低作用不显著。

表 8-14 基于审计师专业能力的分组回归结果

变量	(1)	(2)
	四大	非四大
DIGI	-9.415	-19.64***
	(-0.404)	(-5.254)
LEV	0.334	0.192***
	(1.185)	(4.948)
ROA	-0.234	0.748***
	(-0.233)	(5.512)
ATO	-0.058	0.007
	(-0.736)	(0.462)
GROWTH	0.076	-0.029
	(1.026)	(-1.869)

续表

变量	(1)	(2)
	四大	非四大
LOSS	-0.021 (-0.113)	0.039 (1.495)
SIZE	0.033 (0.896)	-0.017* (-2.223)
INDEP	1.525* (2.306)	-0.340** (-2.969)
DUAL	0.087 (0.871)	-0.048*** (-3.444)
TOP1	0.370 (0.889)	0.347*** (5.336)
BALANCE	0.224 (1.932)	0.038* (2.527)
INST	0.279 (1.480)	-0.129*** (-3.935)
MSHARE	-1.392*** (-3.843)	-0.148*** (-3.955)
TobinQ	-0.000 (-0.003)	-0.019*** (-3.701)
AGE	-0.183** (-3.098)	0.115*** (11.341)
OPINION	0.046 (0.086)	-0.017 (-0.493)
Constant	12.420*** (13.356)	14.003*** (84.943)
YEAR	Yes	Yes
INDUSTRY	Yes	Yes
N	435	11851
R-squared	0.076	0.037

注：括号内为 t 统计量；*、**、*** 分别代表 10%、5%和 1%的显著水平。

8.6 本章小结

本章以2010~2020年沪深A股上市公司为研究样本，运用实证分析方法，研究了数字经济背景下企业数字化转型对审计定价的影响和作用机理，并详细论述了审计人员职业能力、管理者特征、管理层稳定性和企业产权性质对两者关系的差异化影响。研究发现，企业数字化转型可以显著降低审计费用，且该结论在一系列稳健性检验后依然成立。机制分析结果表明，企业数字化转型过程可以通过提高公司治理来显著降低审计费用。异质性分析发现，与“四大”会计师事务所审计的企业相比，当审计师来自非“四大”会计师事务所时，企业的数字化转型可以更显著地降低财务报告的审计费用。与国有企业相比，数字化转型可以更显著地降低非国有企业财务报告的审计费用。此外，管理层特征异质性越小，管理层团队稳定性越高，数字化转型降低审计收费的效果越显著。

本章研究的理论意义体现在以下几个方面：首先，本章从会计师事务所这类重要的资本市场参与者的视角研究了被审计企业数字化转型对审计收费的影响，丰富了企业数字化转型的治理效应的研究。其次，已有研究主要是从外部宏观因素、被审计企业特征和会计师事务所特征方面研究了审计收费的影响因素。本章研究企业数字化转型的战略决策对审计收费的影响，拓展了审计收费影响因素的研究维度。

本章研究还具有较强的现实意义。首先，企业自身应主动推动数字化转型。一方面，企业要优化资源配置，重视数据、信息、人才等要素的作用，推动决策、营运等方面的数字化转型。另一方面，应当关注和发挥数字化转型在公司治理方面的作用。具体地，企业需要通过相应的组织架构调整提升内部信息透明度，也需要通过数字平台提升外部监督水平，约束机会主义行为和降低代理成本，降低企业审计收费。聘用非“四大”会计师事务所的企业和非国有企业更应挖掘数字化转型在降低审计收费中的作用。而作为审计服务提供方的会计师事务所，应及时学习和掌握数字化工作技能，在审计工作中更好地了解客户公司的运营体系和管理体系，更高效地适应数字化转型后的客户信息，提高审计效率和审计能力，以更强的实力服务和维护公平健康的资本市场环境。其次，政府要积极推动企业数字化转型，为企业提供良好的政策和资源环境；应充分重视税收、财政补贴等政策手段，加快完善支持企业数字化转型的基础设施建设和服务体系建设，提供充足的资金、人才等要素支持企业数字化改造，加速推进企业数字化转型，促进经济高质量发展。此外，有关部门要加强企业内外部信息环境建设。通过搭建数据共享管理平台，建立与数据共享相关的奖惩机制，鼓励企业和相关部门积极公开数据信息，探索政府、社会、企业三方共商、共享、共建的发展模式。同时，要加强信息安全体系建设，平衡信息共享与保密的边界，保护企业的数据安全和知识产权。

9 总结与展望

9.1 研究总结

党的十八大以来，以习近平同志为核心的党中央高度重视发展数字经济，并将其上升为国家战略。党的十九大报告和二十大报告以及《政府工作报告》不断强化“数字经济”的表述，积极释放“大力发展数字经济”的政策信号。在党中央、国务院和各部委政策支持下，我国数字经济连续多年保持高位增长，数字经济结构不断优化，数字经济全要素生产率不断提升。“十四五”规划强调，数字经济应当成为经济高质量发展的新动力源。如何利用数字技术改造传统生产与运营方式、开发新业态、提升资源使用效率、降低能耗与排放，关乎“碳达峰”和“碳中和”目标的达成和生态文明战略目标的实现。“十四五”规划还指出要“深入实施制造强国战略”，“提升产业链供应链现代化水平”，要“补齐短板、锻造长板，分行业做好供应链战略设计和精准施策，形成具有更强创新力、更高附加值、更安全可靠的产业链和供应链。”数字经济背景下如何依托数字化转型提升供应链治理仍需探讨。此外，数字技术的突飞猛进，对资本市场监管和健康发展也提供了机遇和挑战，如何善用数字技术，提升治理能力，对发展中国特色社会主义市场经济至关重要。作为微观经济主体的企业，应考虑如何开展数字化转型，促进数字技术与自身业务的深度融合，形成独特的竞争优势，实现可持续的价值创造。政府机构也需要持续优化数字化转型、产业发展等的政策顶层设计，以进一步优化经济结构，促进产业升级，培育新质生产力，实现高质量发展。

基于以上制度背景和相关理论基础，本书采用实证研究方法，从数字化转型视角，实证检验企业数字化转型在 ESG 治理、供应链治理等方面所发挥的积极效应。研究结论主要包括以下几个方面：

9.1.1 企业数字化转型对ESG评级的影响研究

第一，企业数字化转型能够提升其ESG评级。在其他因素不变的情况下，企业数字化转型程度越高，即数字化转型越成熟，对ESG评级的提升作用越显著。第二，关于数字化转型对企业ESG评级三个不同维度的提升作用，首先研究发现数字化转型对于治理维度评级提升作用最大，其次为环境维度的评级，最后是对社会维度的评级。结合ESG的内涵，相应的解释如下：相关研究表明，ESG的治理维度与环境和社会维度相关，即通过治理的改善，可以提升企业改进环境和社会维度的治理能力。因此，在ESG的三个维度中，往往治理维度的相关内容在评级中所占比重最大，最低占比约为33%，而往往这一比例可以高达50%，明晟（MSCI）的ESG评级中，治理维度权重占比更高达70%。在此逻辑下，数字化转型对于治理维度的一阶效应可能更突出。第三，数字化转型可以改善企业内外部价值链上的绿色创新，减排增效，帮助企业更好践行环境责任；数字化转型可能因眼球效应吸引媒体关注，且数字化平台可增加与外部利益相关者等的社会关注；此外，数字化转型能提升内部信息沟通和内部控制效率，提升信息透明度，降低代理成本。总之，企业数字化转型可通过促进绿色创新、提高社会关注度、改善信息透明度等渠道提升ESG评级。第四，企业数字化转型对ESG评级的影响会受到内外部环境异质性的影响。相较于非国有企业，国有企业承担更多社会责任且有更多监管限制，国有企业融资约束较低，在通过其他措施提升ESG表现等方面也具有优势，致使企业数字化转型对ESG评级的提升作用在非国有企业样本中更明显。“双碳”背景下，行业的碳排放密集度使企业面临的环境合法性存在显著差异。碳排放密集型行业受其自身行业性质和资产结构等特点影响，导致数字化转型在提升企业ESG评级方面的作用弱于非碳排放密集型行业的公司。中国各省在地理位置、资源禀赋和国家政策方面的差异导致了市场化进程的不平衡，市场化水平越高的地区，信息透明度越高，市场治理机制越完善，对数字化转型的治理效果具有替代作用，导致企业数字化转型对ESG评级的作用仅在位于市场化水平较低地区的企业样本中显著。

9.1.2 企业数字化转型对碳信息披露的影响研究

第一，企业数字化转型能够提升企业碳信息披露的质量。在其他因素不变的情况下，企业数字化转型投入越多，转型程度越高，对碳信息披露质量的提升作用越强。第二，企业碳信息披露的内容涉及企业的战略、计划、执行和评价等各维度。通过对不同维度的检验发现，企业数字化转型对于改善企业在碳减排计划和目标制定以及碳减排计划实施和具体举措方面具有显著效果。这主要是由于数字化技术的应用能够帮助企业更为精准地把握企业的碳排放现状，科学、合理地制定碳减排目标、行动计划和完善能源管理体系。此外，数字技术还能帮助企业在各环节进行节能减排和技术革新，从而显著提高了企业在计划和执行层面的碳信息披露水平。第三，企业数字化转型可以通过降低运营成本和改善公司治理水平，提升企业碳信息披露质量。一方面，数字技术应用在提升企业运营和能源利用效率、降低企业生产与管理成本的同时也能降低企业获取和披露碳信息的成本；另一方面，数字化转型缓解了代理冲突，减少了企业选择性的披露行为，降低了管理层的机会主义行为。第四，企业数字化转型和碳信息披露质量的关系会受到内外部环境异质性的影响。国有企业承担更多的社会责任，在数字化转型和“双碳”目标实现中发挥带头作用，故数字化转型对于碳信息披露方面的作用更明显。企业经营与碳信息披露决策依赖于管理者的能力，基于数字技术应用的决策支持系统，能够对管理层能力较弱的企业在运营与碳信息披露方面提供更多助力，因此当企业管理层能力较弱时，数字化转型提升企业碳信息披露质量的作用更显著。当企业属于高碳行业时，更需要通过碳信息披露的方式，满足利益相关者信息需求，降低融资约束等，因此数字化转型对于企业碳信息披露的效果更为显著。当企业面临激烈的市场竞争时，企业可以通过披露碳信息来改善企业形象，传递区别于竞争对手的积极信号。因此，企业数字化转型对碳信息披露的提升作用在行业竞争更激烈时更显著。“双碳”背景下，碳规制会对企业碳信息披露决策产生重大影响。地方政府对碳减排问题关注越多，企业面临潜在环境规制的可能性越大，也更有动力通过数字化转型来提升企业的碳信息披露水平，缓解碳规制导致的融资约束和停业整改等负面效果。企业所处地区的制度环境也会对两者关系产生影响，地方财政科技支出越多，提供给企业的数据化转型的支持也就越多，越能够提升企业通过数字化创新改善环境信息披露的动力。此外，地方知识产权保护力度越大，越有利于企业开展数字化转型，形成数据资产，发挥数据要素的生产力作用。因此，数字化转型对企业碳信息披露的提升效果在地区政府科技支出更多、知识产权保护力度更大时更为显著。

9.1.3 企业数字化转型对环境漂绿的影响研究

第一，企业数字化转型会抑制企业漂绿行为。在其他条件不变的情况下，企业数字化转型投入越多，转型程度越高，抑制漂绿行为的作用越强。第二，通过对数字化转型进行细分，发现数字技术应用、智能制造和现代信息系统的使用，对企业漂绿行为具有显著的抑制作用，而互联网商业模式则不能够抑制企业漂绿。这主要是由于数字技术和信息系统能改进环境信息的收集、存储、分析和汇报，并增强企业内外部的治理效果。此外，智能制造技术则通过提高效率和绿色创新等实质性的环保行为降低企业对环境的负面影响，削弱了企业漂绿的动机。第三，企业数字化转型可以通过改善信息透明度和促进企业绿色创新抑制漂绿。一方面，数字化转型可以改善企业内部信息沟通，加强内控，通过数字平台与利益相关者互动增强外部监督，从而提升企业信息透明度；另一方面，企业数字化转型能帮助企业降本增效，为创新提供更多资金，还能基于大量数据分析识别价值链上的环境治理缺陷并有针对性地开展绿色创新，带来环境表现的提升。第四，企业数字化转型抑制漂绿的效果会受到内外部环境因素异质性的影响。当企业自身技术实力强、创新意识和氛围好时，企业会更积极推进数字化转型，更容易保证数字化转型的广度和深度，更好发挥数字化转型对漂绿行为的抑制作用。此外，企业所处的外部环境会影响数字化转型发挥作用的效果。当企业位于市场化水平较高的地区时，市场环境更加透明，外部治理机制更加完善，对于环境漂绿行为的监督更加严苛，一定程度上替代了数字化转型抑制环境漂绿的作用，因此数字化转型对企业漂绿的抑制作用在位于市场化水平较低的地区的企业中更为显著。

9.1.4 企业数字化转型对牛鞭效应的影响研究

第一，企业数字化转型可以显著降低牛鞭效应。在其他条件不变的情况下，企业数字化转型的程度越高，缓解牛鞭效应的效果越好。第二，通过对数字化转型进行细分，发现云计算和数字技术实践应用两种数字化转型显著降低牛鞭效应，并且两者对牛鞭效应具有联合影响。这主要是由于云计算技术支持企业实施分布式技术、高效率数据储存和分析，更好地开展预测和加强库存管理。此外，云计算能够完善物联网建设，加强供应链上的信息共享；通过全产业链的跟踪，优化企业在仓储、运输等环节的成本，提高供应链效率。而数字化技术实践应用更强调企业根据自身场景的业务流程改造，能够提升供应链应变能力。通过对数字技术实践应用进行细分，发现与产业互联网相关的数字技术实践应用对牛鞭效应具有缓解作用。这也再次说明，产业互联网更多关注到生产计划、存货管理，能更大程度优化供应链资源配置，弱化牛鞭效应。第三，数字化转型一方面能够通过降低市场不确定性对企业的负面影响来缓解牛鞭效应，另一方面，数字化转型能够通过增加高创新含量的发明专利的数量的渠道缓解牛鞭效应。第四，企业数字化转型抑制牛鞭效应的效果会受到内外部环境因素异质性的影响。数字化转型基础的强弱会影响数字化转型的效果，本书研究发现，当企业受到更大的数字化转型政策支持、充裕的资金支持，拥有更高水平的人力资本，具有更强的技术实力，以及位于知识产权保护程度更完备的地区时，企业数字化转型缓解牛鞭效应的作用更显著。此外，从供应链协调成本的异质性来看，当供应链集中度越低，行业竞争越激烈，企业与客户地理距离越远，信息收集和协调成本越高时，数字化转型对牛鞭效应的缓解作用越显著。第五，本书还进一步研究了数字化转型影响牛鞭效应的经济后果，发现企业通过数字化转型能够缓解牛鞭效应，实现整个供应链的资源优化配置，最终有助于提升企业全要素生产率。

9.1.5 企业数字化转型对审计收费的影响研究

第一，企业数字化转型能够显著降低审计收费。在其他条件不变的情况下，企业数字化转型程度越高，降低审计收费的效果越明显。第二，企业数字化转型能够通过改善公司治理的渠道降低审计收费。这主要是由于数字化转型能够改善公司治理结构、改善信息环境、加强内部控制、抑制管理层的机会主义行为，进而降低代理成本。第三，企业数字化转型与审计收费的关系会受到内外部环境异质性的影响。首先，相较于非国有企业，国有企业受到更为严格的监管，公司治理水平较高，运营风险较小；国企管理层购买审计意见的动机也较低，导致在与审计师事务所谈判时的议价能力较强，一定程度上减弱了数字化转型降低企业审计收费的作用。因此企业数字化降低审计收费的效果在非国有企业中更显著。其次，管理层在年龄差距和教育背景方面差异较小时，高管团队成员在概念认知、文化认同、思维方式和行动习惯方面更加一致，有利于消除管理层断层带来的决策低效率等负面问题，从而能更好推进数字化转型的实施，发挥数字化转型降低审计收费的效果。再次，管理团队的稳定性也会影响决策效率，稳定性越好，管理层之间的信任度越高，凝聚力越强，对于数字化转型的决策一致性越高，也越利于发挥企业数字化转型降低外部审计收费的作用。最后，审计师专业能力会影响审计收费。国际四大会计师事务所专业能力更强，具有高品牌溢价和强谈判力的特点，并且往往承担的是更为复杂的审计项目。因此，当企业聘用非国际四大会计师事务所时，数字化转型降低外部审计收费的作用更显著。

本书的主要研究特色与创新之处体现在以下四个方面：

第一，本书探讨企业数字化转型在 ESG 方面的治理效应，丰富了数字化转型的非经济后果的文献研究。已有研究主要关注数字化转型对于企业经营绩效、财务绩效、股票价格和债务成本等影响的经济后果的讨论。虽然已有研究关注数字化转型对于企业非财务绩效如企业社会责任、ESG 表现等的影响，但文献相对较少，并且缺乏对 ESG 重要议题如碳信息披露和环境漂绿问题的系统和深入的分析。本书基于已有研究，结合文本分析和手工收集数据，构建数字化转型、碳信息披露和环境漂绿的代理变量，从企业战略转型的视角，考察数字化转型对企业 ESG 评级和相关议题的影响和作用路径，丰富了数字化转型对 ESG 治理效应的研究。

第二，本书将企业数字化转型的研究拓展到供应链治理领域。已有企业数字化转型的相关研究，特别是对其经济后果的研究，更多关注数字化转型对企业自身的影响，较少关注对供应链上企业间的关系和业务往来带来的问题。学者们对牛鞭效应的研究往往基于供应链上的因素，较少考虑企业内部因素对牛鞭效应的影响，并且研究以理论分析和数学建模为主。本书从供应链视角，关注牛鞭效应这一经典问题，通过大样本实证研究的方法，考察企业数字化转型在降低牛鞭效应方面发挥的作用，拓展了数字化转型的经济后果的研究边界，丰富了企业微观层面的战略决策对供应链治理影响的研究。

第三，本书就外部利益相关者对企业数字化转型的反应进行了研究。已有数字化转型的研究，关注了投资人对于企业数字化转型的反应。本书研究关注到另一类资本市场的参与者——外部审计师对于企业数字化转型的反应，进一步丰富了数字化转型的资本市场治理效应的研究。

第四，本书在数字化转型的度量上也进行了适度补充。已有数字化转型的文献，主要是利用文本数据分析的方法，从企业年报文本中提取数字化转型的关键词，利用词频构建数字化转型的度量模型。然而这种方法可能存在一定的偏差，这主要是因为上市公司可能只在实施数字化转型当年在年度报告中详细解释了其数字化转型的相关举措，因此年报中包含了较多的数字化转型关键词，但之后年份的年度报告包含的与数字化转型相关的关键词可能较少。本书参考张永珅等（2021）、夏常源等（2022）等研究的方法缓解该问题带来的测度偏差，采用数字化技术无形资产与无形资产总额的比值来测度企业数字化转型水平，其中“数字化技术无形资产”是指上市公司财务报告附注披露的年末无形资产明细项中包含“网络”“软件”“客户端”“管理系统”“智能平台”“云计算”“物联网”“云平台”等关键词的无形资产，同时对筛选出的明细项目进行人工复核，作为数字化转型的替代解释变量，保证了研究的稳健性。

9.2 政策建议

基于本书的研究结论，从企业层面提出以下建议：

（1）企业应首先坚持可持续发展理念和数字化转型战略实施相结合，实施能够持续创造价值的数字化转型。具体地，在营运层面，建设基础数字平台，构建数据仓库，利用云计算、物联网、区块链等技术开展检测、统计等数据盘查工作，数据维度不仅包括企业营运和财务信息，还需要兼顾环境信息、碳信息和企业社会责任信息等，保证信息的完整性、准确性，通过信息采集的优化为后续分析和采取控制措施打好基础。需要利用大数据技术结构化、非标准化的数据，有效挖掘数据中蕴藏的信息。在 ESG 信息方面，以碳排放信息为例，要通过碳排放数据统计核算、可视化呈现等，精准分析碳排放来源，并结合碳排放现状来设计科学、系统的碳减排目标体系，研究制定可操作、可落地的碳减排路径和行动计划。此外，还应运用数字技术，从产品或服务的研发、设计、生产流程等各环节进行创新优化，并利用人工智能技术进行智能分析和决策优化，一方面降低企业的生产成本；另一方面，提升能源利用效率，优化能源结构，减少碳排放，达到提升企业碳信息披露水平和降低负面影响的双重效果。这些举措同样可以用于其他类型的环境信息的采集、分析，帮助企业进行绿色创新，抑制企业漂绿行为，提升企业信息透明度，降低审计收费。

（2）加强内外部治理，提升企业 ESG 信息和供应链相关信息披露的意愿和质量。首先，企业应当结合数字化转型，调整组织架构，促进内部信息沟通和监督，改善内部控制，降低企业内部的信息不对称。其次，伴随数字化转型实施，明确各部门在 ESG 及主要议题相关活动中的权责。以提升碳信息披露为例，应当明确各责任中心在碳减排与碳信息披露中的职责，不断完善碳排放管理体系。此外，还应当利用不同数字平台，及时披露 ESG 相关的信息，改善政府、投资人、媒体和大众等的信息获取能力。通过数字平台与外部利益相关者开展互动，加强外部利益相关者的治理参与，提升外部治理水平。企业通过与供应商共享经营信息，使内外部价值链更好实现信息沟通与作业协同；同时还能增加供应链的稳定性，减少外部事件的冲击；深度协作还能够推进协同创新，实现供应链的可持续发展和提质增效。企业还应通过数字平台加强与审计师的沟通，并通过数字平台建设，提升审计师获取企业数据的便利性，通过区块链实施提升数据的可靠性，降低企业内外部信息不对称的程度，减少审计师信息收集和验证的工作量，通过降低交易成本，最终降低审计收费。

从政府层面来看，政府部门不直接参与企业数字化转型，但可以通过数字经济发展的顶层设计和体制机制建设，综合运用数据、人才、资金、试点等一揽子政策工具，为企业通过数字化转型提升内外部治理效果提供支持。

（1）优化“新基建”区域布局，不断完善信息技术基础设施建设。区域内部良好的信息技术基础设施，如 5G 网络，能为企业实施数字化转型提供保障，利于降低数字化技术的推广成本，分担企业数字化转型风险；这同时也为企业基于数字化转型的业绩提升提供业务场景，引导企业参与数字化转型，发挥其对 ESG 评级、环境信息、碳信息披露质量、供应链治理和外部审计效率的提升作用。根据国家相关政策，数字化转型应当发挥发达地区集群优势。超一线和一线城市的数字化转型程度较高，因此，应当发挥区域内大城市在数字化建设方面的辐射带动作用，还应利用大数据综合试验区建设推进地区数据要素流通，数据资源整合、管理和开放，并持续优化区域“新基建”布局。

（2）健全知识产权保护体系，加强数据治理。数字化经济快速发展的同时也带来一些问题，如数字知识产权界定不清、数据生产各环节权责不明、互联网数据信息泄密等。为保障企业数字化转型中的知识产权保护，需要立法机构加强现有法律法规在该方面的解释或完善相关立法，加强数据安全治理，以提升企业数字化转型的积极性。此外，应当加强数据资产入表的相关论证，在切实可行的情况下通过试点和逐步推广的方式实施。

（3）加强 ESG、供应链和数字化转型政策等的顶层设计，统筹政策制定和实施，发挥多元效果。例如，我国在 2017 年开始推行绿色供应链试点和评价。结合本书的研究结论，可以考虑适度调整政策，实现数字化转型、供应链 ESG 的协同发展。通过政策协同，实现供应链数字化和 ESG 水平的提升。

（4）加强对企业数字化转型的资金支持。财政支持方面，可适当增加财政资金对数字减碳、数字环保等方向的倾斜，通过设置科技专项引导基金对数字化转型节能减排项目给予研发补助或项目奖励。企业债务融资方面，鼓励企业通过发行绿色债券、低碳债券的方式，开展基于数字化转型的节能减排。此外，还应进一步推进数字化基础设施与金融服务的融合，通过成熟的数字金融和绿色金融服务，为企业数字化转型和 ESG 提升、绿色创新和碳减排等提供资金保障。

（5）加强商业与技术复合型人才培育。推进数字化转型离不开具备商业逻辑和专业技术的复合型人才。发挥高等教育方面的优势及对区域内人力资源的溢出效应，鼓励区域内高等院校以服务国家战略和区域经济发展为目标，开设特色专业，开展商科教育与数字化技术的交叉融合培育。培养掌握数字技术，了解企业运营，能够为企业可持续性的价值创造提供基于数字化时代背景的解决方案的特色人才。此外，还应当鼓励高校开设有关 ESG 和可持续发展的相关课程，培养可持续发展理念。

（6）发挥好资本市场和其他利益相关者的监督作用。资本市场方面，重视 ESG 投资理念的持续推进，从投资者视角强化企业对 ESG 问题的改进。利用数字基础设施更加高效地开展政府监管和媒体监督。通过投资者和其他利益相关者的监督压力，发挥外部治理效果，督促企业积极推进数字化转型，改善公司治理、ESG 表现、碳减排与碳信息披露，抑制企业漂绿行为。

9.3 研究展望

近年来，企业数字化转型的后果研究受到公司治理、公司金融等领域学者的关注。本书深入探讨了企业数字化转型在ESG、供应链和外部审计中发挥的治理效果。但是受到研究方法、自身能力以及其他客观因素的局限，本书的研究不可避免地存在不足之处，这也成为未来研究的方向和契机。本节总结了本书的不足之处，并有针对性地提出对未来研究的展望。

第一，研究方法方面存在局限。本书研究结合相关理论，梳理相关文献，理论推演企业数字化转型在ESG及其主要议题、供应链治理和外部审计中的影响和作用机理，然后利用大样本实证研究的方式，实证验证假设。虽然大样本实证研究能够得到一般性的结论，但在研究方法上也存在不足。首先，缺少对于企业实践的分析与探讨，在事实证据方面还不够充分，在具体实践举措方面不够完善和细致。其次，虽然本书各章研究考虑了企业内外部环境的异质性，探索数字化转型在异质性内外部环境因素下的差异化的治理效应，但能够分析的因素有限。再次，在进行ESG评级研究时，由于现阶段ESG披露没有统一标准，且行业特点可能导致ESG披露的维度存在差异，虽然实证模型尝试控制行业差异，这可能会在一定程度上弱化本书研究结论的统一性，或者忽视了行业的特殊性。最后，不同评级机构对于ESG框架的确认、包含的维度和给定的权重也不相同，因此也会造成一定的ESG评级分歧。

上述这些不足，也为未来研究提供了方向：首先，应当注重案例研究方法的使用。可以选取不同行业的典型公司，通过企业访谈、问卷调研等方法，通过质性研究，结合企业实践理论推导归纳企业数字化转型的实施路径以及在各类治理中发挥的效果。其次，案例研究中，还可以从权变理论视角，分析权变因素和特定异质性因素可能的影响，真正做到“麻雀虽小，五脏俱全”。最后，还应当对ESG评级进一步研究和探讨。

大多学者使用第三方机构发布的ESG评级作为ESG绩效的测度，但由于目前不同机构评级过程中所使用的数据来源、模型不尽相同，对同一家公司的评级存在着差异，因此也有学者对ESG评级本身存在的差异展开了研究。通过对富时罗素、KLD、汤森路透等六家知名机构发布的ESG评级进行研究，Chatterji等（2016）发现不同评级机构的ESG评级数据严重缺乏一致性，且六家机构的评级鲜有重叠，并指出社会责任很难可靠地衡量。同样地，Avramov等（2022）对美国六家主要的评级机构提供的数据进行了分析，发现不同评级机构之间的差异很大，其评级相关性平均仅为 0.48。随后，也有学者对 ESG 评级差异性的经济后果展开了研究。例如，刘向强等（2023）通过对商道融绿、和讯、润灵环球和彭博四家评级机构的评级结果构建 ESG 评级分歧衡量指标，发现 ESG 评级分歧显著提高了被评级企业的股价同步性，表明 ESG 评级分歧存在“噪音效应”。探讨数字化转型在消除 ESG 评级分歧方面所发挥的作用，将进一步贡献于数字化转型的治理效果，丰富数字化转型如何消除评级机构信息搜寻成本、降低评级分歧的文献研究。

第二，实证研究中对内生性问题的处理存在一定的局限。内生性问题是实证研究中无法回避的问题，即使在国内外权威期刊上发表的文章也无法完全消除内生性问题的干扰。本书研究采用实证研究方法，并且通过工具变量法、熵平衡匹配、倾向得分匹配、Heckman 两阶段模型、替换关键变量的测度、控制额外固定效应和高阶固定效应等多种方法，对内生性问题加以缓解，但必须承认无法完全消除内生性问题。基于相关领域经典文献和国内外学者在权威期刊论文中的实践，本书已经尽力消除内生性的影响。在未来研究中，或可尝试通过科学合理的实验设计的方式，模拟场景和情境，从新的视角验证已有结论，对已有研究形成新的补充。

第三，指标选取和度量方法方面存在局限性。本书采用文本分析的方法，构建了数字化转型、碳信息披露、环境信息漂绿等诸多关键指标。文本分析方法虽然为研究数字化转型的相关问题提供了便利，但自身仍然存在一定的缺陷，虽然本书也尝试交叉使用无形资产占比、数字化转型词频占比等多个指标来保证结果的稳健性，但由于词频等度量方式是相对间接的度量指标，这在一定程度上会影响到结论的稳健性。此外，在其他指标的选取上，受限于数据的可获得性，往往采用一些较为间接的代理变量。例如，虽然盈余管理等指标在国内外权威期刊中也经常被使用，但依然需要承认，在一些情境下，该指标测度所代表的含义的适用性在本书研究中还值得进一步商榷。

参考文献

[1] 包旭云，李帮义．供应链中牛鞭效应产生的原因及对策［J］．统计与决策，2006（14）：147-149.

[2] 陈长彬，盛鑫，梁永奕．一种减少供应链牛鞭效应的资产组合管理方法［J］．管理科学学报，2016，19（6）：33-48.

[3] 陈芳．基于生命周期视角的供应链牛鞭效应财务影响分析［J］．会计之友，2017（3）：36-40.

[4] 陈华，王海燕，陈智．公司特征与碳信息自愿性披露——基于合法性理论的分析视角［J］．会计与经济研究，2013，27（4）：30-42.

[5] 陈剑，刘运辉．数智化使能运营管理变革：从供应链到供应链生态系统［J］．管理世界，2021，37（11）：227-240.

[6] 陈峻，杨旭东，张志宏．环境不确定性、上市公司社会责任与审计收费［J］．审计研究，2016（4）：61-66.

[7] 陈天志，周虹．多元化经营战略与审计费用［J］．财会月刊，2020（6）：84-94.

[8] 陈文哲，石宁，梁琪．可转债能促进企业创新吗？——基于资本市场再融资方式的对比分析［J］．管理科学学报，2021，24（7）：94-109.

[9] 陈武，陈建安，李燕萍．工业互联网平台：内涵、演化与赋能［J］．经济管理，2022，44（5）：189-208.

[10] 陈西婵，刘星．供应商（客户）集中度与公司信息披露违规［J］．南开管理评论，2021，24（6）：213-224.

[11] 陈艳萍，杨淑娥．我国注册会计师审计市场集中度与竞争态势分析［J］．审计与经济研究，2010，25（3）：39-45.

[12] 程芳，曹晶晶．行业同质性，审计行业专门化与审计收费［J］．财会通讯，2016（7）：17-20.

[13] 池毛毛，丁菱，王俊晶，等．我国中小制造企业如何提升新产品开发

绩效——基于数字化赋能的视角［J］. 南开管理评论，2020，23（3）：63-75.

［14］初天天，郝大江．数字贸易壁垒会制约企业数字化转型吗？［J］. 经济经纬，2023，40（3）：77-87.

［15］崔崟，陈剑，肖勇波．行为库存管理研究综述及前景展望［J］. 管理科学学报，2011，14（6）：96-108.

［16］崔也光，马仙，我国上市公司碳排放信息披露影响因素研究［J］. 中央财经大学学报，2014（6）：45-51.

［17］邓芳，游柏祥，陈品如．企业信息化水平对审计收费的影响研究［J］. 审计研究，2017（1）：78-87.

［18］丁胡送，徐晓燕．生产能力变异性对供应链牛鞭效应的影响［J］. 系统管理学报，2010（2）：157-163.

［19］董沛武，程璐，乔凯．客户关系是否影响审计收费与审计质量［J］. 管理世界，2018，34（8）：143-153.

［20］董松柯，刘希章，李娜．数字化转型是否降低企业研发操纵？［J］. 数量经济技术经济研究，2023，40（4）：28-51.

［21］窦超，袁满，陈晓．政府背景大客户与审计费用——基于供应链风险传递视角［J］. 会计研究，2020（3）：164-178.

［22］杜晶晶，胡登峰，张琪．数字化环境下中小企业社会责任重构研究——基于重大突发事件的思考［J］. 宏观质量研究，2020，8（4）：120-128.

［23］杜勇，娄靖．数字化转型对企业升级的影响及溢出效应［J］. 中南财经政法大学学报，2022（5）：119-133.

［24］范黎波，郝安琪，吴易明．制造业企业数字化转型与出口稳定性［J］. 国际经贸探索，2022，38（12）：4-18.

［25］方健，徐丽群．信息共享，碳排放量与碳信息披露质量［J］. 审计研究，2012（4）：105-112.

［26］方明月，林佳妮，聂辉华．数字化转型是否促进了企业内共同富裕？——来自中国A股上市公司的证据［J］. 数量经济技术经济研究，2022，39（11）：50-70.

［27］冯根福，郑明波，温军，等．究竟哪些因素决定了中国企业的技术创新——基于九大中文经济学权威期刊和A股上市公司数据的再实证［J］. 中国工业经济，2021（1）：17-35.

［28］冯延超，梁莱歆．上市公司法律风险、审计收费及非标准审计意见——来自中国上市公司的经验证据［J］. 审计研究，2010（3）：75-81.

［29］冯银波，叶陈刚．审计师声誉、行业专长与审计定价［J］. 西安财经

学院学报，2018，31（5）：32-40.

［30］符少燕，李慧云．碳信息披露的价值效应：环境监管的调节作用［J］．统计研究，2018，35（9）：92-102.

［31］傅少川，张文杰，施先亮．供应链信息风险的形成机理和防范对策［J］．中国安全科学学报，2004，14（11）：88-91.

［32］傅烨，郑绍濂．供应链中的“牛鞭效应”——成因及对策分析［J］．管理工程学报，2002（1）：82-83.

［33］高美连，石泓．碳信息披露影响因素实证研究：来自制造业上市公司的经验证据［J］．财会通讯，2015（3）：90-92，100.

［34］高万青．信息披露质量、审计风险与审计定价关系研究——基于深交所A股公司的经验证据［J］．经济经纬，2014，31（4）：150-155.

［35］龚本刚，程幼明．供应链中“牛鞭效应”的成因及弱化［J］．运筹与管理，2002（5）：123-123.

［36］顾乃康，周艳利．卖空的事前威慑、公司治理与企业融资行为——基于融资融券制度的准自然实验检验［J］．管理世界，2017（2）：120-134.

［37］管考磊，朱海宁．企业数字化转型对税收规避的影响——来自中国上市公司的经验证据［J］．证券市场导报，2022（8）：30-38.

［38］管亚梅，李盼．终极控制人性质、分析师跟进和企业碳信息披露［J］．现代经济探讨，2016（7）：84-88.

［39］郭葆春，张奕莹．审计师与高管的学校关联会影响审计收费吗？［J］．会计之友，2019（18）：125-132.

［40］韩晓宇，张兆国．名人董事长会影响审计收费吗［J］．会计研究，2021（11）：178-192.

［41］韩维芳．审计师个人经验、行业专长与审计收费［J］．会计与经济研究，2016，30（6）：91-108.

［42］韩维芳，刘欣慰．非标意见内容是否影响审计师变更与审计收费？［J］．审计与经济研究，2019，34（4）：22-32.

［43］何青，庄朋涛．共同机构投资者如何影响企业ESG表现？［J］．证券市场导报，2023（3）：3-12.

［44］何威风，刘巍．企业管理者能力与审计收费［J］．会计研究，2015（1）：82-89.

［45］何玉，唐清亮，王开田，碳信息披露、碳业绩与资本成本［J］．会计研究，2014（1）：79-86.

［46］贺正楚，潘为华，潘红玉，等．制造企业数字化转型与创新效率：制

造过程与商业模式的异质性分析［J］. 中国软科学，2023（3）：162-177.

［47］胡洁，韩一鸣，钟咏．企业数字化转型如何影响企业 ESG 表现——来自中国上市公司的证据［J］. 产业经济评论，2023，54（1）：105-123.

［48］胡洁，于宪荣，韩一鸣．ESG 评级能否促进企业绿色转型？——基于多时点双重差分法的验证［J］. 数量经济技术经济研究，2023，40（7）：90-111.

［49］胡耘通，刘道钦，黄冠华．税收规避与审计收费［J］. 会计研究，2021（9）：176-189.

［50］王馗，范红忠．数字化转型与企业海外投资：事实考察与机理分析［J］. 财经论丛，2023（6）：3-13.

［51］黄丽珍，刘永平．资金约束下供应链牛鞭效应［J］. 福州大学学报（哲学社会科学版），2008，22（6）：17-22.

［52］黄溶冰，陈伟，王凯慧．外部融资需求、印象管理与企业漂绿［J］. 经济社会体制比较，2019（3）：81-93.

［53］黄溶冰，谢晓君，周卉芬．企业漂绿的“同构”行为［J］. 中国人口·资源与环境，2020，30（11）：139-150.

［54］黄溶冰，赵谦．演化视角下的企业漂绿问题研究：基于中国漂绿榜的案例分析［J］. 会计研究，2018（4）：11-19.

［55］黄速建，肖红军，王欣．论国有企业高质量发展［J］. 中国工业经济，2018，28（10）：19-41.

［56］蒋尧明，郑莹．企业社会责任信息披露高水平上市公司治理特征研究——基于 2012 年沪市 A 股上市公司的经验证据［J］. 中央财经大学学报，2014，1（11）：52-59.

［57］鞠晓生，卢荻，虞义华．融资约束、营运资本管理与企业创新可持续性［J］. 经济研究，2013（1）：4-16.

［58］柯君行．企业数字化转型程度对审计收费的影响研究［J］. 国际商务财会，2022（11）：18-24，29.

［59］赖晓冰，岳书敬．智慧城市试点促进了企业数字化转型吗？——基于准自然实验的实证研究［J］. 外国经济与管理，2022，44（10）：117-133.

［60］雷光勇，买瑞东，左静静．数字化转型与资本市场效率——基于股价同步性视角［J］. 证券市场导报，2022（8）：48-59.

［61］李佳．基于大数据云计算的智慧物流模式重构［J］. 中国流通经济，2019，33（2）：20-29.

［62］李雷，杨水利，陈娜．数字化转型对企业投资效率的影响研究［J］.

软科学，2022，36（11）：23-29.

［63］李雷，杨水利，陈娜．数字化转型对企业大客户依赖性的影响——基于规模经济与范围经济的解释［J］．系统管理学报，2023，32（2）：395-406.

［64］李力，刘全齐，唐登莉．碳绩效、碳信息披露质量与股权融资成本［J］．管理评论，2019，31（1）：221-235.

［65］李荣，王瑜，陆正飞．互联网商业模式影响上市公司盈余质量吗——来自中国证券市场的经验证据［J］．会计研究，2020（10）：66-81.

［66］李欣，顾振华，徐雨婧．公众环境诉求对企业污染排放的影响——来自百度环境搜索的微观证据［J］．财经研究，2022，48（1）：34-48.

［67］李文立，王乐超．历史订单信息对牛鞭效应的影响分析［J］．运筹与管理，2012，21（1）：195-200.

［68］李文耀，李琴．我国上市公司审计收费影响因素研究［J］．价格理论与实践，2015（8）：50-52.

［69］李勇，陈元，于辉．缓解牛鞭效应的新途径：人机协同的智慧决策机器人［J］．中国管理科学，网络首发，2022-08-01.

［70］李越冬，张冬，刘伟伟．内部控制重大缺陷、产权性质与审计定价［J］．审计研究，2014（2）：45-52.

［71］林川．多个大股东能促进企业数字化转型吗［J］．中南财经政法大学学报，2023（2）：28-40.

［72］林志帆，刘诗源．税收激励如何影响企业创新？——来自固定资产加速折旧政策的经验证据［J］．统计研究，2022，39（1）：91-105.

［73］刘柏建，刘孔玲．数字化转型下的企业组织变革：逻辑、维度与路径［J］．北京经济管理职业学院学报，2022，37（3）：63-70.

［74］刘斌，汪川琳．企业数字化转型与审计师选择——基于中国上市公司的经验证据［J］．厦门大学学报（哲学社会科学版），2023，73（1）：69-81.

［75］刘畅，潘慧峰，李珮，等．数字化转型对制造业企业绿色创新效率的影响和机制研究［J］．中国软科学，2023（4）：121-129.

［76］刘成立．审计师变更、审计师任期与审计收费关系研究——基于2001~2003年的实证分析［J］．财贸研究，2005（4）：96-101.

［77］刘成立，韩新新．风险导向审计、内部控制风险与审计定价决策［J］．会计与经济研究，2012，26（5）：50-58.

［78］刘端，王竹青．不同市场竞争条件下客户关系集中度对企业现金持有的影响——基于中国制造业上市公司的实证［J］．管理评论，2017，29（4）：181-195.

［79］刘红，王平．基于不同预测技术的供应链牛鞭效应分析［J］．系统工程理论与实践，2007（7）：26-33.

［80］刘梦莎，邵淇，阮青松．数字化转型对企业债务融资成本的影响研究［J］．财经问题研究，2023（1）：63-72.

［81］刘淑春，闫津臣，张思雪，等．企业管理数字化变革能提升投入产出效率吗？［J］．管理世界，2021（5）：170-190.

［82］刘向强，杨晴晴，胡珺．ESG 评级分歧与股价同步性［J］．中国软科学，2023（8）：108-120.

［83］刘晓峰，宗蓓华．物流运作中“啤酒游戏”的 MATLAB 仿真［J］．交通运输工程学报，2003，3（4）：73-77.

［84］刘笑霞，李明辉，孙蕾．媒体负面报道、审计定价与审计延迟［J］．会计研究，2017（4）：88-94.

［85］柳学信，李胡扬，孔晓旭．党组织治理对企业 ESG 表现的影响研究［J］．财经论丛，2022（1）：100-112.

［86］刘运国，麦剑青，魏哲妍．审计费用与盈余管理实证分析——来自中国证券市场的证据［J］．审计研究，2006（2）：74-80.

［87］刘政，姚雨秀，张国胜，等．企业数字化、专用知识与组织授权［J］．中国工业经济，2020（9）：156-174.

［88］卢继周，冯耕中，王能民，等．信息共享下库存量牛鞭效应的影响因素研究［J］．管理科学学报，2017，20（3）：136-147.

［89］马慧，陈胜蓝．企业数字化转型，坏消息隐藏与股价崩盘风险［J］．会计研究，2022（10）：31-44.

［90］马迎贤．组织间关系：资源依赖视角的研究综述［J］．管理评论，2005，17（2）：55-62.

［91］马云高，王能民，江能前，等．消费者预测行为对供应链牛鞭效应和零售商库存的影响分析［J］．运筹与管理，2012，21（5）：22-27.

［92］梅晓红，葛扬，朱晓宁．环境合法性压力对企业碳信息披露的影响机制研究［J］．软科学，2020，34（8）：78-83.

［93］聂兴凯，王稳华，裴璇．企业数字化转型会影响会计信息可比性吗［J］．会计研究，2022（5）：17-39.

［94］潘海英，朱忆丹，新夫．ESG 表现与企业金融化——内外监管双“管”齐下的调节效应［J］．南京审计大学学报，2022，19（2）：60-69.

［95］潘克勤．公司治理、审计风险与审计定价——基于 CCGINK 的经验证据［J］．南开管理评论，2008，11（1）：106-112.

[96] 潘毛毛，赵玉林．互联网融合、人力资本结构与制造业全要素生产率［J］．科学学研究，2020，38（12）：2171-2182，2219.

[97] 祁怀锦，曹修琴，刘艳霞．数字经济对公司治理的影响——基于信息不对称和管理者非理性行为视角［J］．改革，2020（4）：50-64.

[98] 戚啸艳．上市公司碳信息披露影响因素研究——基于 CDP 项目的面板数据分析［J］．学海，2012（3）：49-53.

[99] 戚聿东，肖旭．数字经济时代的企业管理变革［J］．管理世界，2020，36（6）：135-152.

[100] 秦荣生．数字化转型与智能会计建设［J］．财务与会计，2021（22）：4-6.

[101] 权小锋，徐星美，蔡卫华．高管从军经历影响审计费用吗？——基于组织文化的新视角［J］．审计研究，2018（2）：80-86.

[102] 任莉莉，张瑞君，张永冀．管理者过度自信与企业牛鞭效应［J］．中国会计评论，2020，18（3）：363-388.

[103] 任晓怡，苏雪莎，常曦，等．中国自由贸易试验区与企业数字化转型［J］．中国软科学，2022（9）：130-140.

[104] 邵晓峰，季建华，黄培清．供应链中的牛鞭效应分析［J］．东华大学学报（自然科学版），2001，27（4）：121-124.

[105] 沈华玉，唐筱仪，余中福，等．城乡二元体制，CEO 特征与审计费用——基于民营上市公司的经验证据［J］．审计研究，2019（6）：87-95.

[106] 宋常，王丽娟，王美琪．员工持股计划与审计收费——基于我国 A 股上市公司的经验证据［J］．审计研究，2020（1）：51-58.

[107] 宋德勇，朱文博，丁海．企业数字化能否促进绿色技术创新？——基于重污染行业上市公司的考察［J］．财经研究，2022，48（4）：34-48.

[108] 宋晓华，蒋潇，韩晶晶，赵彩萍，郭亦玮，余中福．企业碳信息披露的价值效应研究——基于公共压力的调节作用［J］．会计研究，2019（12）：78-84.

[109] 宋衍蘅．审计风险、审计定价与相对谈判能力——以受监管部门处罚或调查的公司为例［J］．会计研究，2011（2）：79-84.

[110] 粟立钟，李悦．股权结构、董事会治理与审计费用——A 股上市公司的经验证据［J］．会计之友，2012（29）：110-113.

[111] 苏文兵，李心合，常家瑛，等．事务所行业专长与审计收费溢价的相关性检验——来自中国上市公司审计市场的经验证据［J］．产业经济研究，2010（3）：38-45.

［112］孙冬，杨硕，赵雨萱，等 . ESG 表现、财务状况与系统性风险相关性研究——以沪深 A 股电力上市公司为例［J］. 中国环境管理，2019，11（2）：37-43.

［113］孙建强，吴晓梦 . 企业社会责任漂绿对财务绩效影响研究——以中石油为例［J］. 财会通讯，2019（22）：7-13.

［114］孙兰兰，钟琴，祝兵，等 . 数字化转型如何影响供需长鞭效应？——基于企业与供应链网络双重视角［J］. 证券市场导报，2022（10）：26-37.

［115］孙晓华，车天琪，马雪娇 . 企业碳信息披露的迎合行为：识别、溢价损失与作用机制［J］. 中国工业经济，2023（1）：132-150.

［116］孙永权，马云高 . 信息共享对牛鞭效应的影响——基于价格敏感需求函数的视角［J］. 系统工程，2014，32（1）：33-40.

［117］谭德明，邹树梁 . 碳信息披露国际发展现状及我国碳信息披露框架的构建［J］. 统计与决策，2010（11）：126-128.

［118］汤萱，高星，赵天齐，等 . 高管团队异质性与企业数字化转型［J］. 中国软科学，2022（10）：83-98.

［119］田利辉，刘霞 . 国际“四大”的品牌溢价和我国上市公司的审计收费［J］. 中国会计评论，2013（1）：55-70.

［120］佟岩，李鑫，钟凯 . 党组织参与公司治理与债券信用风险防范［J］. 经济评论，2021，230（4）：20-41.

［121］万杰，李敏强，寇纪淞 . 供应链中分配机制对牛鞭效应的影响研究［J］. 系统工程学报，2002（4）：340-348.

［122］王宏鸣，孙鹏博，郭慧芳 . 数字金融如何赋能企业数字化转型？——来自中国上市公司的经验证据［J］. 财经论丛，2022（10）：3-13.

［123］王会娟，陈新楷，陈文强，张路 . 数字化转型能提高企业的风险承担水平吗？［J］. 财经论丛，2022（12）：70-80.

［124］王君彩，牛晓叶 . 碳信息披露项目、企业回应动机及其市场反应——基于 2008~2011 年 CDP 中国报告的实证研究［J］. 中央财经大学学报，2013（1）：78-85.

［125］王琳，陈志军 . 价值共创如何影响创新型企业的即兴能力？——基于资源依赖理论的案例研究［J］. 管理世界，2020，36（11）：96-110，131.

［126］王鹏程，姚立杰 . 我国审计费用现状、问题与对策研究——基于境内外上市公司的对比分析［J］. 财务研究，2023（3）：25-37.

［127］王如萍，张焕明 . 数字化转型与企业对外直接投资——创新能力和交易成本的中介作用［J］. 财贸研究，2023，34（5）：14-24.

［128］王守海，徐晓彤，刘烨炜．企业数字化转型会降低债务违约风险吗？［J］．证券市场导报，2022，4（4）：45-56.

［129］王晓红，栾翔宇，张少鹏．企业研发投入、ESG 表现与市场价值——企业数字化水平的调节效应［J］．科学学研究，2023（5）：896-904.

［130］王小鲁，樊纲，余静文．中国分省份市场化指数报告（2016）［M］．北京：社会科学文献出版社，2017.

［131］王珣，戴德明，闫丽娟．管理层过度自信、盈余管理与审计收费［J］．财会月刊，2018（20）：125-133.

［132］王瑶，冯晓晴，侯德帅．企业数字化转型能提高分析师预测准确度吗——基于信息披露和信息挖掘的双重视角［J］．中南财经政法大学学报，2023（4）：16-27.

［133］王应欢，郭永祯．企业数字化转型与 ESG 表现——基于中国上市企业的经验证据［J］．财经研究，2023，49（9）：94-108.

［134］王永钦，李蔚，戴芸．僵尸企业如何影响了企业创新？——来自中国工业企业的证据［J］．经济研究，2018，53（11）：99-114.

［135］王禹，王浩宇，薛爽．税制绿色化与企业 ESG 表现——基于《环境保护税法》的准自然实验［J］．财经研究，2022，48（9）：47-62.

［136］王芸，杨华领．会计师事务所行业专长与审计收费的实证分析——来自中国 A 股证券市场 2003～2005 年的经验数据［J］．当代财经，2008（9）：126-128.

［137］王运陈，杨若熠，贺康，等．数字化转型能提升企业 ESG 表现吗？——基于合法性理论与信息不对称理论的研究［J］．证券市场导报，2023（7）：14-25.

［138］韦影，宗小云．企业适应数字化转型研究框架：一个文献综述［J］．科技进步与对策，2021，38（11）：152-160.

［139］温忠麟，张雷，侯杰泰，等．中介效应检验程序及其应用［J］．心理学报，2004，36（5）：614-620.

［140］文雯，牛煜皓．数字化转型会加剧企业投融资期限错配吗？［J］．中南财经政法大学学报，2023（5）：18-30.

［141］吴代龙，刘利平．数字化转型升级促进了全球价值链地位攀升吗？——来自中国上市企业的微观证据［J］．产业经济研究，2022（5）：56-71.

［142］吴非，胡慧芷，林慧妍，任晓怡．企业数字化转型与资本市场表现——来自股票流动性的经验证据［J］．管理世界，2021，37（7）：130-144.

［143］吴非，常曦，任晓怡．政府驱动型创新：财政科技支出与企业数字化

转型［J］. 财政研究，2021a，455（1）：102-115.

［144］吴勋，徐新歌. 公共压力与自愿性碳信息披露——基于 2008~2013 年 CDP 中国报告的实证研究［J］. 科技管理研究，2015（24）：232-237.

［145］吴武清，田雅婧. 企业数字化转型可以降低费用粘性吗——基于费用调整能力视角［J］. 会计研究，2022（4）：89-112.

［146］吴应宇，毛俊，路云. 客户规模与审计费用溢价的研究：来自 2001~2004 年沪市的初步证据［J］. 会计研究，2008（5）：83-89.

［147］席龙胜，赵辉. 企业 ESG 表现影响盈余持续性的作用机理和数据检验［J］. 管理评论，2022，34（9）：313-326.

［148］夏常源，毛谢恩，余海宗. 社保缴费与企业管理数字化［J］. 会计研究，2022（1）：96-113.

［149］向锐，秦梦. 审计委员会女性董事、事务所声誉与审计定价［J］. 会计与经济研究，2016，30（6）：71-90.

［150］晓芳，兰凤云，施雯，等. 上市公司的 ESG 评级会影响审计收费吗？——基于 ESG 评级事件的准自然实验［J］. 审计研究，2021（3）：41-50.

［151］肖红军，阳镇，刘美玉. 企业数字化的社会责任促进效应：内外双重路径的检验［J］. 经济管理，2021，43（11）：52-69.

［152］肖红军，张俊生，李伟阳. 企业伪社会责任行为研究［J］. 中国工业经济，2013（6）：109-121.

［153］肖静，曾萍. 数字化能否实现企业绿色创新的“提质增量”？——基于资源视角［J］. 科学学研究，2023，41（5）：925-935，960.

［154］肖静华，汪鸿昌，谢康，等. 信息共享视角下供应链信息系统价值创造机制［J］. 系统工程理论与实践，2014，34（11）：2862-2871.

［155］肖梦瑶，韦琳. 数字化转型会抑制企业投资的“随波逐流”吗［J］. 现代经济探讨，2023（8）：86-95.

［156］肖土盛，孙瑞琦，袁淳，等. 企业数字化转型、人力资本结构调整与劳动收入份额［J］. 管理世界，2022，38（12）：220-235.

［157］许云霄，柯俊强，刘江宁，等. 数字化转型与企业避税［J］. 经济与管理研究，2023，44（6）：97-112.

［158］徐宗宇，杨媛媛. 女性高管、诉讼风险与审计费用［J］. 金融经济学研究，2020，35（5）：132-146.

［159］薛爽，耀友福，王雪方. 供应链集中度与审计意见购买［J］. 会计研究，2018（8）：57-64.

［160］严若森，钱晶晶，祁浩. 公司治理水平、媒体关注与企业税收激进

[J]. 经济管理，2018，40（7）：20-38.

［161］杨白冰，杨子明，郭迎锋. 企业数字化转型中的就业结构效应——基于制造业上市企业年报文本挖掘的实证分析［J］. 中国软科学，2023（4）：141-150.

［162］杨德明，刘泳文. “互联网+”为什么加出了业绩［J］. 中国工业经济，2018（5）：80-98.

［163］杨金玉，彭秋萍，葛震霆. 数字化转型的客户传染效应——供应商创新视角［J］. 中国工业经济，2022（8）：156-174.

［164］杨天山，袁功林，武可栋. 数字化转型、劳动力技能结构与企业全要素生产率［J］. 统计与决策，2023，39（15）：161-166.

［165］杨震宁，侯一凡，李德辉，等. 中国企业“双循环”中开放式创新网络的平衡效应——基于数字赋能与组织柔性的考察［J］. 管理世界，2021，37（11）：184-205.

［166］杨志强，唐松，李增泉. 资本市场信息披露、关系型合约与供需长鞭效应——基于供应链信息外溢的经验证据［J］. 管理世界，2020，36（7）：89-105.

［167］姚小涛，亓晖，刘琳琳，等. 企业数字化转型：再认识与再出发［J］. 西安交通大学学报（社会科学版），2022，42（3）：1-9.

［168］耀友福. 企业数字化转型对大股东掏空行为的影响［J］. 当代财经，2022（11）：137-148.

［169］叶永卫，李鑫，刘贯春. 数字化转型与企业人力资本升级［J］. 金融研究，2022（12）：74-92.

［170］易靖韬，王悦昊. 数字化转型对企业出口的影响研究［J］. 中国软科学，2021（3）：94-104.

［171］易露霞，吴非，徐斯旸. 企业数字化转型的业绩驱动效应研究［J］. 证券市场导报，2021（8）：15-25，69.

［172］于东智，池国华. 董事会规模、稳定性与公司绩效：理论与经验分析［J］. 经济研究，2004（4）：70-79.

［173］余汉，黄爽，宋增基. 国有股权对民营企业数字化转型的影响——基于上市公司的经验证据［J］. 中国软科学，2023（3）：140-149.

［174］余鹏翼，刘先敏. 腐败治理、法律环境与审计费用——基于沪深上市公司的经验证据［J］. 审计与经济研究，2018，33（3）：19-28.

［175］余玉苗，范亚欣，周楷唐. 审计费用的事前确定、异常审计费用与审计质量［J］. 审计研究，2020（2）：67-75.

［176］袁淳，肖土盛，耿春晓，等．数字化转型与企业分工：专业化还是纵向一体化［J］．中国工业经济，2021（9）：137-155.

［177］苑泽明，王金月．碳排放制度，行业差异与碳信息披露——来自沪市A股工业企业的经验数据［J］．财贸研究，2015（4）：150-156.

［178］曾德麟，蔡家玮，欧阳桃花．数字化转型研究：整合框架与未来展望［J］．外国经济与管理，2021，43（5）：63-76.

［179］曾皓．区位导向性政策促进企业数字化转型吗？——基于国家数字经济创新发展试验区的准自然实验［J］．财经论丛，2023（4）：3-13.

［180］翟胜宝，程妍婷，许浩然，等．媒体关注与企业 ESG 信息披露质量［J］．会计研究，2022（8）：59-71.

［181］张晨宇，赵晶，肖淑芳．我国上市公司审计收费影响因素的实证分析［J］．数理统计与管理，2007，26（6）：1085-1090.

［182］张继勋，陈颖，吴璇．风险因素对我国上市公司审计收费影响的分析——沪市 2003 年报的数据［J］．审计研究，2005（4）：34-38.

［183］张敬文，田柳．股权激励与上市公司经营绩效关系研究——基于分析师关注的视角［J］．南开经济研究，2020（5）：173-186.

［184］张俊民，胡国强．高管审计背景与审计定价：基于角色视角［J］．审计与经济研究，2013，28（2）：25-34.

［185］张立民，丁朝霞，钱华．“四大”会计师事务所在我国差别收费现象的经济学思考［J］．审计与经济研究，2006，3（3）：56-60.

［186］张亮亮，李强．高铁开通与企业存货管理效率——基于供应链协调成本的视角［J］．中南财经政法大学学报，2019（6）：82-93.

［187］张萌，宋顺林．企业数字化、创新驱动政策与 ESG 表现［J］．北京工商大学学报（社会科学版），2023（6）：34-46，101.

［188］张钦成，杨明增．企业数字化转型与内部控制质量——基于“两化融合”贯标试点的准自然实验［J］．审计研究，2022（6）：117-128.

［189］张铁铸，沙曼．行业专长、业务复杂性与审计收费［J］．南京审计学院学报，2014，11（4）：83-94.

［190］张小玲，陆强．供应链中断下顾客缺货反应对牛鞭效应的影响研究［J］．中国管理科学，2016，24（7）：54-62.

［191］张焰朝，卜君．企业数字化转型会影响会计信息可比性吗［J］．中南财经政法大学学报，2023（2）：41-51.

［192］张叶青，陆瑶，李乐芸．大数据应用对中国企业市场价值的影响——来自中国上市公司年报文本分析的证据［J］．经济研究，2021，56（12）：

42-59.

[193] 张永冀，翟建桥，朱雅轩，等. 数字化转型如何影响企业 ESG 表现 [J]. 中国地质大学学报（社会科学版），2023，23（6）：126-141.

[194] 张永珅，李小波，邢铭强. 企业数字化转型与审计定价 [J]. 审计研究，2021（3）：62-71.

[195] 张志元，马永凡. 政府补助与企业数字化转型——基于信号传递的视角 [J]. 经济与管理研究，2023，44（1）：111-128.

[196] 赵璨，陈仕华，曹伟. "互联网+"信息披露：实质性陈述还是策略性炒作——基于股价崩盘风险的证据 [J]. 中国工业经济，2020（3）：174-192.

[197] 赵宸宇，王文春，李雪松. 数字化转型如何影响企业全要素生产率 [J]. 财贸经济，2021，42（7）：114-129.

[198] 赵宸宇. 数字化发展与服务化转型——来自制造业上市公司的经验证据 [J]. 南开管理评论，2021，24（2）：149-161.

[199] 赵宸宇. 数字化转型对企业社会责任的影响研究 [J]. 当代经济科学，2022，44（2）：109-116.

[200] 赵红丹，周君. 企业伪善、道德推脱与亲组织非伦理行为：有调节的中介效应 [J]. 外国经济与管理，2017，39（1）：15-28.

[201] 赵丽芳，刘欢，王瀚平. 内部控制鉴证制度与审计市场集中度关系研究——制度变迁、费用变化与集中度趋势 [J]. 财经理论研究，2015（4）：88-95.

[202] 赵玲，黄昊. 企业数字化转型、高管信息技术特长与创新效率 [J]. 云南财经大学学报，2023，39（7）：86-110.

[203] 赵涛，张智，梁上坤. 数字经济、创业活跃度与高质量发展——来自中国城市的经验证据 [J]. 管理世界，2020，36（10）：65-75.

[204] 赵选民，霍少博，吴勋. 政治关联、政府干预与碳信息披露水平——基于资源型企业的面板数据分析 [J]. 科技管理研究，2015（1）：222-226.

[205] 郑建明，孙诗璐. 税收征管与审计费用——来自"金税三期"的准自然实验证据 [J]. 审计研究，2021（4）：43-52.

[206] 郑帅，王海军. 数字化转型何以影响枢纽企业创新绩效？——基于模块化视角的实证研究 [J]. 科研管理，2022，43（11）：73-82.

[207] 郑英隆，李新家. 新型消费的经济理论问题研究——基于消费互联网与产业互联网对接视角 [J]. 广东财经大学学报，2022，37（2）：4-14.

[208] 周晨. 事务所变更，客户风险与审计收费的实证研究 [J]. 商业会计，2017（20）：48-50.

［209］祝合良，王春娟．数字经济引领产业高质量发展：理论、机理与路径［J］．财经理论与实践，2020，41（5）：2-10.

［210］朱鹏飞，张丹妮，周泽将．企业风险承担会导致审计溢价吗？——基于产权性质和费用粘性视角的拓展性分析［J］．中南财经政法大学学报，2018（6）：72-80.

［211］朱小平，余谦．我国审计收费影响因素之实证分析［J］．中国会计评论，2004（2）：393-408.

［212］朱秀梅，林晓玥，王天东．企业数字化转型战略与能力对产品服务系统的影响研究［J］．外国经济与管理，2022，44（4）：137-152.

［213］Acemoglu D，Griffith R，Aghion P，et al. Vertical integration and technology：Theory and evidence［J］. Journal of the European Economic Association，2010，8（5）：989-1033.

［214］Adnyani D，Latrini M Y，Widhiyani N L S. The influence of time budget pressure，audit complexity and audit fee on audit quality（Case study at public accounting firms in Bali province）［J］. Timor Leste Journal of Business and Management，2020（2）：27-32.

［215］Agrawal A，Knoeber C R. Firm performance and mechanisms to control agency problems between managers and shareholders［J］. Journal of Financial and Quantitative Analysis，1996，31（3）：377-397.

［216］Aharon B T，Boaz G，Shimrit S. Robust multi-echelon multi-period inventory control［J］. European Journal of Operational Research，2009，199（3）：922-935.

［217］Akerlof，George A. The market for lemons：Quality uncertainty and the market mechanism［J］. The Quarterly Journal of Economics，1970，84（3）：488-500.

［218］Aldrich H E，Fiol C M. Fools rush in？The institutional context of industry creation［J］. Academy of Management Review，1994，19（4）：645-670.

［219］Amason A C. Distinguishing the effects of functional and dysfunctional conflict on strategic decision making：Resolving a paradox for top management teams［J］. Academy of Management Journal，1996，39（1）：123-148.

［220］Amess K，Banerji S，Lampousis A. Corporate cash holdings：Causes and consequences［J］. International Review of Financial Analysis，2015（42）：421-433.

［221］Anderson T，Zeghal D. The pricing of audit services：Further evidence from the Canadian market［J］. Accounting and Business Research，1994，24

(95): 195-207.

[222] Ansoff H I. Strategies for diversification [J]. Harvard Business Review, 1957, 35 (5): 113-124.

[223] Anupam K, Nishikant M, Nagesh S, et al. Multiple order-up-to policy for mitigating bullwhip effect in supply chain network [J]. Annals of Operations Research, 2018, 269 (1): 361-386.

[224] Arouri M, El Ghoul S, Gomes M. Greenwashing and product market competition [J]. Finance Research Letters, 2021 (42): 101927.

[225] Arrow K J. The role of securities in the optimal allocation of risk-bearing [J]. The Review of Economic Studies, 1964, 31 (2): 91-96.

[226] Ashforth B E, Gibbs B W. The double-edge of organizational legitimation [J]. Organization Science, 1990, 1 (2): 177-194.

[227] Aviv Y. A time-series framework for supply-chain inventory management [J]. Operations Research, 2003, 51 (2): 210-227.

[228] Avramov D, Cheng S, Lioui A, et al. Sustainable investing with ESG rating uncertainty [J]. Journal of Financial Economics, 2022, 145 (2): 642-664.

[229] Bai C, Liu Q, Lu J, Song F, Zhang, J. Corporate governance and market valuation in China [J]. Journal of Comparative Economics, 2004, 32 (4): 599-616.

[230] Baker E D, Boulton T J, Braga-Alves M V, et al. ESG government risk and international IPO underpricing [J]. Journal of Corporate Finance, 2021 (67): 101913.

[231] Barlas Y, Gunduz B. Demand forecasting and sharing strategies to reduce fluctuations and the bullwhip effect in supply chains [J]. Journal of the Operational Research Society, 2011, 62 (3): 458-473.

[232] Ben-Amar W, Chang M, McIlkenny P. Board gender diversity and corporate response to sustainability initiatives: Evidence from the carbon disclosure project [J]. Journal of Business Ethics, 2017, 142 (2): 369-383.

[233] Bereskin F L, Hsu P H, Rotenberg W. The real effects of real earnings management: Evidence from innovation [J]. Contemporary Accounting Research, 2018, 35 (1): 525-557.

[234] Bhattacharya A, Banerjee P. An empirical analysis of audit pricing and auditor selection: Evidence from India [J]. Managerial Auditing Journal, 2019, 35 (1): 111-151.

[235] Birindelli G, Dell' Atti S, Iannuzzi A P, et al. Composition and activity

of the board of directors: Impact on ESG performance in the banking system [J]. Sustainability, 2018, 10 (12): 4699.

[236] Blacconiere W G, Patten D M. Environmental disclosures, regulatory costs, and changes in firm value [J]. Journal of Accounting and Economics, 1994, 18 (3): 357-377.

[237] Bloom N, Garicano L, Sadun R, et al. The distinct effects of information technology and communication technology on firm organization [J]. Management Science, 2014, 60 (12): 2859-2885.

[238] Borghei, Z. Carbon disclosure: A systematic literature review [J]. Accounting & Finance, 2021, 61 (4): 5255-5280.

[239] Branco M C, Rodrigues L L. Corporate social responsibility and resource-based perspectives [J]. Journal of Business Ethics, 2006, 69 (2): 111-132.

[240] Brandt L, Li H. Bank discrimination in transition economies: Ideology, information, or incentives? [J]. Journal of Comparative Economics, 2003, 31 (3): 387-413.

[241] Bray R L, Mendelson H. Information transmission and the bullwhip effect: An empirical investigation [J]. Management Science, 2012, 58 (5): 860-875.

[242] Brazel J, Agoglia C. An examination of auditor planning judgements in a complex accounting information system environment [J]. Contemporary Accounting Research, 2007, 24 (4): 1061-1083.

[243] Brynjolfsson E, Hitt L. Paradox lost? Firm-level evidence on the returns to information systems spending [J]. Management Science, 1996, 42 (4): 541-558.

[244] Butt A, Khan S, Zakir M, et al. Firms greenwashing practices and consumers' perception: Role of marketing and non-marketing external stake holders in firms greenwashing practices [J]. Indian Journal of Economics and Business, 2021, 20 (3): 689-706.

[245] Cachon G P, Randall T, Schmidt G M. In search of the bullwhip effect [J]. Manufacturing & Service Operations Management, 2007, 9 (4): 457-479.

[246] Cahan S F, Sun J. The effect of audit experience on audit fees and audit quality [J]. Journal of Accounting, Auditing & Finance, 2015, 30 (1): 78-100.

[247] Cantoni D, Chen Y, Yang D Y et al. Curriculum and ideology [J]. Journal of Political Economy, 2017, 125 (2): 338-392.

[248] Cardinali P G, De Giovanni P. Responsible digitalization through digital technologies and green practices [J]. Corporate Social Responsibility and Environmen-

tal Management, 2022, 29 (4): 984-995.

[249] Carson E, Fargher N. Note on audit fee premiums to client size and industry specialization [J]. Accounting & Finance, 2007, 47 (3): 423-446.

[250] Carson E, Redmayne N B, Liao L. Audit market structure and competition in Australia [J]. Australian Accounting Review, 2014, 24 (4): 298-312.

[251] Cenamor J, Sjödin D R, Parida V. Adopting a platform approach in servitization: Leveraging the value of digitalization [J]. International Journal of Production Economics, 2017 (192): 54-65.

[252] Charles S., Glover S. M., Sharp N. Y. The Association between financial reporting risk and audit fees before and after the historic events surrounding SOX [J]. Auditing: A Journal of Practice & Theory, 2010, 29 (1): 15-39.

[253] Chatterji A K, Durand R, Levine D I, et al. Do ratings of firms converge? Implications for managers, investors and strategy researchers [J]. Strategic Management Journal, 2016, 37 (8): 1597-1614.

[254] Chemmanur, T. J., Paeglis, I., Simonyan, K. Management quality, financial and investment policies, and asymmetric information [J]. Journal of Financial and Quantitative Analysis, 2009, 44 (5): 1045-1079.

[255] Chen F, Drezner Z, Ryan J K, et al. Quantifying the bullwhip effect in a simple supply chain: The impact of forecasting, lead times, and information [J]. Management Science, 2000, 46 (3): 436-443.

[256] Chen W, Srinivasan S. Going digital: Implications for firm value and performance [J/OL]. Review of Accounting Studies, 2023, https://doi.org/10.1007/s11 142-023-09753-0.

[257] Chen W, Zhang L, Jiang P, et al. Can digital transformation improve the information environment of the capital market? Evidence from the analysts' prediction behaviour [J]. Accounting & Finance, 2022, 62 (2): 2543-2578.

[258] Chen Y, Smith A L, Cao J, et al. Information technology capability, internal control effectiveness, and audit fees and delays [J]. Journal of Information Systems, 2014, 28 (2): 149-180.

[259] Choi J H, Kim J B, Liu X, et al. Audit pricing, legal liability regimes, and Big 4 premiums: Theory and cross-country evidence [J]. Contemporary Accounting Research, 2008, 25 (1): 55-99.

[260] Choi T M, Li J, Wei Y. Will a supplier benefit from sharing good information with a retailer? [J]. Decision Support Systems, 2013 (56): 131-139.

[261] Cinelli C, Ferwerda J, Hazlett C. Sensemakr: Sensitivity analysis tools for OLS in R and Stata [J]. Available at SSRN 3588978, 2020.

[262] Clarkson M E. A stakeholder framework for analyzing and evaluating corporate social performance [J]. Academy of Management Review, 1995, 20 (1): 92-117.

[263] Cohen D A, Zarowin P. Accrual-based and real earnings management activities around seasoned equity offerings [J]. Journal of Accounting and Economics, 2010, 50 (1): 2-19.

[264] Collins C, Dennehy D, Conboy K, et al. Artificial intelligence in information systems research: A systematic literature review and research agenda [J]. International Journal of Information Management, 2021 (60): 102383.

[265] Cotter J, Najah M M. Institutional investor influence on global climate change disclosure practices [J]. Australian Journal of Management, 2012, 37 (2): 169-187.

[266] Coval J D, Moskowitz T J. The geography of investment: Informed trading and asset prices [J]. Journal of Political Economy, 2001, 109 (4): 811-841.

[267] Crifo P, Forget V D, Teyssier S. The price of environmental, social and governance practice disclosure: An experiment with professional private equity investors [J]. Journal of Corporate Finance, 2015 (30): 168-194.

[268] Cronqvist H, Yu F. Shaped by Their daughters: Executives, female socialization, and corporate social responsibility [J]. Financial Economics, 2017, 126 (3): 543-562.

[269] Crutchley C, Garner J, Marshall B. An examination of board stability and the long-term performance of initial public offerings [J]. Financial Management, 2002, 31 (3): 63-90.

[270] Czarnitzki D, Hanel P, Rosa J M. Evaluating the impact of R&D tax credits on innovation: A microeconometric study on Canadian firms [J]. Research Policy, 2011, 40 (2): 217-229.

[271] DasGupta R. Financial performance shortfall, ESG controversies, and ESG performance: Evidence from firms around the world [J]. Finance Research Letters, 2022 (46): 102487.

[272] Bryan D B, Mason T W. The influence of earnings management conducted through the use of accretive stock repurchases on audit fees [J]. Advances in Accounting, 2016 (34): 26-41.

[273] Dawkins C, Fraas J W. Coming Clean: The impact of environmental performance and visibility on corporate climate change disclosure [J]. Journal of Business Ethics, 2011, 100 (2): 303-322.

[274] De Freitas Netto S V, Sobral M F F, Ribeiro A R B, et al. Concepts and forms of greenwashing: A systematic review [J]. Environmental Sciences Europe, 2020, 32 (1): 1-12.

[275] DeAngelo L E. Auditor independence, 'low balling', and disclosure regulation [J]. Journal of Accounting and Economics, 1981, 3 (2): 113-127.

[276] Delmas M A, Burbano V C. The drivers of greenwashing [J]. California Management Review, 2011, 54 (1): 64-87.

[277] Delmas M A, Montes-Sancho M J. Voluntary agreements to improve environmental quality: Symbolic and substantive cooperation [J]. Strategic Management Journal, 2010, 31 (6): 575-601.

[278] Demerjian P, Lev B, McVay S. Quantifying managerial ability: A new measure and validity tests [J]. Management Science, 2012, 58 (7): 1229-1248.

[279] Deng X, Kang J, Low B S. Corporate social responsibility and stakeholder value maximization: Evidence from mergers [J]. Financial Economics, 2013, 110 (1): 87-109.

[280] Dixit A K, Stiglitz J E. Monopolistic competition and optimum product diversity [J]. American Economic Review, 1977, 67 (3): 297-308.

[281] Doogar R, Sivadasan P, Solomon I. Audit fee residuals: Costs or rents? [J]. Review of Accounting Studies, 2015 (20): 1247-1286.

[282] Drempetic S, Klein C, Zwergel B. The influence of firm size on the ESG score: Corporate sustainability ratings under review [J]. Journal of Business Ethics, 2020 (167): 333-360.

[283] Du X. How the market values greenwashing? Evidence from China [J]. Journal of Business Ethics, 2015 (128): 547-574.

[284] Duan Y, Yao Y, Huo J. Bullwhip effect under substitute products [J]. Journal of Operations Management, 2015 (36): 75-89.

[285] Dyck A, Volchkova N, Zingales L. The corporate governance role of the media: Evidence from Russia [J]. The Journal of Finance, 2008, 63 (3): 1093-1135.

[286] Dye R A. Auditing standards, legal liability, and auditor wealth [J]. Journal of Political Economy, 1993, 101 (5): 887-914.

[287] Dyer J H, Singh H. The relational view: Cooperative strategy and sources of interorganizational competitive advantage [J]. Academy of Management Review, 1998, 23 (4): 660-679.

[288] Ebert C, Duarte C H C. Digital transformation [J]. IEEE Software, 2018, 35 (4): 16-21.

[289] Efron B, Tibshirani R J. An Introduction to the bootstrap. Monographs on Statistics and Applied Probability, No. 57 [M]. London: Chapman and Hall, 1993.

[290] Fang M, Nie H, Shen X. Can enterprise digitization improve ESG performance? [J]. Economic Modelling, 2023 (118): 106101.

[291] Fei L, Dong S, Xue L, et al. Energy consumption-economic growth relationship and carbon dioxide emissions in China [J]. Energy Policy, 2011, 39 (2): 568-574.

[292] Ferrell A, Liang H, Renneboog L. Socially responsible firms [J]. Journal of Financial Economics, 2016, 122 (3): 585-606.

[293] Filieri R, Alguezaui S. Structural social capital and innovation: Is Knowledge transfer the missing link? [J]. Journal of Knowledge Management, 2014, 18 (4): 757-728.

[294] Firth M. An analysis of audit fees and their determinants in New Zealand [J]. Auditing A Journal of Practice & Theory, 1985, 4 (2): 23-37.

[295] Flammer C. Does product market competition foster corporate social responsibility? Evidence from trade liberalization [J]. Strategic Management Journal, 2014, 36 (10): 1469-1485.

[296] Forrester J W. Industrial dynamic [M]. New York: MIT Press, 1961: 421.

[297] Freedman M, Jaggi B. Global warming, commitment to the Kyoto protocol, and accounting disclosures by the largest global public firms from polluting industries [J]. The International Journal of Accounting, 2005, 40 (3): 215-232.

[298] Freeman R E. Strategic management: A stakeholder approach [M]. Boston: Pitman, 1984.

[299] Friedman M. Capitalism and Freedom [M]. Chicago: The University of Chicago Press, 1962.

[300] Friedman M. The social responsibility of business is to increase its profits [J]. New York Times Magazine, 1970, 33 (30): 122-126.

[301] Frynas J G, Mol M J, Mellahi K. Management innovation made in

China: Haier's rendanheyi [J]. California Management Review, 2018, 61 (1): 71-93.

[302] Fynes B, De Burca S, Marshall D. Environmental uncertainty, supply chain relationship quality and performance [J]. Journal of Purchasing and Supply Management, 2004, 10 (4-5): 179-190.

[303] Gardberg N A, Fombrun C J. Corporate citizenship: Creating intangible assets across institutional environments [J]. Academy of Management Review, 2006, 31 (2): 329-346.

[304] Gavirneni S, Kapuscinski R, Tayur S. Value of information in capacitated supply chains [J]. Management Science, 1999, 45 (1): 16-24.

[305] Ge W, Kim J B. How does the executive pay gap influence audit fees? The roles of R&D investment and institutional ownership [J]. Journal of Business Finance & Accounting, 2020, 47 (5-6): 677-707.

[306] Gebauer H, Fleisch E, Lamprecht C, et al. Growth paths for overcoming the digitalization paradox [J]. Business Horizons, 2020, 63 (3): 313-323.

[307] Goldfarb A, Tucker C. Digital economics [J]. Journal of Economic Literature, 2019, 57 (1): 3-43.

[308] Goldstein I, Spatt C S, Ye M. Big data in finance [J]. Review of Financial Studies, 2021, 34 (7): 3213-3225.

[309] Guenther E, Guenther T, Schiemann F, et al. Stakeholder relevance for reporting: Explanatory factors of carbon disclosure [J]. Business & Society, 2016, 55 (3): 361-397.

[310] Gulati R, Sytch M. Dependence asymmetry and joint dependence in interorganizational relationships: Effects of embeddedness on a manufacturer's performance in procurement relationships [J]. Administrative Science Quarterly, 2007, 52 (1): 32-69.

[311] Guo R, Tao L, Li C B, et al. A path analysis of greenwashing in a trust crisis among Chinese energy companies: The role of brand legitimacy and brand loyalty [J]. Journal of Business Ethics, 2017 (140): 523-536.

[312] Hainmueller J. Entropy balancing for causal effects: A multivariate reweighting method to produce balanced samples in observational studies [J]. Political Analysis, 2012, 20 (1): 25-46.

[313] Hanelt A, Bohnsack R, Marz D, et al. A systematic review of the literature on digital transformation: Insights and implications for strategy and organizational

change [J]. Journal of Management Studies, 2021, 58 (5): 1159-1197.

[314] Hardies K, Breesch D, Branson J. The female audit fee premium [J]. Auditing: A Journal of Practice & Theory, 2015, 34 (4): 171-195.

[315] He J, Zhang S. How digitalized interactive platforms create new value for customers by integrating B2B and B2C models? An empirical study in China [J]. Journal of Business Research, 2022 (142): 694-706.

[316] He P, Shen H, Zhang Y, et al. External pressure, corporate governance, and voluntary carbon disclosure: Evidence from China [J]. Sustainability, 2019, 11 (10): 2901.

[317] Healy P M, Palepu K G. Information asymmetry, corporate disclosure, and the capital markets: A review of the empirical disclosure literature [J]. Journal of Accounting and Economics, 2001, 31 (1-3): 405-440.

[318] Horiuchi R, Schuchard R, Shea L, et al. Understanding and preventing greenwash: A business guide [J]. Futerra Sustainability Communications, 2009: 1-39.

[319] Howell, S. T. Financing innovation: Evidence from R&D grants [J]. American Economic Review, 2017, 107 (4): 1136-1164.

[320] Hribar P, Kravet T, Wilson R. A new measure of accounting quality [J]. Review of Accounting Studies, 2014 (19): 506-538.

[321] Hu X, Hua R, Liu Q, et al. The green fog: Environmental rating disagreement and corporate greenwashing [J]. Pacific - Basin Finance Journal, 2023 (78): 101952.

[322] Huang T C, Chiou J R, Huang H W, et al. Lower audit fees for women audit partners in Taiwan and why [J]. Asia Pacific Management Review, 2015, 20 (4): 219-233.

[323] Jacobides M G, Cennamo C, Gawer A. Towards a theory of ecosystems [J]. Strategic Management Journal, 2018, 39 (8): 2255-2276.

[324] Jaggi B, Allini A, Macchioni R, et al. The factors motivating voluntary disclosure of carbon information: Evidence based on Italian listed companies [J]. Organization & Environment, 2018, 31 (2): 178-202.

[325] Jeffers, P. I., Muhanna, W. A., Nault, B. R. Information technology and process performance: An empirical investigation of the interaction between IT and Non-IT resources [J]. Decision Sciences, 2008, 39 (4): 703-735.

[326] Jennings J, Kim J M, Lee J, et al. Measurement error, fixed effects,

and false positives in accounting research [J]. Review of Accounting Studies, 2023: 1-37.

[327] Jensen M C, Meckling W H. Theory of the firm: Managerial behavior, agency costs and ownership structure [J]. Journal of Financial Economics, 1976, 3 (4): 305-360.

[328] Jiang W, Wu J, Yang X. Does digitization drive corporate social responsibility? [J]. International Review of Economics & Finance, 2023 (88): 14-26.

[329] Jung J, Herbohn K, Clarkson P. Carbon risk, carbon risk awareness and the cost of debt financing [J]. Journal of Business Ethics, 2018, 150 (4): 1-21.

[330] Kaczmarek S, Kimino S, Pye A. Board task-related faultlines and firm performance: A decade of evidence [J]. Corporate Governance: An International Review, 2012, 20 (4): 337-351.

[331] Kalu J U, Buang A, Aliagha G U. Determinants of voluntary carbon disclosure in the corporate real estate sector of Malaysia [J]. Journal of Environmental Management, 2016 (182): 519-524.

[332] Kaul A, Luo J. An economic case for CSR: The comparative efficiency of for-Profit firms in meeting consumer demand for social goods [J]. Strategic Management Journal, 2018, 39 (6): 1650-1677.

[333] Kennedy P. A Guide to Econometrics, 4th Edition [M]. Blackwell Publishers, 1998.

[334] Kharuddin K M, Basioudis I G. Big 4 audit fee premiums for national- and city-specific industry leadership in the UK: Additional evidence [J]. International Journal of Auditing, 2017, 22 (1): 65-82.

[335] Kim E H, Lyon T P. Greenwash vs. brownwash: Exaggeration and undue modesty in corporate sustainability disclosure [J]. Organization Science, 2015, 26 (3): 705-723.

[336] Kim E H, Lyon T P. Strategic environmental disclosure: Evidence from the DOE's voluntary greenhouse gas registry [J]. Journal of Environmental Economics and Management, 2011, 61 (3): 311-326.

[337] Ittonen K, Peni E. Auditor's gender and audit fees [J]. International Journal of Auditing, 2012, 16 (1): 1-18.

[338] Kim Y B, An H T, Kim J D. The effect of carbon risk on the cost of equity capital [J]. Journal of Cleaner Production, 2015 (93): 279-287.

[339] Knechel W R, Rouse P, Schelleman C. A modified audit production

framework: Evaluating the relative efficiency of audit engagements [J]. Accounting Review, 2009, 84 (5): 1607-1638.

[340] Kong D, Liu B. Digital technology and corporate social responsibility: Evidence from China [J]. Emerging Markets Finance and Trade, 2023, 59 (9): 2967-2993.

[341] Krishnamurti C, Velayutham E. The influence of board committee structures on voluntary disclosure of greenhouse gas emissions: Australian evidence [J]. Pacific-Basin Finance Journal, 2018 (50): 65-81.

[342] Krueger, P, Sautner, Z, Starks, L T. The importance of climate risks for institutional investors [J]. Review of Financial Studies, 2020, 33 (3): 1067-1111.

[343] Lai K, Feng Y, Zhu Q. Digital transformation for green supply chain innovation in manufacturing operations [J]. Transportation Research Part E: Logistics and Transportation Review, 2023 (175): 103145.

[344] Lang M, Sul E. Linking industry concentration to proprietary costs and disclosure: challenges and opportunities [J]. Journal of Accounting and Economics, 2014, 58 (2-3): 265-274.

[345] Lau D C, Murnighan J K. Interactions within groups and subgroups: The effects of demographic faultlines [J]. Academy of Management Journal, 2005, 48 (4): 645-659.

[346] Laufer W S. Social accountability and corporate greenwashing [J]. Journal of Business Ethics, 2003 (43): 253-261.

[347] Lee H L, Padmanabhan S and Whang S. The bullwhip effect in supply chains [J]. Sloan Management Review, 1997a, 38 (3): 93-102.

[348] Lee H L, Padmanabhan V, Whang S. Information distortion in a supply chain: The bullwhip effect [J]. Management Science, 1997b, 43 (4): 546-558.

[349] Lee M T, Raschke R L. Stakeholder legitimacy in firm greening and financial performance: What about greenwashing temptations? [J]. Journal of Business Research, 2023 (155): 113393.

[350] Leignel J L, Ungaro T, Staar A. Digital transformation: Information system governance [M]. Hoboken: Wiley-ISTE, 2016.

[351] Leonidou C N, Leonidou L C. Research into environmental marketing management: A bibliographic analysis [J]. European Journal of Marketing, 2011, 45 (1/2): 68-103.

［352］ Leonidou C N, Skarmeas D. Gray shades of green: Causes and consequences of green skepticism ［J］. Journal of Business Ethics, 2017 (144): 401-415.

［353］ Levinsohn J, Petrin A. Estimating production functions using inputs to control for unobservables ［J］. Review of Economic Studies, 2003, 70 (2): 317-341.

［354］ Lewandowska A, Witczak J, Kurczewski P. Green marketing today-a mix of trust, consumer participation and life cycle thinking ［J］. Management, 2017, 21 (2): 28-48.

［355］ Lewis B W, Walls J L, Dowell G W S. Difference in degrees: CEO characteristics and firm environmental disclosure ［J］. Strategic Management Journal, 2014, 35 (5): 712-722.

［356］ Li D, Huang M, Ren S, et al. Environmental legitimacy, green innovation, and corporate carbon disclosure: Evidence from CDP China 100 ［J］. Journal of Business Ethics, 2018 (150): 1089-1104.

［357］ Li F, Li T, Minor D. CEO power, corporate social responsibility, and firm value: A test of agency theory ［J］. International Journal of Managerial Finance, 2016, 12 (5): 611-628.

［358］ Li F. The digital transformation of business models in the creative industries: A holistic framework and emerging trends ［J］. Technovation, 2020 (92): 102012.

［359］ Li G, Li N, Sethi S. Does CSR reduce idiosyncratic risk? Roles of operational efficiency and AI innovation ［J］. Production and Operations Management, 2021, 30 (7): 1059-1478.

［360］ Li H, Wu Y, Cao D, et al. Organizational mindfulness towards digital transformation as a prerequisite of information processing capability to achieve market agility ［J］. Journal of Business Research, 2021 (122): 700-712.

［361］ Li X, Tong Y, Xu G. Directors' and officers' liability insurance and bond credit spreads: Evidence from China ［J］. China Journal of Accounting Research, 2022, 15 (2): 100226.

［362］ Liao L, Luo L, Tang Q. Gender diversity, board independence, environmental committee and greenhouse gas disclosure ［J］. British Accounting Review, 2015, 47 (4): 409-424.

［363］ Liesen A, Hoepner A G, Patten D M, et al. Does stakeholder pressure influence corporate GHG emissions reporting? Empirical evidence from Europe ［J］. Accounting, Auditing & Accountability Journal, 2015, 28 (7): 1047-1074.

[364] Liu S. Research on audit risk of E-commerce enterprises: A case analysis of Alibaba group [C] . Institute of Management Science and Industrial Engineering. Proceedings of 2020 International Conference on World Economy and Project Management (WEPM 2020) . Xi'an China: Clausius Scientific Press, 2020: 76-80.

[365] Liu X, Liu F, Ren X. Firms' digitalization in manufacturing and the structure and direction of green innovation [J]. Journal of Environmental Management, 2023 (335): 117525.

[366] Liu D, Chen S , Chou T. Resource fit in digital transformation: Lessons learned from the CBC bank global E-Banking project [J]. Management Decision, 2011, 49 (10): 1728-1742.

[367] Loebbecke C, Picot A. Reflections on societal and business model transformation arising from digitization and big data analytics: A research agenda [J]. The Journal of Strategic Information Systems, 2015, 24 (3): 149-157.

[368] Luo L, Lan Y, Tang Q. Corporate incentives to disclose carbon information: Evidence from the CDP global 500 report [J]. Journal of International Financial Management & Accounting, 2012, 23 (2): 93-120.

[369] Lyon T P, Maxwell J W. Greenwash: Corporate environmental disclosure under threat of audit [J]. Journal of Economics & Management Strategy, 2011, 20 (1): 3-41.

[370] Lyon T P, Montgomery A W. The means and end of greenwash [J]. Organization & Environment, 2015, 28 (2): 223-249.

[371] Lyon T P, Montgomery A W. Tweetjacked: The impact of social media on corporate greenwash [J]. Journal of Business Ethics, 2013 (118): 747-757.

[372] Lyu Z, Lin P, Guo D, et al. Towards zero-warehousing smart manufacturing from zero-inventory just-in-time production [J]. Robotics and Computer-Integrated Manufacturing, 2020 (64): 101932.

[373] Majchrzak A, Markus M L, Wareham J. Designing for digital transformation [J]. MIS Quarterly, 2016, 40 (2): 267-278.

[374] Malloy C J. The geography of equity analysis [J]. The Journal of Finance, 2005, 60 (2): 719-755.

[375] Manita R, Elommal N, Baudier P, et al. The digital transformation of external audit and its impact on corporate governance [J]. Technological Forecasting and Social Change, 2020 (150): 119751.

[376] Marquis C, Toffel M W, Zhou Y. Scrutiny, norms, and selective disclo-

sure: A global study of greenwashing [J]. Organization Science, 2016, 27 (2): 483-504.

[377] Martínez M P, Cremasco C P, Gabriel Filho L R A, et al. Fuzzy inference system to study the behavior of the green consumer facing the perception of greenwashing [J]. Journal of Cleaner Production, 2020 (242): 116064.

[378] Mateo - Marquez A J, Gonzalez - Gonzalez J M, Zamora - Ramirez C. Countries' regulatory context and voluntary carbon disclosures [J]. Sustainability Accounting, Management and Policy Journal, 2020, 11 (2): 383-408.

[379] Matsumura E M, Prakash R, Vera-Munoz S C. Firm-value effects of carbon emissions and carbon disclosures [J]. Accounting Review, 2014, 89 (2): 695-724.

[380] McAfee A, Brynjolfsson E, Davenport T H, et al. Big data: the management revolution [J]. Harvard Business Review, 2012, 90 (10): 60-68.

[381] Meznar M B, Nigh D. Buffer or bridge? Environmental and organizational determinants of public affairs activities in American firms [J]. Academy of management Journal, 1995, 38 (4): 975-996.

[382] Mikalef P, Gupta M. Artificial intelligence capability: Conceptualization, measurement calibration, and empirical study on its impact on organizational creativity and firm performance [J]. Information & Management, 2021, 58 (3): 103434.

[383] Mitchell R K, Agle B R, Wood D J. Toward a theory of stakeholder identification and salience: Defining the principle of who and what really counts [J]. Academy of Management Review, 1997, 22 (4): 853-886.

[384] Mohammad W, Wasiuzzaman S. Environmental, social and governance (ESG) disclosure, competitive advantage and performance of firms in Malaysia [J]. Cleaner Environmental Systems, 2021 (2): 100015.

[385] Mohd Kharuddin K A, Basioudis I G. Big 4 audit fee premiums for national-and city-specific industry leadership in the UK: Additional evidence [J]. International Journal of Auditing, 2018, 22 (1): 65-82.

[386] Moussa T, Allam A, Elbanna S, et al. Can board environmental orientation improve US firms' carbon performance? The mediating role of carbon strategy [J]. Business Strategy and the Environment, 2020, 29 (1): 72-86.

[387] Nazir M, Akbar M, Akbar A, et al. The nexus between corporate environment, social, and governance performance and cost of capital: Evidence from top global tech leaders [J]. Environmental Science and Pollution Research, 2022, 29 (15): 22623-22636.

[388] Nekhili M, Gull A A, Chtioui T, et al. Gender-diverse boards and audit fees: What difference does gender quota legislation make? [J]. Journal of Business Finance & Accounting, 2020, 47 (1-2): 52-99.

[389] Nguyen J H, Phan H V. Carbon risk and corporate capital structure [J]. Journal of Corporate Finance, 2020 (64): 101713.

[390] Nugroho D A, Fuad F. The influence of audit committee characteristics, executive compensation, and audit complexity towards corporate audit fee [J]. Diponegoro Journal of Accounting, 2017, 6 (4): 1-11.

[391] Oliver C. Strategic responses to institutional processes [J]. Academy of Management Review, 1991, 16 (1): 145-179.

[392] Parguel B, Benoît-Moreau F, Larceneux F. How sustainability ratings might deter 'greenwashing': A closer look at ethical corporate communication [J]. Journal of Business Ethics, 2011 (102): 15-28.

[393] Parsons T. Structure and process in modern societies [J]. Social Forces, 1960, 39 (1): 84-85.

[394] Peattie K, Ratnayaka M. Responding to the green movement [J]. Industrial Marketing Management, 1992, 21 (2): 103-110.

[395] Pedersen L H, Fitzgibbons S, Pomorski L. Responsible investing: The ESG-efficient frontier [J]. Journal of Financial Economics, 2021, 142 (2): 572-597.

[396] Peng J, Sun J, Luo R. Corporate voluntary carbon information disclosure: Evidence from China's listed companies [J]. The World Economy, 2015, 38 (1): 91-109.

[397] Pennings J M, Goodman P S. New perspectives on organizational effectiveness [M]. New York: Jossey-Bass, 1977.

[398] Perrow C. Normal accident at Three Mile Island [J]. Society, 1981, 18 (5): 17-26.

[399] Pfeffer J, Salancik G. The external control of organizations: A resource dependence perspective [M]. New York: Harper & Row, 1978.

[400] Prajogo D, Olhager J. Supply chain integration and performance: The effects of long-term relationships, information technology and sharing, and logistics integration [J]. International Journal of Production Economics, 2012, 135 (1): 514-522.

[401] Qi Z, Zhang E, Wang C, et al. The power of civilization: The role of

civilized cities in corporate ESG performance [J]. Frontiers in Environmental Science, 2022 (10): 872592.

[402] Quinton S, Canhoto A, Molinillo S, et al. Conceptualising a digital orientation: Antecedents of supporting SME performance in the digital economy [J]. Journal of Strategic Marketing, 2018, 26 (5): 427-439.

[403] Raak V J, Peek E, Meuwissen R, et al. The effect of audit market structure on audit quality and audit pricing in the private-client market [J]. Journal of Business Finance & Accounting, 2020, 47 (3-4): 456-488.

[404] Raghunandan K, Rama D V. SOX section 404 material weakness disclosures and audit fees [J]. Auditing: A Journal of Practice & Theory, 2006, 25 (1): 99-114.

[405] Ravichandran T, Han S, Mithas S. Mitigating diminishing returns to R&D: The role of information technology in innovation [J]. Information Systems Research, 2017, 28 (4): 812-827.

[406] Reid E M, Toffel M W. Responding to public and private politics: Corporate disclosure of climate change strategies [J]. Strategic Management Journal, 2009, 30 (11): 1157-1178.

[407] Ross S A. The economic theory of agency: The principal' s problem [J]. American Economic Review, 1973, 63 (2): 134-139.

[408] Roychowdhury S. Earnings management through real activities manipulation [J]. Journal of Accounting and Economics, 2006, 42 (3): 335-370.

[409] Ruiz-Blanco S, Romero S, Fernandez-Feijoo B. Green, blue or black, but washing - What company characteristics determine greenwashing? [J]. Environment, Development and Sustainability, 2022 (24): 4024-4045.

[410] Shan J, Yang S, Yang S, et al. An empirical study of the bullwhip effect in China [J]. Production and Operations Management, 2014, 23 (4): 537-551.

[411] Shang Y, Raza S A, Huo Z, et al. Does enterprise digital transformation contribute to the carbon emission reduction? Micro - level evidence from China [J]. International Review of Economics & Finance, 2023 (86): 1-13.

[412] Showalter D. Strategic debt: Evidence in manufacturing [J]. International Journal of Industrial Organization, 1999, 17 (3): 319-333.

[413] Sikka P. Smoke and mirrors: Corporate social responsibility and tax avoidance-A reply to Hasseldine and Morris [J]. Accounting Forum, 2013, 37 (1): 15-28.

[414] Simon H A. A behavioral model of rational choice [J]. The Quarterly Journal of Economics, 1955: 99-118.

[415] Simunic D A. The pricing of audit services: Theory and evidence [J]. Journal of Accounting Research, 1980: 161-190.

[416] Sklyar A, Kowalkowski C, Tronvoll B, Sorhammar D. Organizing for digital servitization: A service ecosystem perspective [J]. Journal of Business Research, 2019 (104): 450-460.

[417] Spence A M. Competitive and optimal responses to signals: An analysis of efficiency and distribution [J]. Journal of Economic Theory, 1974a, 7 (3): 296-332.

[418] Spence A M. Market signaling: informational transfer in hiring and related processes [M]. Cambridge: Harvard University Press, 1974b.

[419] Srinivasan S, Mahalakshmi S. Internet of Things Panacea for the bullwhip effect [J]. International Journal of Research in IT and Management, 2016, 6 (7): 146-154.

[420] Stanny E, Ely K. Corporate environmental disclosures about the effects of climate change [J]. Corporate Social Responsibility and Environmental Management, 2008, 15 (6): 338-348.

[421] Sterman J. Modeling managerial behavior: Misperceptions of feedback in a dynamic decision-making experiment [J]. Management Science, 1989, 35 (3): 321-339.

[422] Subramaniam M, Youndt M A. The influence of intellectual capital on the types of innovative capabilities [J]. Academy of Management Journal, 2005, 48 (3): 450-463.

[423] Suchman M C. Constructing an institutional ecology: Notes on the structural dynamics of organizational communities [C]. Annual meeting of the American Sociological Association. Atlanta, 1988.

[424] Suchman M C. Managing legitimacy: Strategic and institutional approaches [J]. Academy of Management Review, 1995, 20 (3): 571-610.

[425] Sun Z, Zhang W. Do government regulations prevent greenwashing? An evolutionary game analysis of heterogeneous enterprises [J]. Journal of Cleaner Production, 2019 (231): 1489-1502.

[426] Syam N, Sharma A. Waiting for a sales renaissance in the fourth industrial revolution: Machine learning and artificial intelligence in sales research and practice

[J]. Industrial Marketing Management, 2018 (69): 135-146.

[427] Tampakoudis I, Anagnostopoulou E. The effect of mergers and acquisitions on environmental, social and governance performance and market value: Evidence from EU acquirers [J]. Business Strategy and the Environment, 2020, 29 (5): 1865-1875.

[428] Tang H. ESG performance, investors' heterogeneous beliefs, and cost of equity capital in China [J]. Frontiers in Environmental Science, 2022 (10): 1-13.

[429] Taylor M E, Baker R L. An analysis of the external audit fee [J]. Accounting and Business Research, 1981, 12 (45): 55-60.

[430] Tirole J. The theory of industrial organization [M]. London: MIT press, 1988.

[431] Tuggle C S, Johnson R A. Attention patterns in the boardroom: How board composition and processes affect discussion of entrepreneurial issues [J]. Academy of Management Journal, 2010, 53 (3): 550-571.

[432] Van Caneghem T. Audit pricing and the Big 4 fee premium: Evidence from Belgium [J]. Managerial Auditing Journal, 2010, 25 (2): 122-139.

[433] Vial G. Understanding digital transformation: A review and a research agenda [J]. The Journal of Strategic Information Systems, 2019, 28 (2): 118-144.

[434] Walker K, Wan F. The harm of symbolic actions and green-washing: Corporate actions and communications on environmental performance and their financial implications [J]. Journal of Business Ethics, 2012 (109): 227-242.

[435] Wang W, Yu Y, Li X. ESG performance, auditing quality, and investment efficiency: Empirical evidence from China [J]. Frontiers in Psychology, 2022 (13): 948674.

[436] Wen W, Ke Y, Liu X. Customer concentration and corporate social responsibility performance: Evidence from China [J]. Emerging Markets Review, 2021 (46): 100755.

[437] Wu M W, Shen C H. Corporate social responsibility in the banking industry: Motives and financial performance [J]. Journal of Banking & Finance, 2013, 37 (9): 3529-3547.

[438] Wu S, Li X, Du X, et al. The impact of ESG performance on firm value: The moderating role of ownership structure [J]. Sustainability, 2022, 14 (21): 14507.

[439] Wu Y, Tian Y. The price of carbon risk: Evidence from China's bond market [J]. China Journal of Accounting Research, 2022, 15 (2): 100245.

[440] Xin D, Yi Y, Du J. Does digital finance promote corporate social responsibility of pollution - intensive Industry? Evidence from Chinese listed companies [J]. Environmental Science and Pollution Research, 2022, 29 (56): 85143-85159.

[441] Xu Y, Wang L, Xiong Y, et al. Does digital transformation foster corporate social responsibility? Evidence from Chinese mining industry [J]. Journal of Environmental Management, 2023 (344): 118646.

[442] Yermack D. Corporate governance and blockchains [J]. Review of Finance, 2017, 21 (1): 7-31.

[443] Yu E P, Van Luu B, Chen C H. Greenwashing in environmental, social and governance disclosures [J]. Research in International Business and Finance, 2020 (52): 101192.

[444] Zhang D. Can environmental monitoring power transition curb corporate greenwashing behavior? [J]. Journal of Economic Behavior & Organization, 2023 (212): 199-218.

[445] Zhang W, Qin C, Zhang W. Top management team characteristics, technological innovation and firm's greenwashing: Evidence from China's heavy-polluting industries [J]. Technological Forecasting and Social Change, 2023 (191): 122522.

[446] Zhou J, Li X, Yang S. Task-oriented board group fracture zone, effort level and enterprise value [J]. Journal of Management, 2015, 12 (1): 44-52.

[447] Zhu C. Big data as a governance mechanism [J]. Review of Financial Studies, 2019, 32 (5): 2021-2061.

附 录

附录1 碳信息披露质量评价体系

评价层次	评价指标	解释	评分标准
意识层	减排职能机构	是否有碳减排相关组织部门或委员会	是，1分；否，0分
	减排战略	是否在发展战略中包含了碳减排相关的内容	是，1分；否，0分
	风险和机遇	能否识别、应对或评估内部和外部的碳排放相关的风险和机遇	是，1分；否，0分
	政府政策和社会组织	碳排放活动是否受相关政策的影响；是否和第三方机构或组织在碳排放相关领域有合作	是，1分；否，0分
计划层	减排目标	是否提出包含具体数据的减排目标	是，1分；否，0分
	减排制度	是否有碳减排或能源使用的相关规定制度	是，1分；否，0分
	减排及能源管理	是否有碳减排或能源管理体系	定性且定量披露，2分；定性或定量披露，1分；未披露，0分
	碳核算量化标准	是否提到企业的碳核算量化标准	是，1分；否，0分

续表

评价层次	评价指标		解释	评分标准
执行层	碳交易		是否有碳交易活动	是，1分；否，0分
	排放数据		是否披露当年温室气体排放总量	是，1分；否，0分
	能源消耗		是否披露当年能源消耗总量或能源生产总量	是，1分；否，0分
	节能减排行动	产品与服务	是否披露其节能减排产品或服务	定性且定量披露，2分；定性或定量披露，1分；未披露，0分
		供应链	是否披露供应链方面节能减排行动	是，1分；否，0分
		行政	是否披露行政方面节能减排行动	是，1分；否，0分
		培训宣传	是否披露节能减排宣传或培训行动	是，1分；否，0分
		清洁能源	是否披露清洁能源使用情况	定性且定量披露，2分；定性或定量披露，1分；未披露，0分
		生产流程	是否披露生产流程中的节能减排行动	定性且定量披露，2分；定性或定量披露，1分；未披露，0分
		其他	是否披露其他节能减排行动	是，1分；否，0分
	排放绩效	排放历史	是否披露以前年度温室气体排放总量，或相较于某年温室气体减排数据	披露其中一项或多项得1分，不披露得0分
		排放强度	是否披露温室气体排放强度数据	
		能耗历史	是否披露以前年度能源消耗总量，或相较于某年节约能耗数据	
		能耗强度	是否披露能耗强度数据	
评价层	ISO 14001		是否通过ISO 14001认证	是，1分；否，0分
	审验鉴证		是否由第三方机构对减排数据进行审验鉴证	是，1分；否，0分

附录2 环境信息披露指数

披露种类	披露事项
环境管理	环保理念
	环保目标
	环保管理制度体系
	环保教育与培训
	环保专项行动
	环境事件应急机制
	环保荣誉或奖励
	“三同时”制度
环境监管与认证	重点污染监控单位
	污染物排放达标
	突发环境事故
	环境违法事件
	环境信访案件
	是否通过 ISO 14001 认证
	是否通过 ISO 9001 认证
环境披露	上市公司年报
	社会责任报告
	环境报告
环境业绩与治理披露	废气减排治理情况
	废水减排治理情况
	粉尘、烟尘治理情况
	固废利用与处置情况
	噪声、光污染、辐射等治理
	清洁生产实施情况

续表

披露种类	披露事项
环境负债披露	废水排放量
	COD 排放量
	SO_2 排放量
	CO_2 排放量
	烟尘和粉尘排放量
	工业固废物产生量

后　记

本书是在我的几篇工作论文的基础上修改完成的。在本书即将出版之际，首先，我要感谢我的家人。从上学到工作，这背后都有家人无条件的爱。从我出国留学到回国工作，都离不开家人的支持和帮助。当因遇到挫折和困难而感到彷徨和失落时，来自家人的鼓励给予我莫大的勇气和动力。

其次，感谢我在美国史蒂文斯理工学院的博士生导师 Donald N. Merino。赴美求学期间，他不仅鼓励我努力完成学业，在生活上也给予了我一些帮助，让我的国外求学生涯充实而温暖。感谢我的共同导师 Fang-Chun Liu，是她引领我走进会计与管理实证研究的大门。

感谢我的论文合作者们——北京理工大学的佟岩老师、王怀豫老师、易瑾超老师、李鑫、米澜、任航、宁晓、何欣，对外经济贸易大学的钟凯老师、华南理工大学的欧士琪老师、香港中文大学（深圳）的卢诺天、University of South Florida St. Petersburg 的 Jerry W. Lin 老师、Texas A&M University-Corpus Christi 的 Hsiao-Tang Hsu 老师、Stevens Institute of Technology 的於中元老师等，与他们的合作探讨让我在学术研究过程中不断精益求精。

感谢我的工作单位北京外国语大学为我的科研发展提供了卓越平台，能在北外任教是我的荣幸。同时，也感谢北外国际商学院各位老师对我科研和其他工作中的指导和帮助。此外，还要感谢北京理工大学的陈宋生老师、肖淑芳老师、李慧云老师、刘宁悦老师、张永冀老师、孙利沿老师、张秀梅老师、李昕老师对我在北理工作期间的帮助与支持。

最后，我还要感谢经济管理出版社的范美琴老师在书稿完善过程中提出的诸多宝贵建议。感谢北京理工大学穆青和侯铎在书稿校对和完善过程中提供的帮助。

书稿中可能存在一些疏忽和不足之处，恳请各位读者海涵。非常欢迎各位读者提出宝贵建议，在此深表感谢。